高海拔隧道工程

王明年　于　丽
李玉文　刘大刚　林国进　著

科学出版社
北　京

内 容 简 介

随着我国公路网和铁路网的日趋完善，隧道和地下工程的修建向着更高、更深和更长的方向发展。高海拔环境下低气压、低气温和低含氧量的“三低”自然条件，对人和机械都会产生影响。对人的影响主要体现为运动机能下降、反应时间增加；对机械的影响主要体现为机械效率降低、能耗和污染物增加，这种影响随着海拔的升高及隧道长度的增加而越发显著。隧道和地下工程的建设包括设计、施工和运营等多个阶段，而高海拔“三低”自然条件对人和机械的影响则贯穿隧道建设的全部阶段。

依托高海拔公路隧道工程建设实际，通过大量的实地测试、室内实验、理论分析等手段，对高海拔隧道在设计、施工和运营阶段面临的人员防护、机械升效、运营通风、照明、防灾救援等关键技术问题开展了研究，取得了一系列的技术成果。相关成果为高海拔隧道的设计、施工和运营技术提供了技术支撑，对于解决其他类似高海拔隧道的施工防护、通风、供氧、机械和照明等技术有着重要的理论意义和借鉴意义，对我国高海拔隧道的修建具有十分重要的意义。本书是作者和研究团队对近些年高海拔隧道建设相关研究成果的总结和凝练，可作为隧道及地下工程的研究、设计、施工及管理人员的参考书，也可以作为隧道及地下工程、通风与防灾等专业的教科书。

图书在版编目(CIP)数据

高海拔隧道工程 / 王明年等著. —北京：科学出版社，2019.1
ISBN 978-7-03-060435-4

Ⅰ.①高… Ⅱ.①王… Ⅲ.①高原-隧道施工 Ⅳ.①U455

中国版本图书馆 CIP 数据核字（2019）第 008940 号

责任编辑：张 展 于 楠 / 责任校对：贺江艳
责任印制：罗 科 / 封面设计：墨创文化

科学出版社出版
北京东黄城根北街16号
邮政编码：100717
http://www.sciencep.com

成都锦瑞印刷有限责任公司印刷
科学出版社发行 各地新华书店经销

*

2019 年 1 月第 一 版 开本：787×1092 1/16
2019 年 1 月第一次印刷 印张：14 1/2

字数：360 千字

定价：129.00 元

（如有印装质量问题，我社负责调换）

前　　言

根据我国“十三五”时期交通运输发展规划，铁路和公路交通路网布局将进一步完善，跨区域通道、国际通道连通将进一步加强，中西部地区交通将进一步发展。随着交通网络的不断完善，铁路和公路建设里程不断增加，隧道作为交通的重要结构物，必然向着数量更多、海拔更高、长度更长的方向发展。

我国是一个多山国家，山区面积占全部陆地国土面积的 2/3，青藏高原地区境内面积 250 万平方公里，平均海拔 4000～5000 米，海拔超过 2000 米的约占全部陆地国土面积的 1/4。高海拔地区的气候具有显著的三低特征，即低含氧量、低气压和低气温。高海拔环境下的隧道工程除了需要克服三低气候条件对人和机械带来的影响外，还需要根据自身交通量低等特征开展相关的人和机械效率的研究。在施工期，高海拔环境对人的影响主要体现为耗氧量增加、生产效率下降；对机械的影响主要体现为污染物排放量增加、风管漏风率增加、风机的有效功率降低；在运营期，主要体现为驾乘人员的反应时间增加、运动能力下降、应急反应的刹车距离变长；隧道内污染物排放量增加、CO 和 VI 等高海拔系数升高等。

基于高海拔特殊复杂的气候条件，结合高海拔隧道的交通运输特征，以及人和机械在高海拔条件下的反应规律，作者依托国内诸多高海拔隧道工程实际，在多项国家自然科学基金项目、省部级课题等科研项目的支撑下，采用了现场测试、室内试验、理论分析和数值计算等多种方法，对高海拔隧道在施工期和运营期的关键技术问题开展了研究，凝练了相关的技术成果。该技术成果包括：①高海拔特长隧道建设中的人员安全防护标准及方法；②高海拔隧道施工期机械效率的变化规律及升效措施；③高海拔隧道建设的环境测试技术；④高海拔隧道照明环境评价标准及节能照明设计方法；⑤高海拔隧道运营安全保障技术等。以上研究成果在诸多高海拔隧道建设中得以应用。

本书共分为 7 章，第 1 章为绪论；第 2 章为高海拔气象条件对人和机械作用的理论基础；第 3 章为高海拔隧道建设的测试技术；第 4 章为高海拔长大隧道施工人员需氧量计算方法及供氧技术；第 5 章为高海拔长大隧道施工机械效率预测方法及升效技术；第 6 章为高海拔低交通量隧道运营通风设计方法及控制技术；第 7 章为高海拔低交通量隧道运营照明设计方法及控制技术。

本书是作者所在研究团队近年来从事高海拔隧道关键技术研究成果的结晶，由王明年、于丽、李玉文、刘大刚和林国进等进行编写，所在团队的老师以及一大批博士和硕士也参与了相关的研究工作和资料整理等工作，如颜冠峰博士、李琦博士、晁峰博士、徐湉源博士、董宇苍博士、谢文强硕士、刘祥硕士、张子晗硕士、代仲宇硕士、何家银硕士、李柯硕士等。同时书中还引用了国内外已有的专著、文章、规范等成果，在此对相关编者和作者一并表示感谢。虽然我们尽了很多的努力，但学识水平有限，不足之处在所难免，敬请读者批评指正。

作者

2018 年 6 月

目 录

第 1 章　绪　　论

我国地势复杂多变，整体呈西高东低的走势，高原占我国陆地国土面积的 60%以上。其中，海拔高度超过 2000m 的约占高原的 33%，超过 3000m 的约占 26%，最具代表性的是青藏高原，平均海拔高度为 4000m，面积约为 240 万平方公里，约占国土陆地面积的 1/4。根据海拔高度的划分标准，1500～3500m 为高海拔，在这个高度，如果有足够的时间，大多数人都可以适应；3500～5500m 为超高海拔，在这个高度，个体的差异决定能否适应；5500m 以上为极高海拔，在这个高度，人体机能会严重下降，有些损害是不可逆的。

近年来，随着我国交通路网的不断完善和延伸，高海拔公路隧道和铁路隧道数量日益增多，到 2018 年 6 月为止，我国已建成的部分高海拔隧道如表 1-1 所示。

表 1-1　高海拔隧道

序号	隧道名称	类型	长度/m	海拔/m
1	雀儿山隧道	公路	7079	4371
2	达坂山隧道	铁路	1530	3790
3	鹧鸪山隧道	公路	4448	3200
4	列衣隧道	公路	2107	3490
5	日尔郎山隧道	公路	1625	3476
6	拉纳山隧道	公路	3451	3049
7	嘎隆拉隧道	公路	3350	3250
8	才公卡隧道	公路	4615	4055
9	雪山梁隧道	公路	8330	3380
10	剪子湾山隧道	公路	2238	4250
11	红土山隧道	公路	3170	4280
12	雁口山隧道	公路	4016	4285
13	珠角拉山隧道	公路	4605	4200
14	拉丁拉山隧道	公路	1470	4178
15	理塘隧道	公路	2831	4148
16	巴朗山隧道	公路	7954	3850
17	黄土梁隧道	公路	4895	2700
18	米拉山隧道	公路	5727	4700
19	老折山隧道	公路	2778	4053
20	风火山隧道	铁路	1338	4905

续表

序号	隧道名称	类型	长度/m	海拔/m
21	昆仑山隧道	铁路	1668	4665
22	河卡山隧道	公路	2315	3700
23	祁连山隧道	铁路	9490	4345
24	色麦村隧道	铁路	6693	3900
25	帕当山隧道	铁路	2836	3898
26	新关角隧道	铁路	32690	3497
27	长拉山隧道	公路	2400	4500
28	知亥代隧道	公路	4570	4468
29	姜路岭隧道	公路	2825	4343
30	鄂拉山隧道	公路	4710	4295
31	鸡丑山隧道	公路	2745	4150
32	大武隧道	公路	2770	4125
33	雅克夏雪山隧道	公路	2302	3900
34	拉脊山隧道	公路	10023	3820
35	拉庚拉隧道	公路	2735	4375
36	斜拉山隧道	公路	4073	4430
37	玉希莫勒盖隧道	公路	1943	3200
38	米林隧道	铁路	11560	3076
39	盆因拉隧道	铁路	10410	3750
40	羊八井 1 号隧道	铁路	3345	4264
41	羊八井 2 号隧道	铁路	1643	4264

随着海拔高度的增加，气候环境变得恶劣，主要表现在以下几方面。

(1)含氧量降低。大气的空气密度随着海拔升高变的稀薄，空气中氧气的含量也逐渐减少，4000m 时，氧气浓度只有平原地区的 66.8%。

(2)气压降低。大气的压强随着海拔的升高逐渐降低，空气中的氧分压也随之降低，4000m 以上高原地区空中的氧分压比海平面减少 38%～46%。

(3)温度降低。高原地区空气稀薄，大气温度易于散失，气候寒冷，日平均气温在 0℃以下的时间长，一天之内的昼夜温差为 15～30℃。

(4)湿度降低。大气气流流动速度随海拔升高而加快，因此，高原地区风沙大，而强风不仅进一步降低了气温，而且加快了空气中水分的蒸发，使得空气更为干燥，年平均相对湿度只有 50%左右。

高海拔特殊的气候环境和地理位置对高海拔隧道的施工和管理都带来极大的挑战。在施工方面，目前高海拔隧道多采用钻爆法施工，施工过程中包括钻眼、爆破、出渣、架钢拱架等多道劳动工序，施工人员和施工机械数量较大。随着隧道掘进长度的增加，洞内氧气含量呈降低趋势，如何建立供氧标准，从而最大限度地保护施工人员劳动安全，保证机械效率的发挥成为高海拔隧道施工中需要解决的重大技术难题。而在运营方面，受高海拔特殊地理位置的影响，高海拔公路隧道的交通量通常比较小，且呈现出与季节相关的特性。另外，地处高海拔、人烟稀少、电缆的保护及通风照明设备的维护都是公路隧道运营管理中的难点问题。尽管存在诸多技术难题，高海拔也有其得天独厚的优势，如丰富的太阳能资源、地热资源等，都可以成为绿色节能运营的可利用技术。

因此，针对高海拔隧道，一方面要解决人和机械在施工中的供氧问题；另一方面要解决高海拔隧道运营中的通风照明标准和设计方法问题。同时，如何因地制宜地利用自然资源，实现绿色节能的高海拔隧道建设，也是高海拔隧道建设中的重要技术问题。

1.1　高海拔隧道建设的技术关键

1.1.1　高海拔隧道施工人员安全防护技术关键

海拔高度变化对人体机能的影响包括对神经系统、呼吸系统、消化系统、血液循环系统、新陈代谢、感觉器官及其他系统的影响，具体描述如下。

(1)神经系统：中枢神经系统特别是大脑对缺氧极为敏感。人们在轻度缺氧下，神经系统首先表现为兴奋性增强，如紧张、易激动等，随时间推移继而出现头痛、头晕、健忘等系统较强反应。在重度缺氧下，大脑则由兴奋转入抑制，表现出嗜睡、神志淡漠、反应迟钝等症状，少数严重者则会出现意识丧失，需要转入低海拔处进行恢复。

(2)呼吸系统：一般情况下，人们在进入高海拔地区后，由于空气稀薄、氧分压低的影响，呼吸会加深加快。在高山上进行肌肉活动，可使肺换气量增大，但这种肺换气量的增加，仍不能满足机体在活动中的耗氧量，因此在长时间活动后即可因剧烈的心悸、气喘和肌肉疲乏无力而被迫停止。

(3)血液循环系统：人们进入高原会出现心跳加速、脉搏次数增加等症状，这是由于高山缺氧所致，若再进行体力负荷，则症状增加更加显著。此外，还会引起血流量增大，对心脏功能(尤其是冠状机能)不全者较为不利。

(4)感觉器官：在登高时缺氧逐渐加剧的情况下，嗅觉逐渐降低，甚至不能辨别气味，这是缺氧与高原严寒结合的影响。根据不同的报告表明，有28%～60%的人呈现视力衰退现象。

空气含氧量是指单位体积空气中含有氧气的质量，随着海拔高度的增加不断地下降，不同海拔高度下人体缺氧反应如表 1-2 所示。

表 1-2　不同海拔高度下人体缺氧反应

海拔高度/m	0	1320	2400～3510	3510～6440	6440～10860
氧浓度/%	21	<18	16～14	14～10	10～6
等效气压/atm	1	0.86	0.76～0.67	0.67～0.48	<0.48
机体缺氧表现	正常	组织细胞处于缺氧环境，有轻度表现	呼吸加深，脉搏加快，血压升高，机体协调功能变差，睡眠较差	疲劳感，精神不振，注意力下降，头昏脑涨，容易迷失方向	头痛耳鸣，视物不清，恶心呕吐，无法自主动作，无法讲话，很快进入昏迷状态

据有关资料介绍，在2001年6～12月的青藏线建设期间，施工人员发生急性高原反应的就达36例之多。其中，发生在海拔3000～4600m的有4例，占11.1%；发生在海拔4600～4800m的有8例，占22.2%；发生在海拔4800～5010m的有24例，占66.7%。可见，随着海拔高度的升高，高原反应人数呈增加趋势；同时人的劳动能力也会下降，经统计，人体在海拔3500～4000m的地区时其劳动能力比平原降低40%～50%。

因此，高海拔隧道施工人员的安全防护技术关键包括：①基于安全性和舒适性标准的临界海拔高度；②施工期隧道内氧气含量降低趋势；③高海拔隧道施工人员需氧量标准；④高海拔隧道施工供氧方式。

1.1.2 高海拔隧道施工机械升效技术关键

钻爆法施工中的主要工程机械有挖掘机、装载机、掘进机、自卸车、风机、除尘机等，以上施工机械多为柴油驱动，内燃机为输出功率较大的柴油机。柴油机在高海拔环境条件下工作时，因为大气压力低、空气密度小，所以进入柴油机的新鲜空气量明显下降，从而破坏了柴油机原有的空燃比，使得燃烧不充分、着火延迟、后燃现象严重，导致柴油机功率下降、动力性能变差。不同的海拔高度对内燃机气缸内的有效压力有一定影响，随着海拔的升高，空气逐渐稀薄，进气中的含氧量随之减少，造成燃油不充分燃烧，进而气缸内的有效压力降低，造成活塞与活塞环的摩擦损失减小。除此之外，随着海拔的升高，其温度不断降低且温差不断增大，也降低了润滑剂的工作性能，增加了很大摩擦损失。

另外，隧道施工过程中需要采用机械通风，通过风管将新风送到隧道掌子面，从而保证隧道内的施工环境要求。而在高海拔地区，受大气压力降低的影响，风管漏风率会随着海拔高度的升高和隧道长度的增加而呈增加趋势，导致隧道内通风效率降低。

因此，高海拔隧道施工机械升效技术关键包括：①高海拔隧道施工机械降效原理与机制；②高海拔隧道风管漏风率预测方法；③高海拔隧道施工机械升效措施。

1.1.3 高海拔隧道运营通风和照明技术关键

高海拔隧道的运营能耗主要是通风和照明，目前高海拔隧道的通风和照明均根据《公路隧道通风设计细则》进行计算。但受高海拔地理特征的影响，高海拔隧道的运营特征和平原公路隧道显著不同。例如，交通量低且受季节影响显著，如四川的二郎山隧道、巴朗山隧道等；驾乘人员在高海拔隧道中行驶时，受低含氧量的影响，反应时间增加，刹车距离变长，对隧道内外明暗适应时间增加；机动车在不同海拔高度下排放的污染物浓度和分布差异较大。

海拔越高，空气越稀薄，柴油机的燃油消耗率就越高，从柴油机的尾气中排出的有害物质就越多。对汽油车也是一样，受空气中低含氧量的影响，车辆在缺氧状态下行驶，废气排放量将会成倍增加。另外，目前通行的汽车实行了新的环保标准，较规范采用的烟雾海拔高度系数和CO海拔高度系数都有比较大的偏差，不能直接指导现行高海拔隧道的运营通风设计。

受低含氧量的影响，高海拔隧道中驾乘人员可能出现的高原反应增加了驾车反应时间，当行车速度为 36km/h 时，反应时间每增加 0.1s，汽车就向前驶进 1m。有研究表明，约 40%的撞人和撞车事故就发生在 0.1s 的瞬间。

因此，高海拔隧道运营通风和照明技术关键包括：①高海拔公路隧道机动车污染物海拔高度系数；②高海拔隧道运营通风控制标准及设计方法；③高海拔隧道运营照明控制标准及设计方法。

1.1.4　高海拔隧道节能技术关键

21 世纪，全球能源危机已成为世界各国发展面临的一大问题，引起了普遍重视。高海拔隧道的施工和运营过程中会消耗大量的能源，而高海拔地区丰富的自然资源为绿色节能技术的利用提供了条件。

例如，地源热泵利用了地球所储藏的太阳能资源作为冷、热源，是进行能量转换的供暖空调系统。其中，可以利用土壤或水体，包括地下水或河流、地表的部分河流、湖泊及海洋。地源热泵可利用的地下水或土壤温度冬季为 8～15℃，热源温度比环境空气温度高，所以其循环的蒸发温度提高，能效比也会提高。而夏季地下水或土壤温度为 10～24℃，冷源温度比环境空气温度低，所以制冷的冷凝温度降低，使得冷却效果好于风冷式和冷却塔式，机组效率提高。据美国环保署估计，设计安装良好的地源热泵，平均来说可以节约用户 30%～40%的供热制冷空调的运行费用。

又如，太阳能随着热转换理论日趋成熟，以热交换的方式实现太阳能的热转换早已成功应用。以巴朗山隧道为例，隧道址区全年日平均气温≤0℃，日数共有 117 天，全年日最低气温≤0℃，日数共有 198 天。日最低气温≤0℃的天数主要集中在当年 10 月至次年 4 月。隧道址区热辐射条件好，日照时间长，太阳能充足，出口段年总辐射为 7857.6 MJ/m^2，日平均总辐射为 21.3MJ/m^2。年日照时数为 1471.7h，月日照时数为 79.4～166.2h。

因此，高海拔隧道节能技术关键包括：①高海拔地区自然资源的利用技术；②高海拔隧道太阳能蓄热技术及应用；③高海拔隧道地源热泵技术及应用。

1.2　高海拔隧道关键技术研究进展

1.2.1　高海拔对施工人员和机械效率影响研究现状

在隧道的施工中，有毒、有害气体对施工人员的健康和生命安全构成一定威胁。高海拔隧道的施工建设环境恶劣，人体对 CO 的抵抗能力减弱，因此，平原地区隧道施工的 CO 浓度控制标准在高原地区不再适用，国内外对高原地区的 CO 容许浓度也进行了一定的研究。

2007年，《工作场所有害因素职业接触限值·化学有害因素》(GBZ 2.1—2007)中规定高原地区工作场所CO最高容许浓度在海拔高度2000～3000m时应为20mg/m^3，3000m以上应为15 mg/m^3。

2011年，谢尊贤等研究了高原地区隧道施工作业环境卫生标准，认为在高原地区，将隧道施工通风污染物CO最高容许浓度定为50ppm是合适的，且该值完全能够满足施工作业卫生健康的要求。

谢尊贤等对高原隧道施工工程机械有害气体的排放特性进行了研究，指出了高原环境下工程机械CO排放量以指数方式变化，随转速增大而增大。

2009年，唐志新等对高原地下矿气体浓度标准进行探讨，认为人体呼吸吸入污染物的量与污染物的质量浓度、人的呼吸速率、暴露时间成正比。在高原地区，缺氧会加快呼吸的频率，从而增强呼吸作用，并吸入更多的污染物。因此，在高原地区有毒气体的浓度限值应该减少。

目前，隧道施工相关规范中有关有害气体容许浓度的规定均是针对一般地区的，国内外还没有高原隧道施工的作业环境标准(如在《公路隧道施工技术规范》(JTG F60—2009)中，分不同海拔高度规定了CO容许浓度，但对于海拔高于3000m的地区规范中仅规定当取值超过规定上限时，按照线性进行延伸，而该值是否符合实际仍值得考究)。因此，依托不同海拔高度的高原隧道，确定一个与海拔高度相关的隧道作业环境标准，确保CO和氧气的含量能够满足施工人员和机械设备的要求，并为行业内隧道施工提供合理的通风设计显得尤为必要。

高玉功等通过对青藏铁路客车人员的供氧研究，得到了考虑车内氧气分压的下限值，也就是人体必需的氧分压水平，供氧水平没有必要达到平原标准，加上对氧气使用安全问题的考虑，就可确定车厢内氧分压的上限值。

张西洲等通过对青藏高原官兵在不同氧环境下的工作状态进行了研究，并得出了氧浓度升高对人员生理状态有影响的结论。

刘应书等研究了室内富氧可以改善人在高原地区的缺氧状况，同时也会带来火灾危险，通过试验研究对高原地区的富氧安全问题进行了分析，确定了富氧的安全氧浓度上限。

谢文强依托巴朗山隧道，基于对人员舒适性和安全性的考虑，提出需要供氧的海拔高度建议值。同时通过建立海拔高度与劳动强度及施工工种的关系，分析海拔高度对劳动强度的具体影响，并结合高原地区劳动强度的分级标准，提出了高海拔地区施工人员的供氧标准。

目前，高原地区供氧量的相关研究多集中在人体基本处于静息状态时，而对于施工人员的供氧量研究较少。此外，对于供氧浓度的下限值及不同劳动强度等级的供氧量研究还很缺乏。因此，有必要对高原隧道施工环境供氧控制标准进行深入的研究，以保障施工人员的安全和健康。

我国在高海拔地区工程机械领域进行了机械装备环境适应性方面的研究，制定了相应的标准，如《装备环境工程通用要求》(GJB 4239—2001)，但到目前为止，还没有真正意义上的高原机械，对于高海拔地区机械使用时所带来的一些问题并未彻底解决。利用机械储备动力也只能适用于 3000m 以下地区，但仍然要受到低温、缺氧的影响，生产能力也有不同程度的下降。国内外对于机械性能方面的研究较多，主要集中在柴油机的动力性、经济性、排放性和增压系统等方面，而对于高海拔地区的施工机械降效方面的研究比较少，还没有高海拔隧道机械设备效率计算的理论方法。

1.2.2　高海拔隧道运营期关键问题国内外研究现状

高海拔寒冷地区特长隧道环境恶劣、地质条件复杂，具有低氧、严寒、高海拔的特点。平原地区的 CO 浓度控制标准在高原地区不再适用，国内外对高原地区的 CO 容许浓度也进行了一定的研究。

1996 年，张世杰等依据不同海拔的 CO 染毒动物毒性比较和人群流行病学研究，提出了高原地区车间空气中 CO 的卫生标准：建议海拔 2000～3000m 地区车间空气中 CO 卫生标准为 20mg/m^3，海拔 3000m 以上地区可参照此值进行适当降低。

1999 年，张世杰等对高原地区 CO 中毒特征进行了探讨，并得到结论：高原低氧加重了 CO 中毒的程度，并由此推荐高原 CO 卫生标准为：海拔 2000～3000m 为 20mg/m^3，海拔 3500～4500m 为 15mg/m^3。

冯国胜等以新关角隧道为依托，进行了施工机械和车辆尾气排放的现场测试，测试结果为 CO 的“海拔高度修正系数”在 3600～3800m 的海拔范围内取值提供依据和参考。

2007 年 3 月，兰州交通大学对自然通风条件下列车通过隧道时的有害气体浓度进行监测，并得到结论：高原地区有害气体扩散速率比低海拔地区快，浓度衰减较快。

2008 年，曹正卯根据对国内外隧道污染物排放标准及控制标准的调研与分析，结合新关角隧道的实际情况，给出了有害气体排放限值建议值、粉尘容许浓度建议值和不同海拔高度下有害气体容许浓度建议值。

2014 年，李志厚等依据鹧鸪山隧道和雀儿山隧道的现场实测数据，计算得到了实测的海拔高度系数，并应用于白茫雪山隧道的通风计算，通过对比分析按规范[《公路隧道通风照明设计规范》(JTJ 026.1—1999)]的海拔高度系数与按实测的海拔高度系数计算得到的需风量，得出结论：实测的烟雾海拔高度系数大于规范给出的延伸值。

因此，国内外关于运营期间隧道内的污染物浓度的限值虽有很多研究，同时也进行了有关隧道运营通风污染物浓度控制限值的规定。但目前在国内高海拔地区隧道的运营通风设计中，关于有害气体容许浓度并没有相应的规范可以参照。

国内现行的《铁路隧道施工通风技术与标准化管理指导手册》中根据国内文献中所得的现场测试分析，建议在设计中暂可取风管漏风率为 1.5%～2%。

尹玉鹏依托娘姆特煤矿工程，分析风管漏风对于风机的影响，得到了风管的漏风风阻会影响矿井风阻特性曲线，最终导致风机工况点随之变化。

杨立新针对目前通风管漏风理论进行了研究，并对其中存在的问题提出一种新的评判指标，通过分析计算得到了风管尾端百米漏风率的测定方法，并根据研究所得的百米漏风率得到了新的漏风量及风机供风量计算公式。

对于隧道通风风管漏风率的确定，我国所有通风系统设计文献只能提供给 800mm 以下通风管道的技术性能数据。对于目前国内使用的新型大直径风管，目前还没有准确的测试数据。国内对风管漏风率的研究很少，对于风管在高海拔地区的性能研究更是寥寥无几，需要进行进一步研究。

风机在隧道通风中起着至关重要的作用，在对隧道施工通风进行风机选型设计时，需要选择适当的风机来进行供风，目前在施工通风中经常出现风机功率不足导致洞内供风量较小及洞内施工环境差。尤其是在高海拔特长隧道中，由于高海拔地区的低气压、低氧含量，导致风机效率相比平原地区更差，因此需对风机在高原地区的功率变化进行相关研究，并对高海拔风机进行优化，使其发挥出最优性能。国内很多学者对风机功率都进行了相关研究，也得到了很多成果。

甄敏钢采用数值模拟的方法对样机进行了计算，又通过改变叶片安装角度、风机的径向间隙和整流体形状，分析比较风机参数改变后的内部流场，最终找出安装角度、径向间隙和整流体形状对风机性能的影响。

高新新以某电厂机组的轴流引风机为研究对象，通过现场对风机的原型进行测绘，首先对其进行三维模型的构造，其次利用模型进行网格划分，确定计算的流域及边界条件，然后利用数值进行模拟计算，得出其内部流动的特性，并对在不同工况下风机运行的情况及低转速下风机的运行进行模拟，最后将数值模拟结果与风机实际运行情况进行对比分析，结果表明数值模拟可以较准确地反映出风机内部流体流动的真实情况，而且结果也基本符合了电厂风机的实际运行情况，这对下一步风机的节能改造提供了重要的理论依据。

苟红松根据海拔与空气性质的关系、不同海拔 CO 浓度的限值、对高原隧道施工通风需风量、高原地区通风阻力修正及风机选型进行了分析研究，并得到结论：对于同一风机，当转速一定时，风量与平原地区一样，风机风压与功率也较平原地区降低，所以通风设计与风机选型时应进行相应的修正。

在《现代隧道施工通风技术》中提出：在高海拔隧道施工通风过程中，轴流风机风量不变，当风机的转速和安装角一致时，根据风压计算公式，风机产生的全压与密度成正比。

吴海英在 T35 轴流风机的基础上得到了新 T35 轴流风机的设计雏形，同时对已有气动设计程序中的输入输出格式和部分经验参数设置进行了改进。改进后的程序不仅具有高效灵活的特点，而且可以很好地与后续的数值模拟进行衔接。在此基础上通过对新 T35 轴流风机的三维数值模拟，研究了该风机的轮毂比、流型系数、叶片前倾和叶片前掠等设计要素对其性能的影响。

李嵩等结合轴流风机的气动设计阐述了轴流风机的数值、模拟地位和技巧，其中叙述了如何进行整机建模、如何进行网格设置、如何进行边界设置及如何进行 Fluent 后处理。

J. Vad 分析了轴流风机和无导叶压缩机转子的叶片非径向堆积技术，即叶片前倾和叶片前掠对风机气动性能的影响。分析结果显示叶片前掠和叶片前倾可以改善轴流风机和压缩机转子的性能，具体地说，就是可以改善其效率，扩展其非时速工况范围。而且指出 CFD 可以预估非径向堆积技术对风机气动性能的影响，同时还提出 CFD 是将前掠和前倾并入叶片设计的必要工具。

因此，目前关于风机通风、风机效率的研究多集中于考虑风机自身结构上的影响因素，对于海拔升高所引起空气参数变化的影响研究较少，且并未给出明确的风机功率修正，需要进行进一步研究。

通常情况下，交通通风力比自然风阻力大得多，交通通风力与隧道的长度、车速、车流量密切相关。充分利用交通通风力，有利于节省投资和提高公路隧道营运管理经济效益。国内关于交通风的利用已经进行了很多。

张坚等通过对公路隧道通风计算中的风量平衡及风压平衡方程的分析，针对交通量及交通组成的不断变化，提出了交通量的可行性线性解的计算方法，可为公路隧道通风计算中风机的选型及风机的配置提供可靠的依据，同时也可为隧道建成后的风机控制提供参考。

王永东等认为《公路隧道通风照明设计规范》(JTJ 026.1—1999)规定设计交通量为混合车高峰小时交通量，计算行车速度为洞内线形行车速度。在很多隧道的通风计算中，就直接按给出的交通量和行车速度取值，实际上这种做法是不科学的。根据交通工程学有关知识，车流密度、交通量和实际行车速度有对应关系：当车流密度与交通量较小时，车速可以达到最大值，即洞内线形行车速度；当车流密度、交通量逐渐增大时，车速就随之逐渐减小，直至达到一个合理速度，这时交通量最大；当车流密度继续增大时，交通量反而减小，车速也减小，直至形成阻塞。因此在通风计算中必须根据交通量科学地计算实际的行车车速。

胡金平等讨论了公路隧道通风网络中交通风的计算原理及处理方法，推导出交通通风力在通风网络理论中的计算公式，利用包括交通风压处理模块的隧道通风网络解算程序，对雪峰山隧道的通风方案进行计算分析，验证了通风网络程序中交通风计算理论与处理方法的正确性和适用性。

刘彤依托二郎山隧道，基于通风网络理论建立不同条件下一元流数学模型，模拟交通量变化、行车速度变化、自然风压变化和风机开启台数变化等隧道通风系统内风场分布特征，分析阻塞交通流增加及风机开启数量增加时通风系统应付车流阻塞的最大能力。

虽然国内对交通风的利用已经有很多研究，但都是针对平原地区的隧道，高原地区的隧道交通风利用相关研究较缺乏。因此需对高海拔地区的交通风利用进行研究，减少通风风机的配置，从而达到节约能源的目的。

在有效地利用车辆行驶所产生的交通风，并得到合适的通风设备效率后，就可以对通风系统进行优化布置，使通风系统能够更加高效、节能地运作，因此服务于隧道的运营且降低运营的成本。

1.2.3　高海拔隧道节能技术国内外研究现状

西方发达国家在公路隧道照明系统方面的研究起步较国内早，通过长期的实践和研究，技术已经日趋成熟。早在20世纪中叶，欧洲就已经出现了自动调光的隧道照明技术，并且已经制定了符合本国国情的标准，在隧道照明研究方面已经比较完善。

为了提高照明性能，西方发达国家首先开展了根据对人类视觉特性的研究，制定了一系列数值计算标准，通过长期的探索实践，技术已经相当纯熟，对日后在这方面的研究工作具有重大的指导意义。

在隧道照明控制技术方面，研究方向逐渐由逻辑上的分组控制向根据隧道车流量、行车速度、洞外环境等因素的智能控制网络技术方向发展。

在改进照明控制技术的同时，欧美等发达国家都非常重视隧道照明灯具的研究，既对灯具结构、外观质量、功能和轻量化做了大量工作，也对灯具的外壳材料、反射器材料、密封材料、光学特性，以及灯具和隧道的匹配、逆光照明技术、光源选择与照明设备的维护等方面做了一定的研究，并取得了一定的成果。

白光 LED 面世不久，日本即提出将其用作路灯。2003 年，美国 Mooncell 公司开始生产 LED 路灯。澳大利亚在首都堪培拉 AnZac Parade 街道采用 LED 路灯进行示范照明。2005 年 7 月，荷兰 Philips 公司首次将三款 LED 路灯安装在荷兰 Ede 市中心街道上，2006 年 Philips 荣获 LED 街道照明灯具 iF 产品设计金奖。Cree 公司在美国的“LED City”示范工程数据表明，其 X Lamp LED 耗电量只有传统路灯的 30%。中国的香港和台湾地区也在积极开发 LED 路灯，并取得了较好效果。

欧美发达国家在灯具研究方面，已经基本确定了将大功率白光 LED 作为 21 世纪的替代光源的发展趋势。

国内在隧道照明方面的研究相对西方较晚，在 2000 年之前，甚至没有完善的隧道照明设计规范。于 2000 年 6 月 1 日实行的《公路隧道通风照明设计规范》(JTJ 026.1—1999)规定长度大于 100m 的公路隧道应设置照明设施，并将公路照明分为洞外引导照明、入口段照明、过渡段照明、基本段照明、出口段照明和应急照明。

我国以前对公路隧道照明节能的研究比较少，研究领域主要集中在隧道照明设施本身、设计及反光材料的性能方面。

目前，高速公路隧道照明节能主要是采用高功率因数的照明灯具(配高效电子镇流器)、隧道内两侧铺反射率高的装修材料、尽量缩短供电电缆长度、合理布置配电房的位置、集中调光控制、接近段采取洞外减光措施以减少洞外亮度等方法。为了进一步节能，设计者还把隧道内的灯具分为全日灯、黄昏灯、白日灯和应急灯等几个回路进行人工或自动控制，有一定的节能效果。

重庆大学陈仲林提出，在视觉科学的基础上，采用安全实用和可靠合理的高速公路隧道照明节能措施，使隧道照明水平和质量在“适度”的基础上，保证驾驶员快速、安全、舒适地行驶，实现隧道照明节能的目的。林才奎等提出了一种公路隧道照明节能控制算法研究，针对不同的应用情况和环境使用设计了不同的算法构件。以上这些研究，为照明智能节能控制奠定了理论基础。包志彬等介绍了安徽安景隧道高压钠灯照明控制设计，有晴天照明、阴天照明、基本照明 3 个照明等级，共有照度控制、时序控制、手动控制、深夜照明控制 4 种控制模式，有人工、自动(本地)、远程控制(人工/自动) 3 种控制方式。谢磊、李韧等也开展了针对高压钠灯的隧道智能照明调控研究。

近年来，随着 LED 照明的开发，我国许多大学和科研机构开展了很多研究。王治等在实验室针对 LED 灯具开展了节能控制研究。黄凤武等设计了一种隧道照明节能控制系统，该系统以 S7－200 作为本地输出控制器，利用工业以太网组建控制环网，运用模糊控制作为隧道照明控制算法，系统输入参数包括车流量、车速及洞内外亮度信息，经过模糊控制算法运算，输出照明的控制信号，通过功率控制模块实现实时自动调节隧道各段照明亮度。赵玲等针对东北石油大学现代教育中心中控室设计了一套 LED 智能照明控制系统，可根据房屋的功能、室外光亮度来自动控制照明。

近几年，国内一些地方的隧道采用 LED 照明，并开展了节能控制示范。周正兵分析了洞外亮度对隧道照明能耗的影响、介绍隧道 LED 亮度智能无级控制系统及其节能原理。包志彬等开展了基于 PLC 和 WinCC 的 LED 隧道照明节能控制系统研究，该系统由车检仪、光强传感器、PLC（Programmable Logic Controller，可编程控制器）、装有 WinCC 的上位机和监控程序组成，有服务器控制模式、自动控制模式、手动控制模式 3 种，完成对 LED 隧道照明节能的控制。

从国内外技术的进展来看，高海拔隧道建设面临着诸多技术难题，虽然已有部分研究成果，但还不够系统，也没有上升到规范和标准的行业指导。随着我国的基础设施建设的快速发展，无论是公路还是铁路，隧线比都有不断增大的趋势。此外，我国幅员辽阔、地形多变复杂，在公路与铁路建设中，不可避免地会遇到高海拔环境。因此，必须采取系统的方法解决高海拔环境下低压、缺氧、低温等特殊复杂气候条件对人员供氧、机械效率、混凝土质量、通风、照明、节能控制等一系列的工程技术难题，为高海拔隧道建设提供理论支撑和技术参考。

第 2 章　高海拔气象条件对人和机械作用的理论基础

2.1　高海拔气象条件

2.1.1　隧道洞外气象条件随海拔高度变化规律

自然环境中，大气压和氧分压受到各种因素的影响，如温度、湿度、风速和海拔等方面的改变，都将导致大气压和氧分压发生相应的变化。其中以海拔的影响最为显著，它与大气压及氧分压成反比关系。海拔每升高 100m，大气压就下降 5mmHg(0.67kPa)，氧分压也随之下降 1mmHg 左右(0.14kPa)。高原地区的高海拔导致了低大气压、低氧分压的形成，这也是高原地区空气稀薄、氧气缺乏的根本原因。

通常认为大气压力在数值上等于所在海拔高度往上直到大气上界整个空气柱的质量，因此理想情况下，大气压力与海拔高度具有一一对应的关系。在海平面附近，海拔高度每升高 100 m，气压下降大约 0.67kPa。由于空气具有可压缩性，因此大气压力与海拔高度具有非线性关系，海平面到 11000m 以下地区的大气压力公式为

$$P = 101.325 \times \left(1 - \frac{H}{44329}\right)^{5.255876} \tag{2-1}$$

式中，P——当地大气压力(kPa)；

H——海拔高度(m)。

同时，随着海拔高度的增加，大气压强降低，导致空气密度会随着减小，单位体积中的氧含量也将随着降低。在高海拔地区的空气密度、海拔高度及温度可以表示为

$$\rho = 1.293 \times \frac{P}{P_0} \times \frac{273.15}{273.15 + t} \tag{2-2}$$

式中，P——当地实际大气压强(kPa)；

P_0——标准大气压，通常取值 101.325kPa；

t——当地温度(℃)。

通过上述内容，得出不同海拔高度下的标准大气相关参数如表 2-1 所示。

表 2-1　不同海拔高度下的标准大气相关参数

海拔高度 H/m	温度 T/K	P/Pa	ρ/(kg/m^3)
0	288.2	1.0133×10^5	1.225
100	287.6	0.9794×10^5	1.187
500	284.9	0.95461×10^5	1.167
1000	281.7	0.89876×10^5	1.111
1500	278.2	0.84560×10^5	1.058
2000	275.2	0.79501×10^5	1.007
2500	271.9	0.74692×10^5	0.9570
3000	268.7	0.70121×10^5	0.9093
3500	265.4	0.65780×10^5	0.8634
4000	262.2	0.61660×10^5	0.8194
4500	258.9	0.57753×10^5	0.7770
5000	255.7	0.54048×10^5	0.7364
5500	252.4	0.50539×10^5	0.6975
6000	249.2	0.47218×10^5	0.6601

空气中的氧气含量可用单位量空气中所含氧气的量来表示。

一般来说，气体通常采用 kg/m^3 为浓度单位，但还有一种常用的单位，即体积比 10^{-6}(体积分数)。10^{-6}(体积分数)为无量纲量，也可用 ppm 表示。由于空气体积受温度、压力的影响很大，因此采用 10^{-6}(体积分数)的优点是可直接进行数据比较，而无须考虑气体的状态。在标准状态(即 0℃ 及标准大气压)下，理想气体摩尔体积为 22.4L/mol，对于 25℃，一个大气压(101.325kPa)为标准气体状态时，理想气体的摩尔体积为 24.45L/mol。

对于理想气体的状态方程，即 Clausius - Clapeyron 方程为

$$PV = nRT \tag{2-3}$$

式中，P——气体压强(Pa)；

V——气体体积(m^3)；

n——气体的物质的量(mol)；

T——体系温度(K)；

R——理想气体常数(J/mol·K)。

对任意理想气体而言，R 是一定值，约为 8.31441 ± 0.00026(J/mol·K)，计算中可以取 8.31441(J/mol·K)。

由克拉伯龙方程设摩尔体积为 V_m，则有

$$V_m = \frac{V}{n} = \frac{1000RT}{P} \tag{2-4}$$

式中，V_m——摩尔体积(L/mol)；

n——物质的量(mol)；

V——气体体积(L)；

P——气体压强(Pa)；

T——体系温度(K)；

R——理想气体常数(J/mol·K)。

重力场中的理想气体密度随高度减小，且服从玻尔兹曼分布律，其公式为

$$P_z = P_0 e^{-\frac{M_{mol} g z}{RT}} \tag{2-5}$$

式中，P_z——海拔高度 z 处气体压强(Pa)；

P_0——海拔高度 0 处气体压强(Pa)；

M_{mol}——摩尔质量(kg/mol)；

g——重力加速度(m/s^2)；

z——海拔高度(m)；

R——理想气体常数(J/mol·K)；

T——体系温度(K)。

根据玻尔兹曼分布重力场中气体分子密度变化规律得到空气中的各组分气体分压随着海拔高度的增加而减小，且气体摩尔质量大的减小得越多。由于 O_2 的摩尔质量为 32g/mol，而 N_2 的摩尔质量为 28g/mol，随着海拔的增高气体分压随之减少，氧气分压减少得更多。因此其体积分数会减少，对于平原上 O_2 的体积分数为 20.9%，但是随着海拔的增加体积分数也会低于 20.9%，但是变化较小，可以忽略不计。

假设有 1m^3 空气，其体积浓度转化为质量浓度过程的公式为

$$C = \frac{32000X}{V_m} \tag{2-6}$$

式中，C——质量浓度(g/m^3)；

X——氧气的体积分数；

V_m——摩尔体积(L/mol)。

综合以上公式可以得到氧气的质量浓度转换公式为

$$C = \frac{32000XP}{RT} = \frac{32XP}{8.31441T} = \frac{32X}{RT} \times P_0 e^{-\frac{M_{mol} g z}{RT}} = \frac{389973.55X}{T} \times e^{-\frac{37.718z}{T}} \tag{2-7}$$

式中，C——质量浓度(g/m^3)；

X——氧气的体积分数；

R——理想气体常数(J/mol·K)，取 8.31441J/mol·K；

T——体系温度(K)；

通常认为氧气的体积分数为定值 20.9%，对比不同海拔高度下的标准大气相关参数(表 2-1)，特别是不同海拔下的标准大气的温度情况，可知在不同的海拔高度下的氧气质量浓度变化的情况，即氧气质量浓度随海拔高度的变化规律如表 2-2 所示。

表 2-2　氧气质量浓度随海拔高度的变化规律

海拔高度/m	氧气质量浓度/(g/m^3)	相当于海拔 0m 时的氧含量	体积分数
0	282.8	100.0%	20.90%
500	269.5	95.3%	19.92%
1000	256.6	90.7%	18.97%
1500	244.5	86.5%	18.07%
2000	232.4	82.2%	17.17%
2500	221.0	78.1%	16.33%
3000	209.9	74.2%	15.51%
3500	199.4	70.5%	14.73%
4000	189.2	66.9%	13.98%
4500	179.4	63.5%	13.26%
5000	170.0	60.1%	12.56%
5500	161.1	57.0%	11.90%
6000	152.4	53.9%	11.26%

空气中氧气对机体的生理作用不取决于它在空气中所占的百分容积，而取决于它的分压。在海平面地区，空气在每平方厘米上所形成的压力为 101.3kPa(760mmHg)，在干燥空气中氧气占 20.40%，故氧分压为 21.15kPa(159mmHg)。理论上空气中氧气所占比例基本不受高原影响，当大气压力因海拔增高而降低时，则氧分压按比例降低。

在海平面处，大气压压力等于 760mmHg，即

$$760\text{mm Hg}=0.76\times133322.4\text{Pa}=101.325\text{kPa}$$

(1)气体的总压力和分压。

混合气体中任何单个气体的分压等于混合气体的总压力乘以该气体在混合气体中所占的体积分数。干燥空气中氧气的分压=760×0.2098=159.448mmHg，即在海平面上大气氧分压约为 21.26kPa。

(2)呼吸道内各气体分压。

空气被吸入呼吸道内，总压力仍是 760mmHg，但空气经过鼻腔和支气管黏膜时被湿化，相当于在吸入的空气中加入了水蒸气。人的体温以 37℃计算，37℃条件下水蒸气的分压为 47mmHg，所以其他气体的分压要相对减少。进入呼吸道气体的氧分压，以气管气氧分压为指标，用式(2-8)表示。

$$P_{tO_2}=F_{iO_2}(P-6.27) \tag{2-8}$$

式中，P_{tO_2}——气管气氧分压(kPa)；

F_{iO_2}——入气中干燥成分的氧浓度(%)；

6.27——37℃条件下饱和水汽压(kPa)。

从式(2-8)中可以看出，气管气氧分压与大气压力和氧浓度有关，通过该公式可以计算出不同海拔高度的压力特性，如表 2-3 所示。

表 2-3 不同海拔高度的压力特性

海拔高度/m	大气压力/kPa	气管气氧分压/kPa	等效海平面吸氧浓度/%
0	101.3	19.92	
500	95.46	18.68	19.7
1000	89.87	17.51	18.4
1500	84.56	16.4	17.3
2000	79.50	15.34	16.2
2500	74.68	14.33	15.1
3000	70.11	13.37	14.1
3500	65.76	12.46	13.1
4000	61.64	11.6	12.2
4500	57.73	10.78	11.4
5000	54.02	10	10.5

从表 2-3 中可以看出，氧气虽然随着海拔高度变化，但是其体积分数基本保持不变，以及其质量分数随着海拔高度的增加变化明显。

2.1.2 隧道洞内气象条件随隧道进尺变化规律

当前国内外学者对隧道内温度场的研究分析较多，隧道进出口处，外界温度对围岩温度影响很大，在隧道中部由于地热的作用，围岩温度受影响程度较小。也就是说，隧道洞内温度会随着纵深的增加而升高，最高温度与最低温度的差值为 8～15℃。相关学者对寒区隧道洞内温度的变化规律进行了归纳和总结，分析研究认为：暖季洞内温度多低于洞外温度，寒季洞内温度多高于洞外温度，即洞内“冬暖夏凉”。寒区隧道中温度沿进深变化呈一定规律性，大致呈抛物线形分布，暖季为中间段低，寒季相反，中间段高进出口段低。

对几座局部多年冻土隧道的最冷月洞内和洞口日温差进行统计，结果如表 2-4 所示。

表 2-4 隧道洞内外温度差值与隧道长度的关系

隧道名称	隧道长度/m	最冷月洞口与洞内日温差/℃
新疆天山奎先达坂隧道	6150	24.8
大兴安岭杜草隧道	3849	18.6
大兴安岭西罗奇 2 号隧道	1160	15.6
大兴安岭翠岭 2 号隧道	420	5.0

由表 2-4 可知，洞口与洞内温差和隧道长度呈正比。隧道长度越长，洞口与洞内的温差越大；而隧道长度越短，洞口与洞内的温差越小。

对几座局部多年冻土隧道洞内外温度年较差进行统计，结果如表 2-5 所示。

表 2-5　隧道洞内外温度年较差与隧道长度的关系

隧道名称	隧道长度/m	洞外温度年较差/℃	洞内中间段温度年较差/℃	洞内温度年较差衰减比例/%
大兴安岭西罗奇 2 号隧道	1160	43.4	27.3	37.1
大兴安岭翠岭 2 号隧道	420	44.0	32.0	27.3

由表 2-5 可知，洞内中间段温度年较差低于洞外温度年较差，这是由于洞内温度受外界气温的影响较小，使得洞内温度年较差衰减。随着隧道长度的增加，洞内温度年较差衰减比例增大，即洞内温度年较差比洞外温度年较差减少。

由此可知，洞内温度受隧道长度的制约。隧道越长，洞内温度与洞口温度差值越大，洞内温度年较差与洞外温度年较差相比衰减越多，即洞内温度受外界气温影响越小；反之，隧道越短，洞内温度与洞口温度差值越小，洞内温度年较差与洞外温度年较差相比衰减越少，即洞内温度受外界气温影响越大。

日本学者针对某长度为 1500m、埋深为 50～200m 双线铁路隧道，给出的隧道内气温振幅衰减计算公式为

$$\frac{A_Z}{A_0} = \exp(-2.88 \times 10^{-4} \cdot Z) \tag{2-9}$$

式中，Z——距离隧道洞口的长度(m)；

A_Z——距离洞口 Z 处的气温年振幅(℃)；

A_0——洞口处的气温年振幅(℃)。

根据式(2-9)可知，距离隧道洞口越远其振幅越小，在距洞口 500m 处，$\frac{A_Z}{A_0}=0.886$，距洞口 1000m 处，$\frac{A_Z}{A_0}=0.75$。但从案例来看，使用以上公式计算的隧道长度较短(小于 2km)，而在设计中对此类隧道一般可不考虑沿隧道纵向温度振幅的衰减。

2.2　高海拔环境对人体机能的作用机理

2.2.1　施工阶段高海拔环境对人体机能的作用机理

高海拔地区的恶劣气候环境主要包括寒冷、干燥、低气压、含氧量低、紫外线强等，这些因素直接影响到人体的生理活动和疲劳程度，特别是高原的低气压和低含氧量对人体机能的影响相当大。

其中，气压一般随海拔高度的增加而有规律地下降，同时空气越来越稀薄，空气中氧分压和人体肺部氧分压也会减小，肺部氧分压的降低将严重影响血红蛋白与氧气的结合，从而出现缺氧症状。如果要保证体内血氧顺利结合，通常要求动脉中的氧分压大于 7.98kPa。若不能满足这个最低限值，机体会因为缺氧导致高原疾病的出现。

平原世居者到达 3000m 以上地区时，由于大气压力降低导致氧分压下降，肺泡气压

和动脉血氧分压也随之减小，毛细血管血压与细胞线粒体间氧分压梯度差缩小，因此导致人体产生缺氧反应。如果是渐进高原，人体生理机能会有一个逐渐适应的过程，机体会产生相应的代偿变化来适应逐渐减小的氧分压，增大通气量，提升肺泡膜的弥散能力；加快体内循环来加速氧的输送等都属于此类代偿反应。通过这些代偿增强作用，使进入肺泡组织中的氧气达到正常值。通常情况下，认为人体器官有一定适应环境的能力，当人体逐渐适应高原环境后可长时间处于高原环境中。一般认为，长期居住可适应的最大高度为 5000m，但人员之间个体差异较大，适应能力弱者在 5000m 以下的一定高度就失去了适应能力，而出现高原适应不全症。

随着海拔高度的增加可能出现的影响身体工作能力的各种因素如图 2-1 所示。

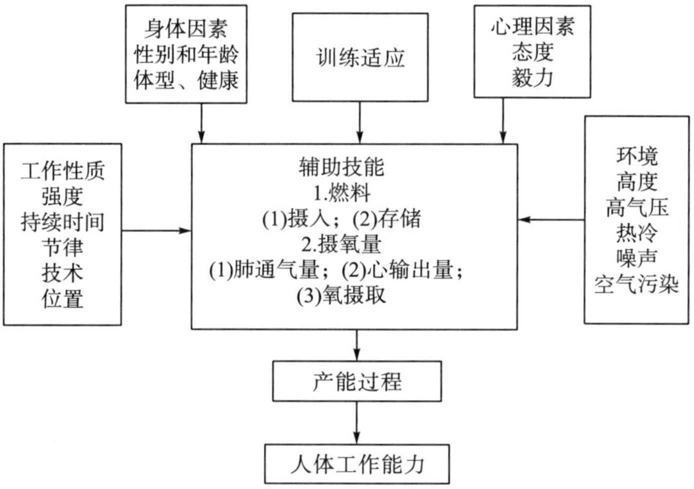

图 2-1　影响身体工作能力的各种因素

同时海拔高度的上升对人体机能的影响还表现在以下几个方面。

(1)不同海拔高度的血乳酸浓度变化。

研究表明，突然到达高原，采用比海平面上较轻的工作负荷，就会引起血乳酸浓度上升，但在精疲力竭的工作中，血乳酸所达到的最高值与在海平面上时相同，如图 2-2 所示。

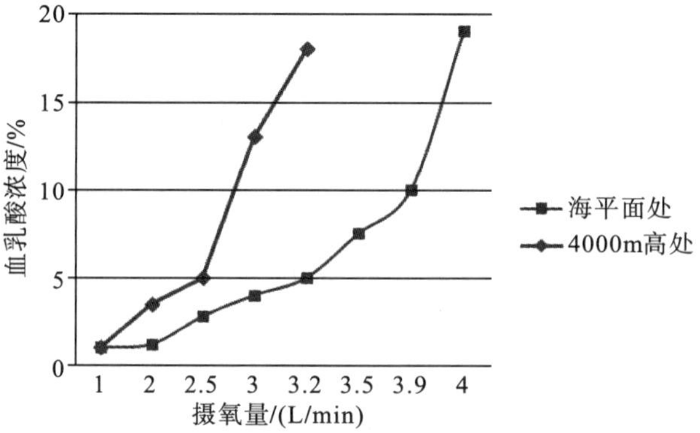

图 2-2　海平面与突然处于 4000m 高处一受试者运动时的血乳酸浓度

这足以表明，突然处在吸入氧分压降低的情况下，人体会产生一系列的代偿性反应，如呼吸频率加快、心输出量增加等。这些加强了氧气的运输，但并不能完全代偿氧分压降低的影响，故最大摄氧量下降，无氧产能的重要性增加。

(2)摄氧量与海拔高度及年龄的关系。

最大摄氧量或最大有氧能力表示在海平面上吸入空气进行工作时，个人所能达到的最高摄氧量，如图 2-3 所示。

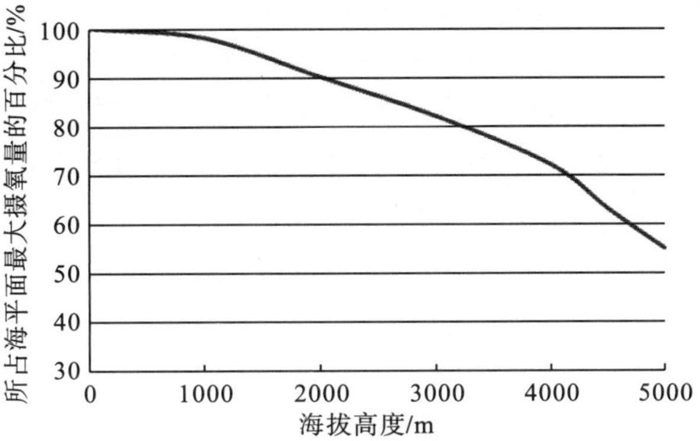

图 2-3　最大摄氧量的减少与上升高度的关系

消耗 1L 的 O_2 可以释放出大约 20kJ 的能量。因此，摄氧量越高，释放的能量越多。在各式各样的肌肉活动中，摄氧量与工作负荷大致呈线性关系。进行剧烈运动时，无氧代谢在开始阶段起着重要作用，此后一直贯穿于运动的整个过程。最终由于代谢产物的堆积，而不得不停止活动。

不难发现，对于高海拔隧道施工人员来说，高海拔环境对其最大的影响就是劳动能力降低，从而导致施工效率降低，进而影响施工进度。

2.2.2　运营阶段高海拔环境对人体机能的作用机理

在运营期间，高海拔环境对人体机能的影响主要表现为缺氧对人的影响。缺氧机体的功能和代谢变化的程度和后果，取决于缺氧的原因，缺氧发生的速度、程度、部位、持续的时间，以及机体的功能代谢状态。一方面，缺氧对机体的影响是广泛的、非特异性的，涉及机体的各个系统、器官和组织；另一方面，缺氧时机体的功能和代谢变化既有代偿适应性变化，也有损伤性改变。一般来说，轻度缺氧时以代偿适应性反应为主，严重缺氧时以功能代谢障碍为主。

缺氧可引起中枢神经系统、呼吸系统和循环系统等主要系统功能障碍，严重时可导致功能衰竭，危及生命。中枢神经系统的耗氧量高，对缺氧最敏感。急性缺氧可引起头痛，头晕，情绪激动，思维、记忆力和判断力等认知功能障碍。慢性缺氧时易发生疲劳、嗜睡、注意力不集中及精神抑郁等。严重缺氧可导致惊厥、昏迷，甚至死亡，并且可抑制呼吸中枢，使呼吸抑制，肺通气量减少，导致中枢性呼吸衰竭。另外，缺氧不仅可引起肺水肿，导致肺换气功能障碍；还可引起循环系统功能障碍，主要表现为肺动脉高压、动脉血压异常、右心室肥大、心功能障碍，甚至发生心力衰竭等。例如，外呼吸功能障碍可引起肺源性心脏病，高原缺氧可引起高原心脏病、高原高血压和高原低血压等。

因此可以发现，在高海拔隧道运营期间，高海拔环境主要是对机动车驾驶员的身体机能有很大的影响，主要体现在反应时间变长上。驾驶员的反应时间在隧道照明中是一个十分重要的参数。

驾驶员视觉的主要任务是观察前方道路路面上障碍物的移动情况。在行车处理情况中形成提前、有序认识危险，迅速化解危险的过程。具体描述为：发现情况—识别危险—调整车速—安全通过。视距是驾驶员行车的最重要控制指标。停车视距是安全行驶的控制标准，驾驶员在行车时以当前车速行驶的车辆在到达前方的目标障碍物之前安全停车的距离定义为停车视距。停车视距由两部分构成，即驾驶员在反应时间内行驶的距离和驾驶者开始制动到刹车停止所行驶的距离(制动距离)。停车视距是各国公路设计与工程技术标准中重要的设计技术指标。因此，高海拔低氧环境主要是影响驾驶员在反应时间内行驶的距离，从而影响停车视距。

调研得知，驾驶员反应时间与海拔高度的关系为

$$\tau = 0.0463H - 0.00217 \tag{2-10}$$

式中，τ——反应时间海拔修正量(s)；

H——隧道海拔高度(m)。

由式(2-10)可知，驾驶员的反应时间随着海拔高度的增加而增加，从而导致停车视距的增加。

2.3 高海拔环境对机械作用机理

2.3.1 施工期高海拔环境对机械作用机理

高海拔隧道施工期，高海拔环境主要会对施工机械造成一定的影响，主要体现在内燃机效率、柴油机损失功率和有效功率及施工机械的排污量上。

发动机发出的指示功率需扣除运动部件及驱动气门机构、风扇、水泵、机油泵发电机等附件消耗的功率后才能变为曲轴的有效输出，所有这些消耗的功率的总和称为机械损失功率 N_m，从而有效功率 $N_e=N_i-N_m$。有效功率和指示功率的比称为机械效率，柴油机的机械效率一般为0.7～0.85。

$$\eta = \frac{N_e}{N_i} = \frac{N_i - N_m}{N_i} = \frac{N_e}{N_e + N_m} \tag{2-11}$$

式中，η——内燃机效率；

N_e——内燃机有效功率(kW)；

N_i——内燃机指示功率(kW)；

N_m——内燃机机械损失功率(kW)。

内燃机的机械损失主要由活塞与活塞环的摩擦损失、轴承与气门结构的摩擦损失、

驱动机附属结构的功率消耗、流体摩擦损失、驱动扫气泵及增压器的损失五部分组成。

一般采用经验公式的方法来估算损失功率，用 N_m 来评定发动机的机械损失，计算公式为

$$N_m = \frac{P_m V_h n i}{30\tau} \times 10^{-3} \tag{2-12}$$

式中，N_m——内燃机机械损失功率(kW)；

P_m——平均机械损失压力(kPa)；

V_h——气缸的工作容积(L)；

n——转速(r/min)；

i——气缸数；

τ——冲程数。

根据国内外相关调研资料显示，采用倒拖法所测得的发动机的平均机械损失压力 P_m 可用以下经验公式表示。

$$P_m = 0.00697 \times (\varepsilon - 4) + 0.0483 \times 10^{-3} n + 0.0401 \times 10^{-2} v_m^2 \tag{2-13}$$

式中，ε——压缩比；

v_m——活塞平均速度(m/s)。

联立式(2-12)和式(2-13)即可解得计算发动机机械损失的经验公式为

$$N_m = [0.00697 \times (\varepsilon - 4) + 0.0483 \times 10^{-3} n + 0.0401 \times 10^{-2} v_m^2] \frac{V_h n i}{30\tau} \times 10^{-3} \tag{2-14}$$

根据调研资料，用一般公式的方法来计算不同环境工况下柴油机的有效功率为

$$N_e = \frac{n_e n_v H_u P_a V_h n i}{30 R \alpha l_0 T_a \tau} \tag{2-15}$$

式中，n_e——有效热效率，指实际循环的有效功与为得到此有效功所消耗的热量的比值；

n_v——充气效率，指每循环吸入气缸的空气量转换为进气口状态，与活塞排量的比值，$n_v = \frac{V_a}{V_h}$，V_a为进气口状态下的进气量；

H_u——所用燃料的低热值。柴油的低热值一般取 42000kJ/kg；

T_a——进气口的温度(K)；

P_a——进气口的压强(Pa)；

R——空气的气体常数(N·m/kg·K)，一般取 287N·m/kg·K；

α——过量空气系数，燃烧 1kg 燃料实际空气量与理论空气量的比值，$\alpha = \frac{m_1}{g_b l_0}$，其中，$g_b$为每循环燃料的供给量(kg)；$m_1$为进入气缸的新鲜空气量(kg)；$l_0$为 1kg 燃料完全燃烧所需的理论空气量(kg)。取柴油分子式($C_{16}H_{34}$)，计算得 14.3。

隧道施工中工程机械用内燃机(柴油机)产生的废气是主要污染源之一，柴油机废气中有害物质主要有 CO、碳烟等，与隧道施工有直接关系的有毒气体是 CO，在施工中常用 CO 的浓度来评价施工环境状况及通风效果。柴油机在高原地区运行，由于大气压力小，空气密度减少，柴油机吸入气缸内的空气量相应减少，使得燃烧不充分。海拔越高，

空气越稀薄。这样，导致柴油机的有效功率减小，燃油消耗率增加，进而从柴油机的尾气中排出更多的有害物质。

2.3.2 运营期高海拔环境对机械作用机理

在高海拔隧道运营期，高海拔环境对机械的影响主要体现在风机的效率、风机的风管漏风率与机动车的CO及VI的排放方面。

风机在公路及铁路隧道的机械通风中占有非常重要的地位，风机的功率计算及选取都对隧道的机械通风产生重要的影响。随着海拔高度的升高，空气的密度降低，风机将发生风机功率小于标定功率的现象。

风机的相似律可以表明同一系列相似机器的相似工况之间的相似关系。相似律是根据相似原理导出的，不仅可用于设计风机，还可用来作为运行、调节和选用型号等的理论根据和使用工具。

根据相似原理，相似风机首先必须几何相似。因此同一系列风机的各过流部位相应的线尺寸间的比值应相等，相应的角度也应相等。几何相似可由下列方程表示。

$$\frac{D_{1n}}{D_{1m}}=\frac{D_{2n}}{D_{2m}}=\frac{b_{1n}}{b_{1m}}=\frac{b_{2n}}{b_{2m}}=\cdots=\lambda_1 \tag{2-16}$$

$$\beta_{1n}=\beta_{1m} \tag{2-17}$$

$$\beta_{2n}=\beta_{2m} \tag{2-18}$$

式中，λ_1——相应线尺寸的比值；

D_1、D_2——风机叶片进出口直径；

b_1、b_2——风机叶片进出口宽度。

在所有的线尺寸中，通常选取叶轮外径 D_2 作为定性尺寸。

相似风机还要求运动相似，即两风机在相似工况点的同名称速度比值相等和方向相同，即相似工况点的速度三角形相似，有

$$\frac{v_{1n}}{v_{1m}}=\frac{v_{2n}}{v_{2m}}=\frac{\mu_{1n}}{\mu_{1m}}=\frac{\mu_{2n}}{\mu_{2m}}=\frac{\omega_{1n}}{\omega_{1m}}=\frac{\omega_{2n}}{\omega_{2m}}=\cdots=\lambda_v \tag{2-19}$$

$$\alpha_{1n}=\alpha_{1m} \tag{2-20}$$

$$\alpha_{2n}=\alpha_{2m} \tag{2-21}$$

式中，μ_1、μ_2——流体随叶轮旋转时，叶轮进出口的圆周速度；

ω_1、ω_2——流体随叶轮旋转时，进出口流体相对于叶轮的相对速度；

v_1、v_2——流体在进出口的绝对速度；

α_1、α_2——叶片工作角；

λ_v——相似工况点的速度比值。

根据相似原理可知，对于不可压缩流体，其动力相似，要求模型与原型反映惯性力与重力相对比值的弗劳德数 $Fr=\frac{v^2}{gl}$ 相等，同时也要求反映惯性力与黏性力相对比值的雷诺数 $Re=\frac{vl}{v}$ 相等。

由于在风机的流道中不存在自由表面，且水静压力与重力对流体的作用相互平衡，因此可以不考虑重力准数。而黏性力的影响，由于其雷诺数甚大，且处于自模区，也可以不予考虑，因此风机在考虑相似时，通常根据工况相似来提出相似关系。

在相似工况下，“原型”与“模型”的扬程、流量及功率有如下关系，即为相似律。

风机流量理论计算公式为

$$Q = \eta_{v}\varepsilon\pi D_2 b_2 v_{r2} \tag{2-22}$$

式中，η_v——风机的容积效率，无量纲；

ε——排挤系数，无量纲；

D_2——叶片的出口直径(m)；

b_2——叶片的出口宽度(m)；

v_{r2}——叶片出口流体的径向分速度，(m/s)。

相似工况点之间的流量关系，可根据流量公式得出

$$\frac{Q_n}{Q_m} = \frac{\eta_{vn}\varepsilon_n\pi D_{2n}b_{2n}v_{r2n}}{\eta_{vm}\varepsilon_m\pi D_{2m}b_{2m}v_{r2m}} = \frac{\eta_n}{\eta_m}\left(\frac{D_{2n}}{D_{2m}}\right)^3 = \lambda_l^3\left(\frac{\eta_n}{\eta_m}\right) \tag{2-23}$$

扬程理论计算公式为

$$gH = \eta_h u_2 v_{u2} \tag{2-24}$$

式中，H——扬程(m)；

η_h——水力损失(m)；

u_2——叶片出口流体的圆周速度(rad/s)；

v_{u2}——叶片出口流体的切向分速度(m/s)。

则相似工况点之间的扬程关系，可根据扬程理论计算公式得出

$$\frac{g_n H_n}{g_m H_m} = \frac{\eta_{hn}u_{2n}v_{u2n}}{\eta_{hm}u_{2m}v_{u2m}} = \left(\frac{\eta_n}{\eta_m}\right)^2\left(\frac{D_{2n}}{D_{2m}}\right)^2 = \lambda_l^2\left(\frac{\eta_n}{\eta_m}\right)^2 \tag{2-25}$$

将式(2-25)中的扬程 H 改换成压头 P，即把 $P=\gamma H$ 代入式(2-25)中可得到的压头关系为

$$\frac{P_n}{P_m} = \frac{\rho_n}{\rho_m}\left(\frac{\eta_n}{\eta_m}\right)^2\left(\frac{D_{2n}}{D_{2m}}\right)^2 \tag{2-26}$$

轴功率理论计算公式为

$$N = \eta PH = \eta\gamma QH \tag{2-27}$$

则相似工况点之间的功率关系为

$$\frac{N_n}{N_m} = \frac{\eta_n P_n H_n}{\eta_m P_m H_m} = \frac{P_n H_n}{P_m H_m} = \frac{\gamma_n Q_n H_n}{\gamma_m Q_m H_m} = \frac{\rho_n Q_n H_n}{\rho_m Q_m H_m} \tag{2-28}$$

在式(2-28)中可认为 $\eta_n \approx \eta_m$ 予以消去，结合扬程及流量相似关系，最终可得功率相似关系为

$$\frac{N_n}{N_m} = \frac{\rho_n}{\rho_m}\left(\frac{\eta_n}{\eta_m}\right)^3\left(\frac{D_{2n}}{D_{2m}}\right)^5 \tag{2-29}$$

高海拔地区风机运行的主要问题是空气稀薄、空气密度小，标准状态下出厂的风机在高原使用时，无论是风量还是风压都达不到要求，且相差很大。因此无法保证隧道施工的正常通风，风机风压、风量的修正采用相似定律进行换算。

空气的密度取决于气压和温度，它与海拔高度有关。随着海拔高度的逐渐升高，大气压力和空气密度会随之逐渐降低。在温度相同的情况下，空气密度与气压成正比。

根据气体状态方程式求得空气密度与海拔高度的关系为

$$\rho_{\mathrm{H}}=4.26\rho_{0}\left(1-\frac{\alpha H}{T_{0}}\right) \tag{2-30}$$

式中，ρ_{H}——海拔高度为 H 时的空气密度(kg/m³)；

ρ_0——标准状态下空气密度，海平面为0℃气温条件下空气的密度为1.292kg/m³；

H——海拔高度(m)；

T_0——热力学温度，273K；

α——空气温度梯度，约为0.0065K/m。

根据气体状态方程式可以得到不同海拔高度下标准大气的相关参数，如表2-6所示。

表2-6 不同海拔高度下标准大气的相关参数

海拔高度 H/m	温度 T/K	P/Pa	ρ/(kg/m³)
0	288.2	1.0133×10^5	1.225
100	287.6	0.9794×10^5	1.187
500	284.9	0.95461×10^5	1.167
1000	281.7	0.89876×10^5	1.111
1500	278.2	0.84560×10^5	1.058
2000	275.2	0.79501×10^5	1.007
2500	271.9	0.74692×10^5	0.9570
3000	268.7	0.70121×10^5	0.9093
3500	265.4	0.65780×10^5	0.8634
4000	262.2	0.61660×10^5	0.8194
4500	258.9	0.57753×10^5	0.7770
5000	255.7	0.54048×10^5	0.7364
5500	252.4	0.50539×10^5	0.6975
6000	249.2	0.47218×10^5	0.6601

根据风机的相似定律，若两台相似的风机有$\frac{D_1}{D_2}=1$、$\frac{\eta_1}{\eta_2}=1$，但$\rho_1\neq\rho_2$，这种情况可以看成一台风机在不同密度的流体中工作。这与目前研究的雀儿山隧道的情况相似，即选择的风机在低海拔和高海拔两种不同空气密度的环境下工作。

由相似定律可得

$$\frac{Q_{\mathrm{n}}}{Q_{\mathrm{m}}}=\frac{\eta_{\mathrm{vn}}\varepsilon_{\mathrm{n}}\pi D_{2\mathrm{n}}b_{2\mathrm{n}}V_{\mathrm{r2n}}}{\eta_{\mathrm{vm}}\varepsilon_{\mathrm{m}}\pi D_{2\mathrm{m}}b_{2\mathrm{m}}V_{\mathrm{r2m}}}=\frac{\eta_{\mathrm{n}}}{\eta_{\mathrm{m}}}\left(\frac{D_{2\mathrm{n}}}{D_{2\mathrm{m}}}\right)^{3}=\lambda_{1}^{3}\left(\frac{\eta_{\mathrm{n}}}{\eta_{\mathrm{m}}}\right)=1 \tag{2-31}$$

所以，由式(2-31)可知，海拔高度不影响风机风量的值，不需要因海拔高度的变化修正风机风量参数。

选择风机的风量参数为

$$Q_{高}=Q_{平} \tag{2-32}$$

式中，$Q_{高}$——高原条件下选择风机时的风机风量；

$Q_{平}$——平原条件下选择风机时的风机风量。

不论是隧道轴流通风机的全压还是射流通风机的全压，都可以根据巷道阻力、出口动能、进口全压计算出来。

如风机风量修正中所描述的，根据风机的相似定律，若两台相似的风机有$\frac{D_1}{D_2}=1$、$\frac{\eta_1}{\eta_2}=1$，但$\rho_1\neq\rho_2$，这种情况可以看成一台风机在不同密度的流体中工作。由相似定律可以得出

$$\frac{P_{高}}{P_{平}}=\frac{\rho_{高}}{\rho_{平}}\left(\frac{\eta_{高}}{\eta_{平}}\right)^{2}\left(\frac{D_{2高}}{D_{2平}}\right)^{2}=\frac{\rho_{高}}{\rho_{平}} \tag{2-33}$$

所以，高原修正风机风压为

$$P_{高}=\frac{\rho_{高}}{\rho_{平}}\times P_{平}=c_{1}P_{平} \tag{2-34}$$

式中，c_1——风机风压高原修正系数；

$\rho_{高}$——高原空气密度；

$\rho_{平}$——平原空气密度；

$P_{高}$——高原修正风机风压；

$P_{平}$——平原计算风机风压。

根据表 2-6 中所得的不同海拔高度下的空气密度可以得出不同海拔高度相对于平原地区的风机风压修正系数曲线，如图 2-4 所示。

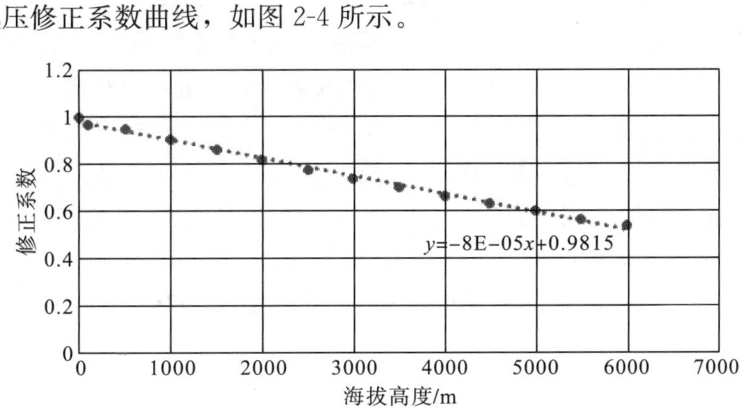

图 2-4　风机风压修正系数曲线

根据图 2-4 中的曲线进行拟合，可以得出风机风压的修正系数曲线公式为

$$c_1 = -8 \times 10^{-5} H + 0.9815 \tag{2-35}$$

式中，c_1——风机风压海拔修正系数；

H——海拔高度(m)。

根据前文中得到的高海拔风机风量及风压的修正，可以最终得到风机功率的高海拔修正。

例如，风机风量修正中所述，根据风机的相似定律，若两台相似的风机有$\frac{D_1}{D_2}=1$、$\frac{\eta_1}{\eta_2}=1$，但$\rho_1 \neq \rho_2$，这种情况可以看成一台风机在不同密度的流体中工作。由相似定律可以得出

$$\frac{N_{高}}{N_{平}} = \frac{\rho_{高}}{\rho_{平}}\left(\frac{\eta_{高}}{\eta_{平}}\right)^3\left(\frac{D_{2高}}{D_{2平}}\right)^5 = \frac{\rho_{高}}{\rho_{平}} \tag{2-36}$$

所以，高原修正风机功率为

$$N_{高} = \frac{\rho_{高}}{\rho_{平}} \times N_{平} = c_2 N_{平} \tag{2-37}$$

式中，c_2——风机功率高原修正系数；

$\rho_{高}$——高原空气密度(kg/m^3)；

$\rho_{平}$——平原空气密度(kg/m^3)；

$N_{高}$——高原修正风机功率(kW)；

$N_{平}$——平原计算风机功率(kW)。

同理，可以得出风机功率的海拔修正公式为

$$c_2 = -8 \times 10^{-5} H + 0.9815 \tag{2-38}$$

式中，c_2——风机功率海拔修正系数；

H——海拔高度(m)。

在高原地区，空气中的含氧量明显降低，车辆在缺氧状态下行驶时，车辆的废气排放量将会成倍增加。公路隧道通风的主要目的就是将隧道内的有害气体排放出去，将新鲜空气引入洞中，使得隧道内的空气环境满足并保证人员健康的卫生条件要求。目前国内现行的《公路隧道通风设计细则》规定了考虑烟雾与 CO 排放量海拔高度系数在海拔 0～2200m 的取值，并补充在海拔 2400m 以上时该系数取值可按直线延伸。

1968 年，日本通过实验对烟雾海拔高度系数进行了测试分析，根据分析结果制定了日本现行的规范中烟雾排放量海拔高度系数值。我国目前现行的《公路隧道通风设计细则》对于烟雾排放量海拔高度系数的规定采用日本规范推荐值，CO 排放量海拔高度系数则采用瑞士、美国等国家的标准。

《公路隧道通风设计细则》中烟雾排放量海拔高度系数如图 2-5 所示。

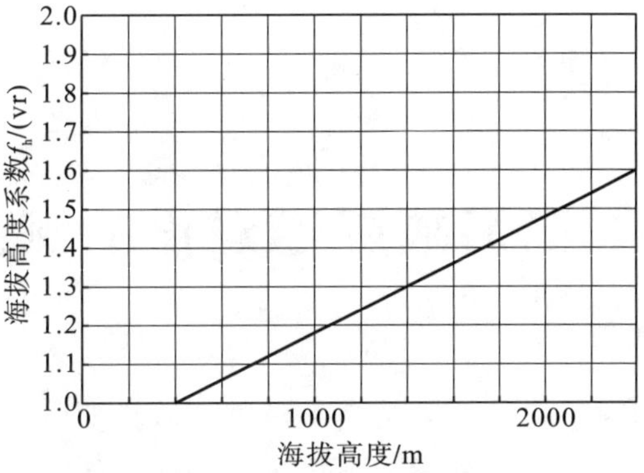

图 2-5　规范考虑烟雾排放量海拔高度系数

《公路隧道通风设计细则》中 CO 排放量海拔高度系数如图 2-6 所示。

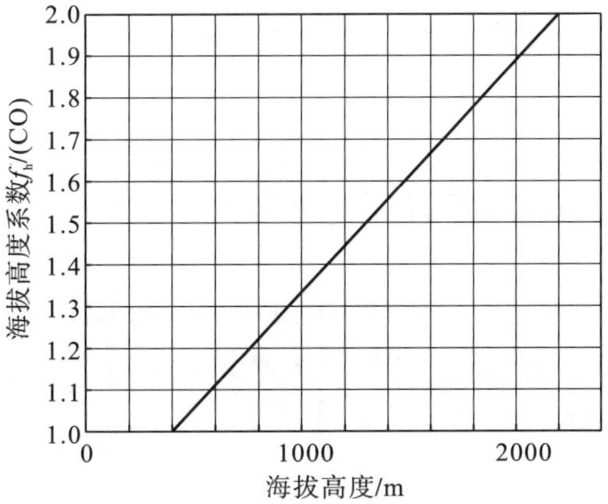

图 2-6　规范考虑 CO 排放量海拔高度系数

第3章　高海拔隧道建设的测试技术

在隧道建设期，环境对于施工人员及施工机械有着重要的影响，尤其是在高海拔低气压、低氧气分压的环境下，会严重影响施工进度及施工质量。因此，测试高海拔隧道的施工环境参数对于隧道施工具有指导意义，便于采取相应措施保证施工进度及施工质量。

3.1　高海拔环境测试技术

高海拔环境测试技术是指为了指导施工而进行的获取高海拔隧道施工建设环境参数的测试工作，共分为三部分，分别为隧道内环境测试技术、高海拔人员测试技术和高海拔机械测试技术。

隧道内环境测试技术的目的是获取隧道内环境参数，主要为隧道外环境气象参数、隧道施工期氧气浓度及运营期隧道内照明亮度参数。这对于了解施工人员及施工机械在建设期所处的建设环境有着重要的意义，同时也会指导处理高海拔环境对施工人员和施工机械造成的不良影响。

高海拔人员测试技术的目的是测试施工期人员的劳动能力及运营期人眼反应时间。高海拔的低氧环境会导致施工人员的劳动能力降低，因而在高海拔隧道建设期会采用人工供氧的方式提高其劳动能力，而了解人工供氧的效果对于指导高海拔隧道施工具有重要意义。运营期间，停车视距是影响隧道运营安全的重要参数，人眼反应时间是影响停车视距的重要因素，而高海拔环境低空气压和低氧气浓度会影响人眼反应时间，因而测试高海拔环境下人眼反应时间是十分必要的。

高海拔机械测试技术的目的是测试施工期风机的机械效率、风管漏风率和运营期汽车污染物排放量。低气压环境会导致风机的效率降低，使得风机的供风量不足，这会严重影响通风质量。与此同时，风管漏风率也会增加，这会使得通风质量进一步变差，因此了解风机在高海拔环境下的通风质量十分必要。运营期通风的主要目的是稀释汽车排放的污染物，改善隧道内环境，提高隧道内空气质量，而在高海拔环境下，低氧会导致发动机效率变低，废气排放量增加。因此，了解汽车污染物排放量对于高海拔隧道通风量计算具有重要意义。

3.2　隧道内环境测试技术

3.2.1　隧道外气象长期数据采集和分析

1. 测试内容

隧道外部环境对于施工期人员及施工机械有着重要的影响，因此采集和分析隧道外的气象参数对于指导隧道施工有着重要意义。为了全面了解隧道外气象参数，建立隧道气象观测站是有必要性的。

隧道气象观测站包括自动观测设备和人工气象观测设备，如图 3-1 所示。自动观测的内容为气温、降水、气压、地温、湿度、风向、风速、辐射。人工气象观测的内容为气温、降水、气压、湿度、风向、风速、冻土、日照、地温、蒸发、雪深、雪压。

图 3-1　隧道气象观测站

2. 测试仪器

测试仪器主要分为两部分，即自动观测设备和人工气象观测设备(图 3-2)。

图 3-2 人工气象观测设备

3. 测试方案

自动气象观测项目有气温、降水、气压、地温、湿度、风向、风速、辐射等气象要素，每天进行 24 小时自动观测。人工气象观测项目有气温、降水、气压、地温、湿度、风向、风速、冻土、日照、蒸发、云、能见度、雪深、天气现象等气象要素，每天 8 时、14 时、20 时进行 3 次定时观测。

4. 测试结果

以巴朗山隧道洞口气温为例列出气象站的测试结果。

进口(观测值如表 3-1 所示)：一个气象周年(以下简称年)的年平均气温为 2.1℃，月平均气温在−5.4～9.6℃之间，最冷月出现在 1 月，当月平均气温为−5.4℃，最热月出现在 7 月，当月平均气温为 9.6℃。11 月至次年 3 月，月平均气温在 0℃以下。

表 3-1 进口各月及年平均气温、极值、负温日数

项目＼月份	1	2	3	4	5	6	7	8	9	10	11	12	年
平均/℃	−5.4	−3.6	−0.3	1.5	4.7	7.0	9.6	8.9	7.5	2.5	−2.5	−4.2	2.1
平均最高/℃	2.9	3.8	5.9	6.9	10	8.2	13.2	13.7	11.1	7.4	2.6	2.4	7.3
平均最低/℃	−7.4	−6.8	−4.9	−2.5	1.3	2.8	7.3	6.5	3.7	−0.6	−5.6	−8.7	−1.2
极端最高/℃	10.1	11.3	15.9	14.5	15.8	16.2	19.2	26.4	16.5	12.8	8.6	11.8	26.4
极端最低/℃	−16.3	−16.5	−12.8	−10.2	−3.7	−0.7	4.6	4.5	2.6	−6.9	−9.4	−13.5	−16.5
平均日较差/℃	8.2	10.6	10.8	9.4	8.7	5.4	5.9	4.0	6.0	8.0	8.2	9.8	7.9
日平均气温≤0℃日数/d	19	18	16	9	1	0				6	26	28	123

续表

项目	月份	1	2	3	4	5	6	7	8	9	10	11	12	年
日最低气温日数/d	≤0℃	31	26	26	24	8	2				17	30	30	194
	≤−5℃	16	16	16	9						2	21	29	109
	≤−10℃	6	9	3	1								10	29
	≤−20℃													
	≤−30℃													

资料时间：2009 年 12 月～2010 年 11 月

进口区各月平均气温变化曲线图如图 3-3 所示。

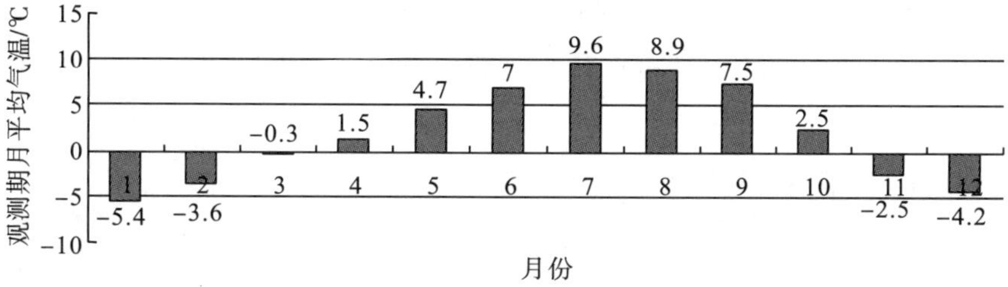

图 3-3　进口区各月平均气温变化曲线图

出口(观测值如表 3-2 所示)：年平均气温为 3.4℃，月平均气温在−3.5～11.1℃之间，最冷月出现在 12 月，当月平均气温为−3.5℃，最热月出现在 7 月，当月平均气温为 11.1℃。11 月至次年 2 月，月平均气温在 0℃以下。

表 3-2　出口各月平均气温、极值、负温日数

项目	月份	1	2	3	4	5	6	7	8	9	10	11	12	年
平均/℃		−3.4	−1.2	0.8	2.6	6.7	7.5	11.1	10.4	8.1	3.6	−2.0	−3.5	3.4
平均最高/℃		5.8	6.8	8.2	9.8	14.4	13.8	17.0	16.5	15.5	11.2	4.6	4.5	10.7
平均最低/℃		−9.9	−7.8	−4.8	−2.4	1.8	4.1	12.1	6.6	3.6	−0.6	−6.7	−9.4	−1.1
极端最高/℃		10.6	11.8	17	16.9	18.6	19.5	21.9	22.3	20.9	15.8	9.6	12.4	22.3
极端最低/℃		−15.4	−15.4	−11.2	−8.9	−1.9	0.5	4.3	3.0	0.1	−5.1	−12.5	−16.1	−16.1
平均日较差/℃		15.7	14.6	13	12.2	12.6	9.7	4.9	9.9	11.9	11.8	11.3	13.9	11.8
日平均气温/℃	≤0℃	28	17	11	8	0					0	26	27	117
日最低气温日数/d	≤0℃	31	28	30	26	5					17	30	31	198
	≤−5℃	31	23	13	5						1	23	30	126
	≤−10℃	11	7	1								2	11	32
	≤−20℃													
	≤−30℃													

资料时间：2009 年 12 月～2010 年 11 月

出口各月平均气温变化曲线图如图 3-4 所示。

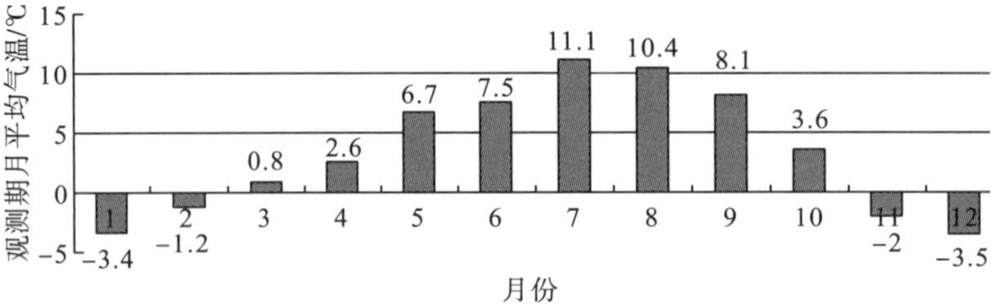

图 3-4　出口各月平均气温变化曲线图

垭口(观测值如表 3-3 所示)：年平均气温为−0.9℃，月平均气温在−6.5～6.5℃之间，最冷月出现在 1 月，当月平均气温为−6.5℃，最热月出现在 7 月，当月平均气温为 6.5℃。10 月至次年 4 月，月平均气温在 0℃以下。

表 3-3　垭口各月平均气温、极值、负温日数

项目＼月份		1	2	3	4	5	6	7	8	9	10	11	12	年
平均/℃		−6.5	−5.1	−3.4	−1.9	1.9	2.3	6.5	5.7	3.5	−0.8	−6.2	−6.2	−0.9
平均最高/℃		−2.6	−0.5	1.5	2.9	6.1	5.2	9.5	8.5	6.9	3.0	−3.0	−1.8	3.0
平均最低/℃		−10.0	−8.9	−7.4	−5.3	−1.1	0.4	4.6	3.6	0.9	−3.3	−9.0	−13.6	−4.1
极端最高/℃		4.5	5.5	10.2	8.1	11.3	11.4	13.4	13.4	11.4	7.4	4.9	4.7	13.4
极端最低/℃		−20.8	−19.8	−13.2	−11.3	−6.0	−3.4	0.8	−0.5	−3.4	−7.2	−12.2	−17.2	−20.8
平均日较差/℃		7.4	8.4	8.9	8.2	7.2	4.8	4.9	4.9	6.0	6.3	6.0	11.8	7.1
日平均气温/℃	≤0℃	31	26	28	22	6	4			1	19	30	31	198
日最低气温日数/d	≤0℃	31	28	31	30	22	16		3	9	30	30	31	261
	≤−5℃	27	23	23	14	2					7	28	29	153
	≤−10℃	14	10	8	2							9	11	54
	≤−20℃	1												1
	≤−30℃													

资料时间：2009 年 12 月～2010 年 11 月

垭口各月平均气温变化曲线图如图 3-5 所示。

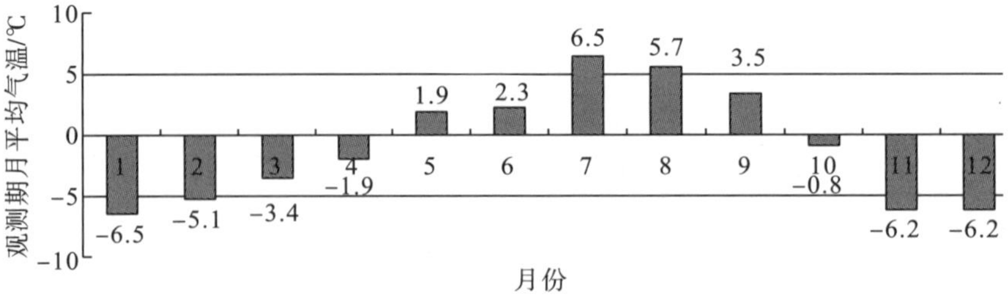

图 3-5　垭口各月平均气温变化曲线图

分析上述数据可以得出以下结论。

(1)在年、月平均最高、最低气温方面，进口：年平均最高气温为7.3℃，年平均最低气温为−1.2℃；月平均最高气温在2.4～13.7℃之间；月平均最低气温在−8.7～7.3℃之间，除5～9月在0℃以上外，其余各月的平均最低气温均在0℃以下；月平均最高气温最大值出现在7月，月平均最低气温最小值出现在1月。出口：年平均最高气温为10.7℃，年平均最低气温为−1.1℃；月平均最高气温在4.5～17.0℃之间，全年各月平均最高气温均在0℃以上；月平均最低气温在−9.9～12.1℃之间，月平均最低气温除5～9月在0℃以上外，其余各月均在0℃以下；月平均最高气温最大值出现在7月，月平均最低气温最小值出现在1月。垭口：年平均最高气温为3.0℃，年平均最低气温为−4.1℃；月平均最高气温在−3.0～9.5℃之间，平均最高气温11月到次年2月在0℃以下，其余各月在0℃以上；月平均最低气温在−13.6～4.6℃之间，月平均最低气温除6～9月在0℃以上外，其余各月均在0℃以下；月平均最高气温最大值出现在7月，月平均最低气温最小值出现在1月。

(2)在极端气温方面，进口：年极端最高气温为26.4℃，出现在2010年8月，年极端最低气温为−16.5℃，出现在2010年2月。出口：年极端最高气温为22.3℃，出现在2010年8月，年极端最低气温为−16.1℃，出现在2009年12月。垭口：年极端最高气温为13.4℃，出现在2010年7月和8月，年极端最低气温为−20.8℃，出现在2010年1月。

(3)在负温日数方面，进口：全年日平均气温≤0℃日数共有123天。全年日最低气温≤0℃日数共有194天，≤−5℃日数共有109天，≤−10℃日数共有29天。日最低气温≤0℃的天数主要集中在10月至次年4月；日最低气温≤−5℃的天数主要集中在11月至次年3月，日最低气温≤−10℃的天数主要集中在12月至次年2月。出口：全年日平均气温≤0℃日数共有117天。全年日最低气温≤0℃日数共有198天，≤−5℃日数共有126天，≤−10℃日数共有32天。日最低气温≤0℃的天数主要集中在10月至次年4月；日最低气温≤−5℃的天数主要集中在11月至次年3月；日最低气温≤−10℃的天数主要集中在12月至次年2月。垭口：全年日平均气温≤0℃日数共有198天。全年日最低气温≤0℃日数共有261天，≤−5℃日数共有153天，≤−10℃日数共有54天，≤−20℃日数共有1天。日最低气温≤0℃的天数主要集中在9月至次年6月；日最低气温≤−5℃的天数主要集中在10月至次年4月；日最低气温≤−10℃的天数主要集中在11月至次年3月。

综上所述可以得出，隧道进、出口，全年寒冷的时间段主要集中在10月至次年4月，最寒冷的时间段主要集中在11月至次年2月。

3.2.2 施工期隧道内氧气浓度测试

1. 测试内容

随着隧道进尺的增加，距离掌子面近的区域由于施工人员及施工机械的消耗，氧气的浓度是逐渐降低的。因此有必要探寻氧气浓度随隧道进尺增加的变化规律。

2. 测试仪器

本次测试主要采用CY－12C型氧浓度测试仪器(图3-6)，测试结果为空气中氧气的浓度。

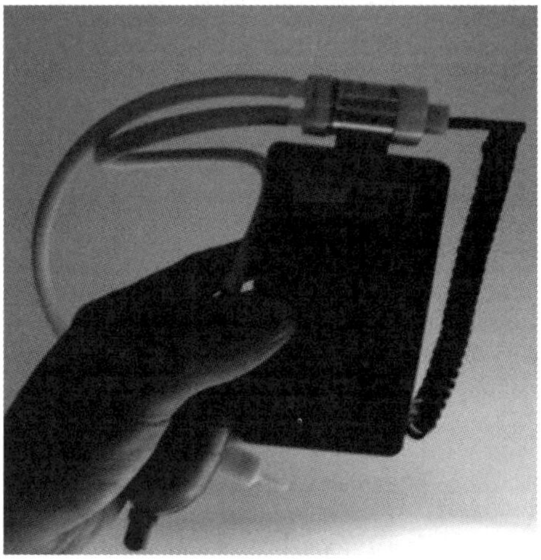

图3-6 CY－12C型氧浓度测试仪器

3. 测试方案

进口端测试：在进口端洞外调节仪器氧浓度标准体积浓度为20.9%，前往洞内继续测量，每100m选取一个测量点，读取并记录测试结果。返回洞外的过程中，再一次每200m选取一个测试点，测量读取数据。

出口端测试：测试步骤同进口端，通过进口端测试，在洞内氧浓度变化不大时，出口端决定只测试进洞，且每200m一测。

4. 测试结果

2014年6月15～19日在巴朗山隧道出口端进行现场测试(图3-7)，测试隧道内氧气浓度，测试分为巴朗山隧道出口端测试及巴朗山垭口测试。

巴朗山出口端(小金)海拔高度为3872m，当时主洞掘进深度为3080m，平导掘进深度为2930m，主洞和平导采用联合式通风，进风轴流风机布置在主洞内约1700m处，平导内采用射流风机将污风抽出。洞内原本空气干燥，洒水降尘后空气较为湿润。

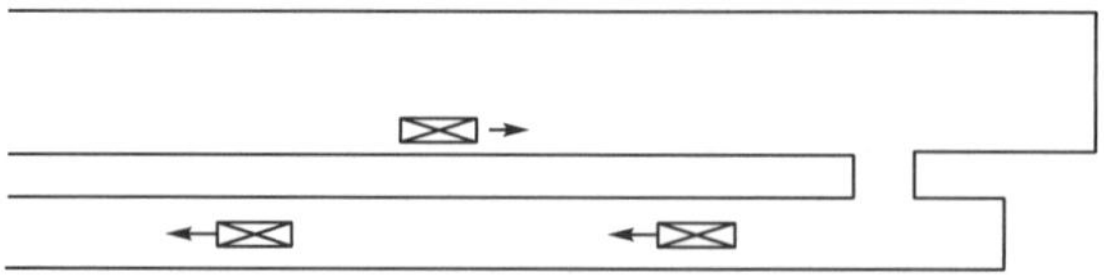

图3-7 巴朗山出口端进风机布置示意图

巴朗山进、出口及垭口高程不同，而高程对于氧浓度有着较大的影响，因此要测试隧道内部氧浓度，必须先得到巴朗山隧道地区氧浓度随海拔高度变化的情况。所以本次还测试了从巴朗山垭口(海拔 4500m)到卧龙(海拔 2000m)氧浓度的变化。具体测试结果如图 3-8 所示。

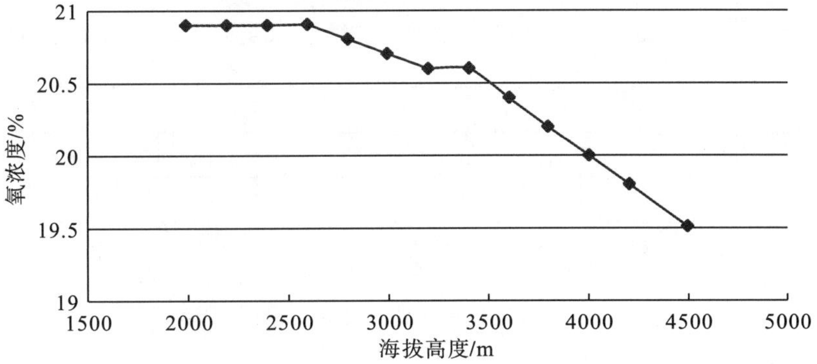

图 3-8　氧浓度随海拔高度变化的测试结果

通过本次测试分析可以得出：总体分析氧浓度曲线变化可以看出，氧浓度随着海拔高度的升高而逐渐降低，海拔 2500m 开始氧气浓度开始逐渐降低，到达垭口段氧浓度降到最低值。结合现场情况，氧气浓度不仅受到海拔高度的影响，同时受该区域的植被条件影响，所以可以推断不能仅凭单一海拔因素推断该地区的氧气浓度。

本次测试分为主洞出渣后平导钻孔阶段、主洞打眼平导出渣阶段、主洞出渣阶段、平导内氧气浓度测试 4 个工况。下面为各个工况的结果。

(1)本次测试工况为主洞出渣后平导钻孔阶段，测试点为主洞掌子面到主洞洞口，每 200m 一个测点，具体测试结果如图 3-9 所示。

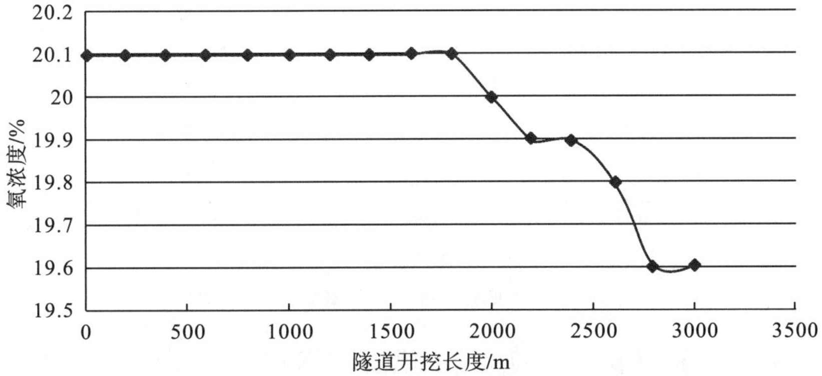

图 3-9　氧浓度随隧道进尺变化的测试结果(1)

通过本次测试分析可以得出：由于主洞进风机布置在距洞口约 1700m 处，从图 3-9 中可以看出，隧道主洞内前 1700m 都与洞外氧气浓度相差不大。说明在风机之前洞内氧浓度基本没有变化，从风机处开始到掌子面，氧浓度开始逐渐减小，特别是到达掌子面附近，氧浓度急剧下降。

(2)本次测试工况为主洞打眼平导出渣阶段，测试点为主洞掌子面到主洞洞口，每 200m 一个测点，具体测试结果如图 3-10 所示。

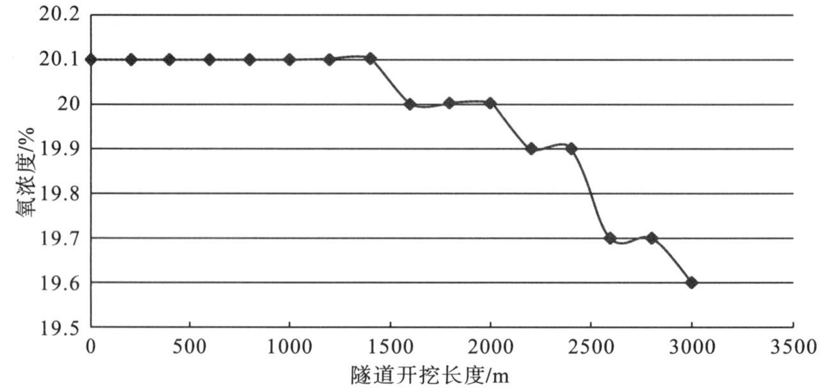

图 3-10 氧浓度随隧道进尺变化的测试结果(2)

本工况氧浓度变化趋势和第一工况相同，在隧道洞口到进风机部分氧气浓度和洞外氧气浓度相同，基本没有变化。主要是由于洞口到进风机段只受过往内燃机车影响，洞外空气到达风机之前消耗小，因此该段氧浓度基本和洞外相同；而在掌子面附近内燃机械较多，氧气消耗较大，所以氧浓度降低快。另外，由于在靠近掌子面的几个横通道没有封堵，因此导致部分污风回流，影响了测试结果。

(3)本次测试工况为主洞出渣阶段，主洞出渣阶段为洞内内燃机械最多的工序，测试点为主洞掌子面到主洞洞口，每 200m 一个测点，具体测试结果如图 3-11 所示。

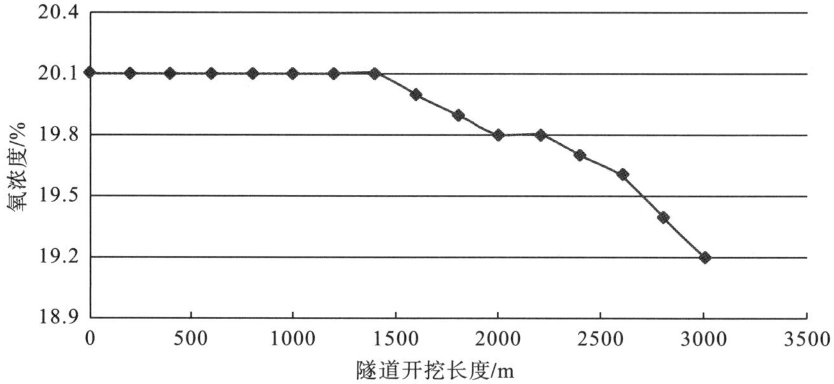

图 3-11 氧浓度随隧道进尺变化的测试结果(3)

在主洞出渣工序下，洞内氧浓度变化趋势与前两个测试工序相同，但是主洞出渣是洞内内燃机械达到所有工况中最多的情况。从图 3-11 中可以明显看出，在本工序情况下氧浓度最低值明显更小，严重低于标准。

(4)本次测试为平导内氧气浓度测试，巴朗山出口段采用联合式通风，主洞及平导污风均由平导排出，本次测试主要是测试平导中的氧浓度含量，具体测试结果如图 3-12 所示。

通过对本次测试的分析可以得到：平导中的氧浓度变化趋势与主洞中相同，在靠近掌子面附近由于内燃机车的影响和主洞的污风，因此导致该段区域氧浓度较低，随着烟气往外排出的同时，污风被逐步稀释，氧浓度有所提高。但是靠近洞口段氧浓度值明显低于主洞段氧浓度，主洞段洞口氧浓度基本维持在 20.1%左右，与洞外基本一样，而平导段氧浓度为 19.8%，明显较主洞进口氧浓度低。由此可以判断，平导排出的污风氧气消耗量较大。

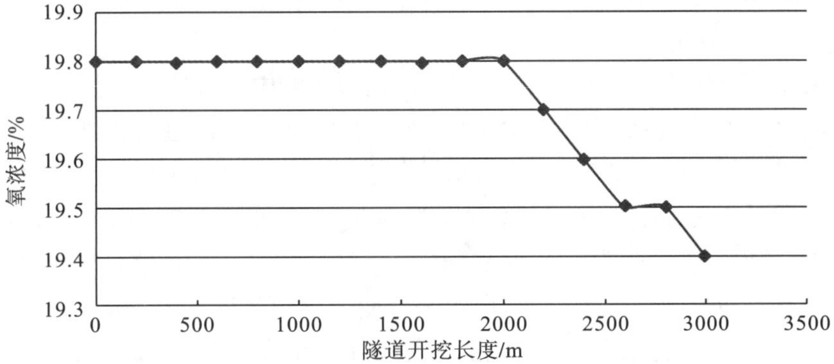

图 3-12　平导氧浓度随隧道进尺变化的测试结果

3.2.3　运营期隧道内照明亮度测试

1. 测试内容

为了了解高海拔隧道运营期内部照明效果，需开展运营期隧道内照明亮度的测试。

2. 测试仪器

照明测试仪器名称、型号及数量如表 3-4 所示。

表 3-4　照明测试仪器名称、型号及数量

序号	设备名称	型号	数量	备注
1	照度计	ST520	一台	量程为 0～9999lx，精度为 0.1lx
2	卷尺	—	一副	量程 50m
3	粉笔	—	一盒	标记测试点

照明测试仪器实物图如图 3-13 所示。

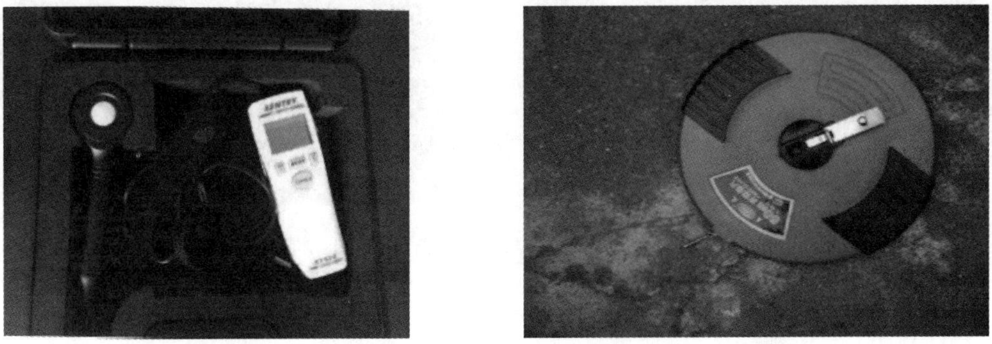

(a)照度计　(b)卷尺

图 3-13　照明测试仪器实物图

3. 测试方案

高尔寺山隧道位于国道 318 线，在新都桥与雅江之间，海拔高度为 3850m，长为 5682m，宽为 30m，该隧道为双向四车道。其基本照明灯具之间的间距为 16.25m，双侧对称布置，采用 LED−50W(4500 流明)灯具。在隧道的中间段选取了长度约 18m 的区段进行照度的测试，测点间距选用“1.5m×3.0m”的 108 个测点进行测试。

巴朗山隧道所属 303 省道为二级公路，隧道海拔高度为 3950m，该隧道为单洞双向交通隧道，设计时速为 40km/h，路基宽度为 8.5m，行车道宽度为 2m×3.5m，隧道主洞建筑限界为 9.0m×5.0m，隧道内空断面积为 56.19m^2。巴朗山隧道照明灯具采用中间布置的形式，基本布灯间距为 8m，本次测试只能选取中间段一处 9m×24m 区域中的 78 个测点进行灯光全开、灯光开 1/3 及灯光全关 3 种工况的照明环境测试。

采用 ST520 型照度计，测试隧道地面的亮度，每个测点测试 3 次，取平均值。地面亮度测试的测点布置示意图如图 3-14 所示。

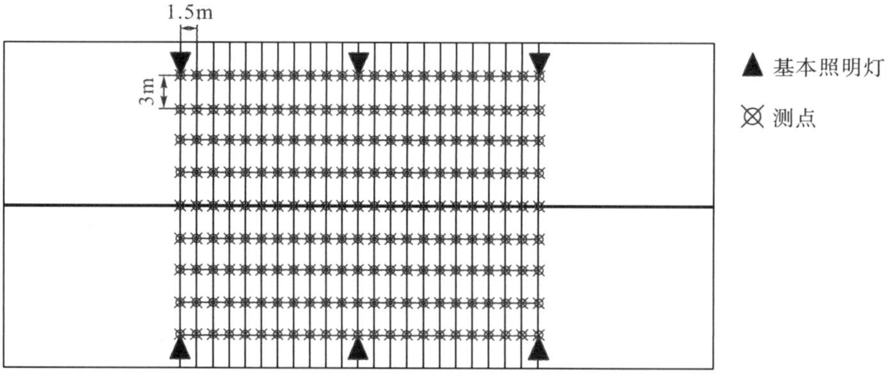

图 3-14 测点布置示意图

现场照明测试图如图 3-15 所示。

图 3-15 现场照明测试图

4. 测试结果

高尔寺山隧道照明亮度测试结果如表 3-5 所示。

表 3-5　高尔寺山隧道照明亮度测试结果

隧道名称	高尔寺山隧道		测试日期	2015.12.04		测试时间		15：30	天气状况	晴
测试位置	□入口段 1　□入口段 2　□过渡段 1　□过渡段 2 □过渡段 3 ☑中间段 1　□中间段 2　□出口段 1　　□出口段 2								车流量/[veh/(h·ln)]	
路面情况	☑水泥路面/□沥青路面			基本照明灯具布设间距/m					16.25	
	实测照度值/lx									
	列＼行	1	2	3	4	5	6	7	8	9
灯具布置情况： ☑对称布置 □交错布置 □中线侧偏布置	1	3	5	6	8	10	11	12	12	11
	2	3	4	5	7	8	9	10	9	9
	3	3	4	4	5	6	6	6	6	6
	4	2	3	3	3	4	4	5	4	4
	5	2	3	3	3	3	4	4	3	3
	6	2	2	2	3	3	4	4	3	3
	7	2	2	3	3	3	3	4	4	4
备注： 内部正在进行墙面的装饰及电缆槽的修建，隧道内有一定浓度的粉尘，对隧道照明有一定的影响	8	2	3	4	4	5	5	6	5	5
	9	2	2	3	3	4	5	6	5	5
	10	3	3	4	4	5	6	7	8	7
	11	3	3	4	5	7	7	8	8	8
	12	3	3	4	5	6	7	8	8	8
	路面平均照度：4.89									

根据《公路隧道照明设计细则》(JTG/T D70/2－01—2014)中说明沥青路面的平均照度一般是亮度的 15～22 倍，水泥路面的平均照度一般是亮度的 10～13 倍。高尔寺山隧道的路面为水泥路面，这里取平均照度为亮度的 13 倍，则高尔寺山隧道的路面平均亮度为 0.3762cd/m^2。亮度均匀度为 $U_0=L_{min}/L_{av}$，即 0.61。

3.3　高海拔人员测试

3.3.1　施工期人员劳动能力测试

1. 测试内容

目前国内常用的供氧方式主要有两种，即针对人员的个体式供氧和弥散式供氧。通常还配合氧吧车进行辅助供氧，每种方法均有利弊，也各有其适用条件。对高海拔隧道个体式供氧和弥散式供氧效果进行现场测试，了解两种供氧方式的供氧效果。

2. 测试仪器

本次测试采用康泰 CONTEC 脉搏血氧仪 CMS50L、欧姆龙电子血压计 HEM－7201 及康泰 CONTEC 脉搏血氧仪 CMS50L 与听诊器，如图 3-16 所示。

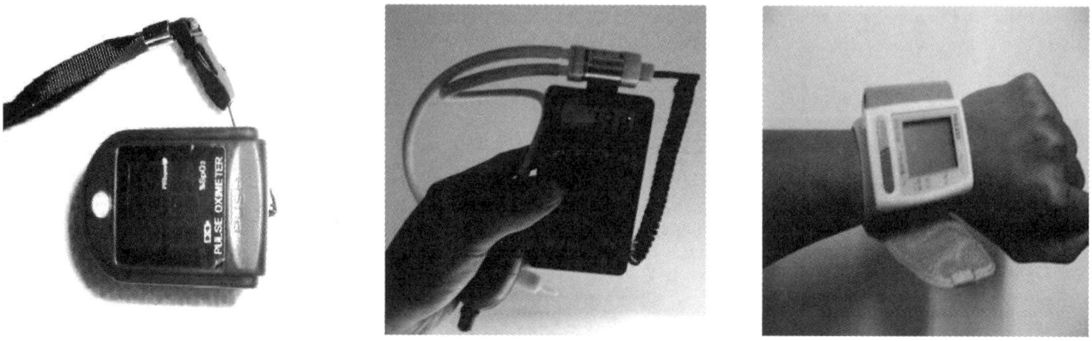

图 3-16 测试仪器

3. 测试方案

(1)个体式供氧方案测试。

本次测试选取 3 名男性施工人员为测试对象，且均满足以下条件：已经从事隧道施工行业 3 年以上，在现阶段高海拔施工中并未出现高原反应相关疾病。为对比测试中供氧的效果，对这 3 名施工人员进行了分组，其中测试组两人在施工时接受供氧，对照组一人在施工阶段不接受供氧。测试采用背负氧气瓶供氧的方式，氧气瓶容量分别为 2L、3L、4L，如图 3-17 所示。测试中，参与测试组的两名作业人员在 3 次测试中分别携带 3 种不同容量的氧气瓶进行作业，对照组人员在 3 次测试中均不考虑供氧。

图 3-17 3 种个体式供氧设备

参考《飞机设计手册》，在高海拔地区为作业人员增氧约为 2.8L/min，考虑到隧道内环境恶劣，测试影响因素复杂，本次测试确定对施工人员的供氧速率为 3L/min，被测试人员维持其正常施工作业。

(2)弥散式供氧方案测试。

在高海拔隧道掌子面附近处用 3 个 40L 的氧气瓶进行弥散式供氧，测点布置图如图 3-18所示。

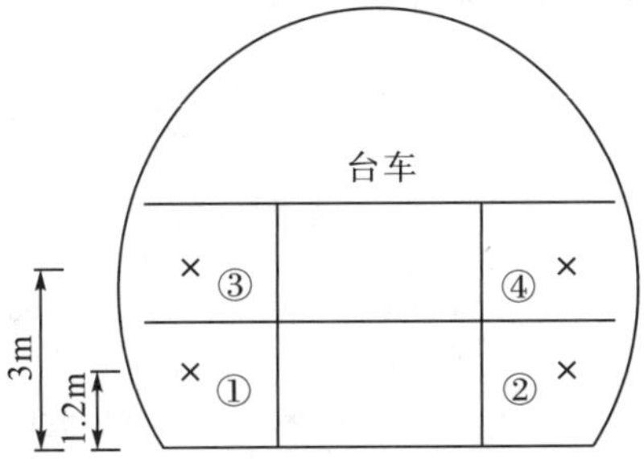

图 3-18　弥散式供氧测点布置图

每个氧气瓶以 80L/min 的速率对测试区域释放氧气，即在掌子面附近 10m 区域内，每分钟有约 240L 的氧气进入。对掌子面附近的氧浓度进行相应的测量。

对 3 名施工人员进行了相应的生理指标测试，主要包括心率、血压及血氧饱和度。

4. 测试结果

(1)个体式供氧测试结果。

①心率—供氧时间关系。通过分析测试人员所记录的测试数据，受试者分别使用 2L、3L、4L 氧气瓶进行供氧测试时，所测得的心率与供氧时间的关系如图 3-19～图 3-21 所示。

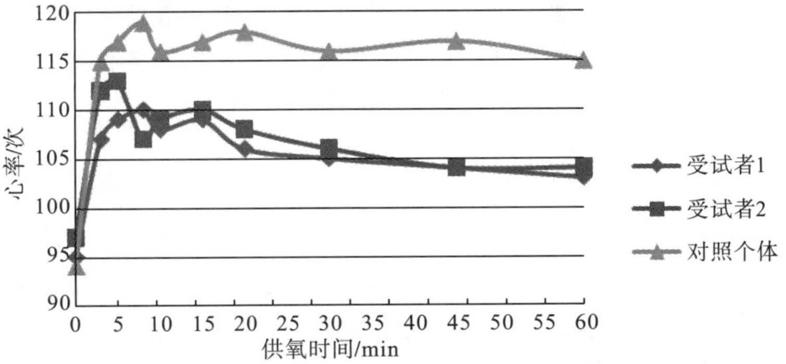

图 3-19　2L 氧气瓶个体式供氧心率与供氧时间的关系图

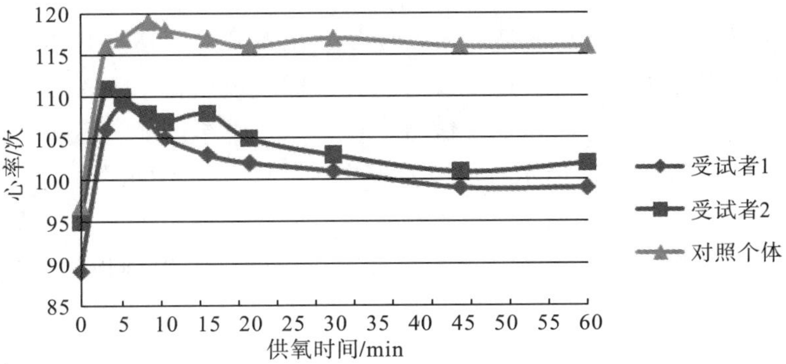

图 3-20　3L 氧气瓶个体式供氧心率与供氧时间的关系图

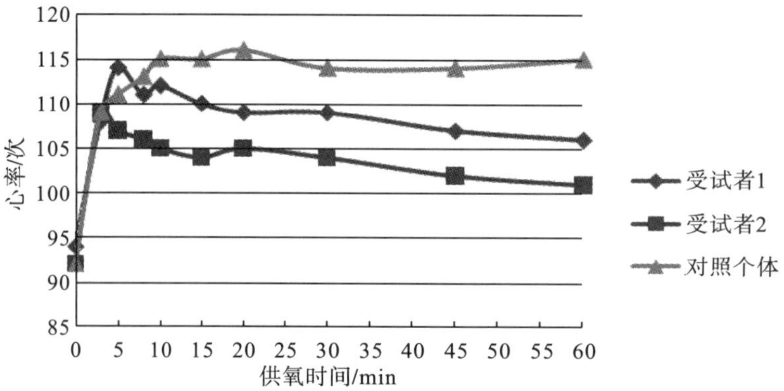

图 3-21 4L 氧气瓶个体式供氧心率与供氧时间的关系图

将测试数据进行整理分析，各受试者心率变化如表 3-6 所示。

表 3-6 不同规格氧气瓶下受试者心率变化表

受试者	2L 氧气瓶	3L 氧气瓶	4L 氧气瓶
受试者 1	8%	11%	12%
受试者 2	7.2%	7.4%	9.7%
对照个体	22%	19.6%	22.1%

从表 3-6 中的受试者心率变化百分比可以看出，在施工作业时，提供供氧设备的受试组人员的心率上升较不提供供氧设备的对照组人员的心率上升幅度较小，不提供供氧设备组人员的心率上升幅度非常显著。受试者在背负不同型号氧气瓶作业时，其心率也会受到一定影响，如受试者 1 在分别背负 2L、3L、4L 氧气瓶作业时，其心率变化分别为上升 8%、11%、12%，即受试人员的心率变化会受到氧气瓶重量的影响，但影响较小。

将 3 组测试数据整理分析后得到，在测试的初始阶段，两组受试人员的心率均呈现上升趋势，这与测试者背负的氧气瓶型号无关。受试组人员的心率随着供氧设备的不间断供氧开始出现明显的下降趋势，因为对照组人员不接受供氧，其心率随着开始劳作而逐渐上升，并逐渐趋于某一稳定值，且明显要高于受试组人员。通过以上分析可以得到，个体式供氧能够起到较好地降低施工人员心率的作用，这有助于减轻高原劳动者的心脏负担。

通过对比接受供氧的受试组人员与不接受供氧的对照组人员生理指标，发现供氧确实能降低施工作业人员的心率，但是没有得出在不同供氧设备下施工作业人员的生理指标变化情况，因此需要通过对比同一受试者，在背负 3 种不同氧气瓶进行作业情况下的生理指标变化情况。如图 3-22 所示，可以发现同一受试者在不同时段受多重外界环境影响下，其初始心率值不同，但是通过对比测试数据可以发现，在供氧一段时间后其心率变化趋势是大致相同的，所以供氧设备的型号对供氧受试者生理指标变化的影响不大。因此推断 3 种供氧设备对施工作业人员在心率方面的作用效果相同。

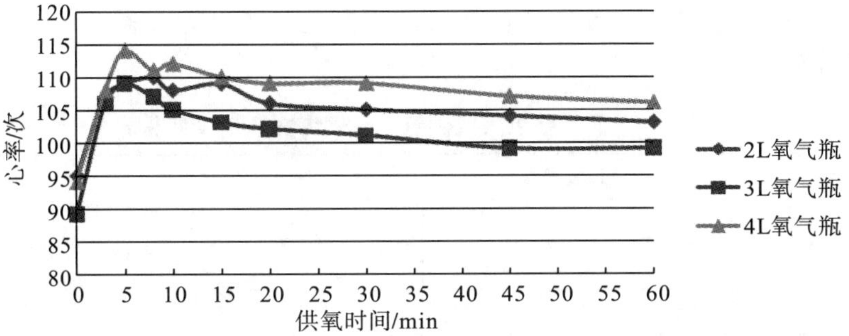

图 3-22　受试者 1 在 3 种供氧设备下的心率与供氧时间的变化关系

②血氧浓度—供氧时间关系。当受试者分别使用 2L、3L、4L 氧气瓶进行供氧实验时，所测得的血氧浓度与供氧时间的关系如图 3-23～图 3-25 所示。

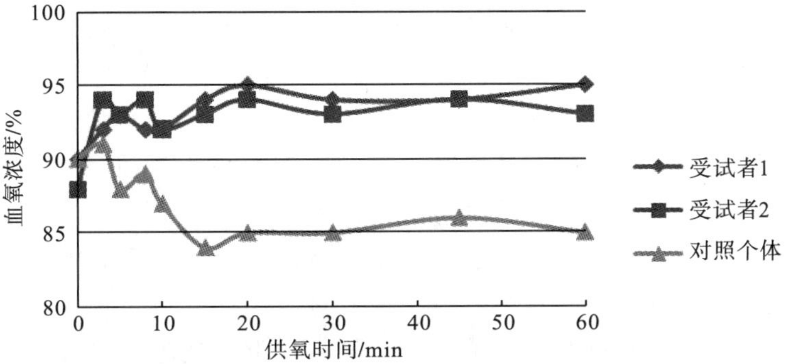

图 3-23　2L 氧气瓶个体式供氧血氧浓度与供氧时间的关系图

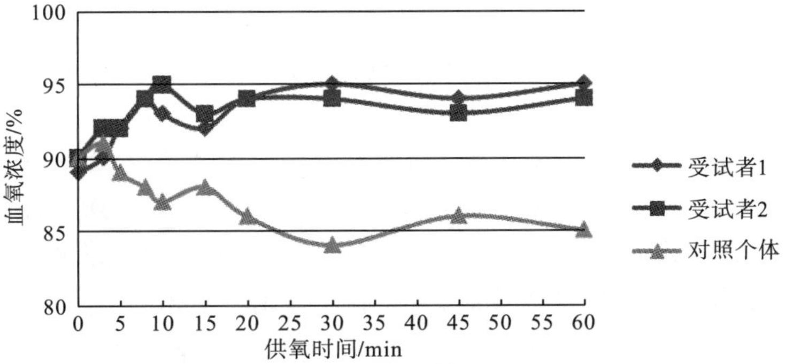

图 3-24　3L 氧气瓶个体式供氧血氧浓度与供氧时间的关系图

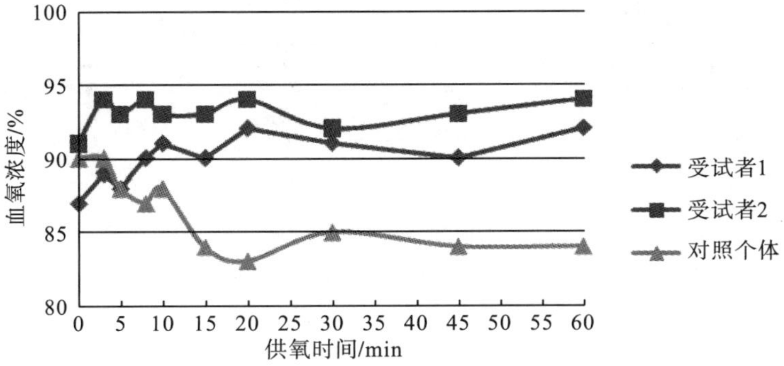

图 3-25　4L 氧气瓶个体式供氧血氧浓度与供氧时间的关系图

分析所测得的实验数据，各受试者血氧浓度变化如表 3-7 所示。其中，血氧浓度上升为正值，下降为负值。

表 3-7 不同规格氧气瓶供氧下受试者血氧浓度变化表

受试者	2L 氧气瓶	3L 氧气瓶	4L 氧气瓶
受试者 1	5.5%	6.7%	5.7%
受试者 2	5.6%	4.4%	5.5%
对照个体	−5.5%	−6%	−6.6%

从表 3-7 中可以看出，受试人员在从事劳动作业时，受试组人员在获得辅助供氧后其血氧浓度提升约 5%，而没有进行供氧的对照组成员的血氧浓度则下降了至少 5%，下降幅度较为明显。同时，通过对比受试者在背负不同型号氧气瓶作业时，其血氧浓度基本不受影响。例如，受试者 1 在分别背负 2L、3L、4L 氧气瓶作业时，其心率变化分别为上升 5.5%、6.7%、5.7%，即受试人员的血氧浓度变化基本不受氧气瓶重量的影响。

血氧浓度是直接反映人体血氧饱和量的一个指标，通过观察对比 3 组测试数据的图表可以得出，不管是测试组还是对照组人员在开始作业的几分钟，血氧浓度都会有一定程度提升，这是因为测试人员突然从平静状态到施工作业状态，身体需氧量增大，心率加快，摄氧量增大。在一段时间后，由于对测试组人员供氧，实验组人员能得到充足的氧，因此该组人员的血氧浓度不会下降，反而会有所增加；对照组人员因为得不到足够的氧供应，所以该组人员的血氧浓度会有所下降，这也是在施工阶段部分工人产生高原反应的原因之一。

由此可知，在高海拔地区从事体力劳动情况下，人体的血氧浓度将受到严重影响，表现为大幅度下降，而个体式供氧能使高海拔地区施工人员的血氧浓度得到一定程度的提升，具有相当重要的意义。

同心率对比实验一样，仍以受试者 1 在使用 3 种不同型号供氧设备情况下的生理指标进行对比，如图 3-26 所示。同样可以得出：在供氧一段时间后其血氧浓度变化趋势是大致相同的，所以供氧设备的型号对供氧受试者生理指标变化的影响不大。因此推断 3 种供氧设备对施工作业人员在血氧浓度方面的作用效果基本相同。

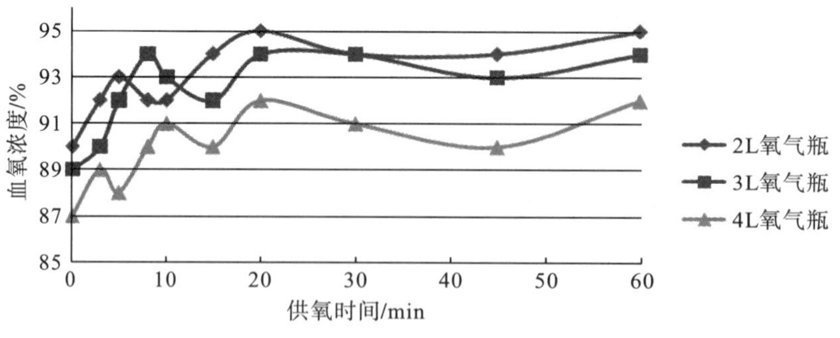

图 3-26 受试者 1 在 3 种供氧设备使用下的血氧浓度与供氧时间的变化曲线

③平均动脉压—供氧时间关系。当受试者分别使用 2L、3L、4L 氧气瓶进行供氧实验时，所测得的平均动脉压与供氧时间的关系如图 3-27～图 3-29 所示。

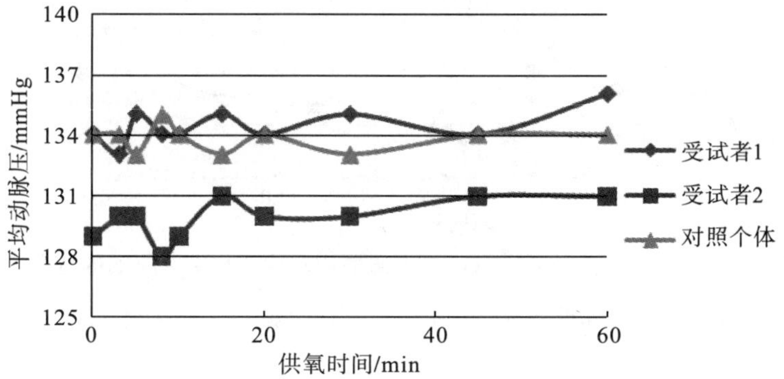

图 3-27　2L 氧气瓶个体式供氧平均动脉压与供氧时间的关系图

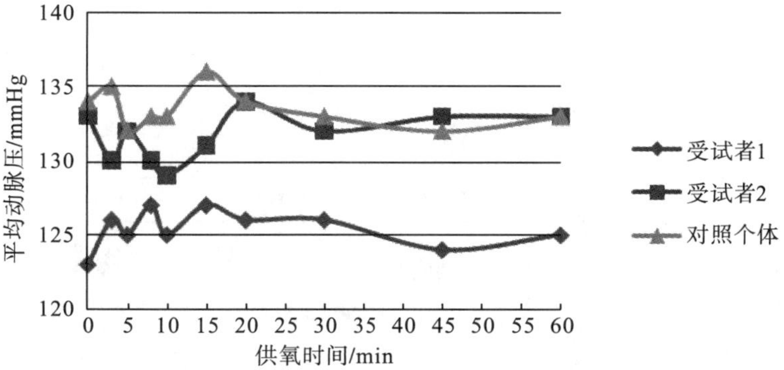

图 3-28　3L 氧气瓶个体式供氧平均动脉压与供氧时间的关系图

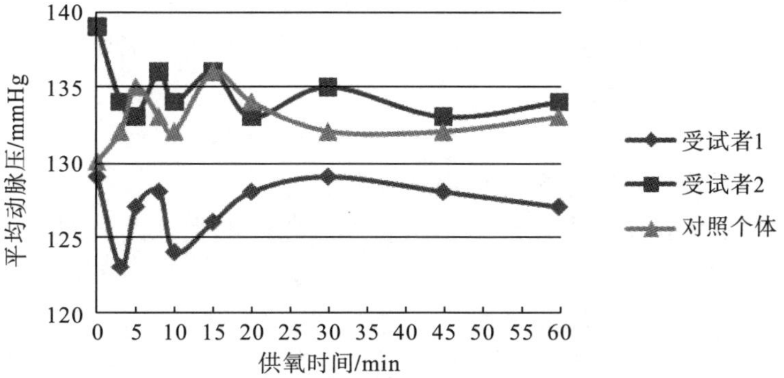

图 3-29　4L 氧气瓶个体式供氧平均动脉压与供氧时间的关系图

通过对比以上测试数据，发现增氧并没有对施工人员的平均动脉压产生明显的影响，由此可以得到，人体血压并不会因为短时间的增氧而出现升高或降低变化，该结论与医学理论中关于增氧对缺氧人员生理影响的结论一致。如图 3-30 所示，从受试者 1 在使用不同供氧设备情况下的平均动脉压变化可以看出，受试者仅在开始施工初期血压有所变化，最后都基本趋于平稳，与是否供氧几乎没有关系，因此可以得到增氧对人体血压基本没有影响的结论。

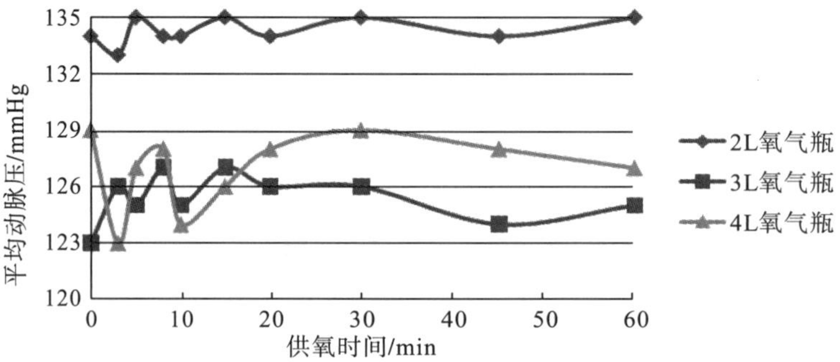

图 3-30 受试者 1 在 3 种供氧设备下的平均动脉压与供氧时间的变化关系

④受试者的感受。当受试者分别使用 2L、3L、4L 氧气瓶时，其感受及设备使用情况如表 3-8 所示。

图 3-8 不同规格氧气瓶下受试者的感受及设备使用情况

供氧设备	单一设备使用时间	更换设备时间	施工人员感受
2L 氧气瓶	1.4h	5～10min	轻巧，更换设备过于频繁，背负不方便施工，感觉危险
3L 氧气瓶	1.7h	5～10min	相对沉重，更换设备略频繁，背负不方便施工，感觉危险
4L 氧气瓶	2.8h	5～10min	较为沉重，背负不方便施工，感觉危险

从表 3-8 中可以看出，因为 4L 氧气瓶的容量最大，所以更换次数最少，但大容量意味着设备重量较大，导致工作人员背负时的额外负担增加，引起施工作业速度降低。2L、3L 的氧气瓶因为容量小，重量相对 4L 的氧气瓶要轻，但小容量则会增加氧气瓶的更换次数，因为隧道内施工环境较为复杂，工作人员活动空间有限，影响了人员更换氧气瓶的速度，所以导致施工连续性降低。同时，通过对背负氧气瓶施工工作人员的心理询问及反馈得到，背负氧气瓶施工会严重影响施工作业时的相关技术操作，且因为氧气瓶属于易爆品，自身心理负担较大。

(2)弥散式供氧现场测试结果。

通过对所测生理指标进行整理分析得到以下结果。

①在弥散式供氧测试中，通过对 3 名进行施工作业的受试人员的心率进行测量，得到图 3-31 所示的数据图。

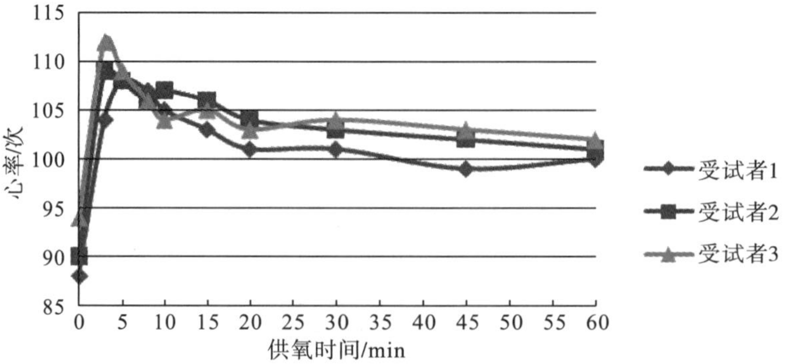

图 3-31 弥散式供氧心率与供氧时间的变化关系

通过分析图 3-31 得到以下结论。

a. 在实验开始阶段，受试人员的心率因为开始承担负荷而急速上升，当掌子面附近的氧浓度开始上升后，该区域受试人员的心率开始逐渐下降，并逐渐趋于平稳。

b. 随着对环境的持续供氧，测试区域内的氧浓度开始逐渐升高并趋于稳定，因实验环境内氧浓度升高，所以受试人员的心率开始逐渐降低到一个相对稳定值。

②在弥散式供氧测试中，通过对 3 名进行施工作业的测试人员的血氧浓度进行测量，得到图 3-32 所示的数据图。

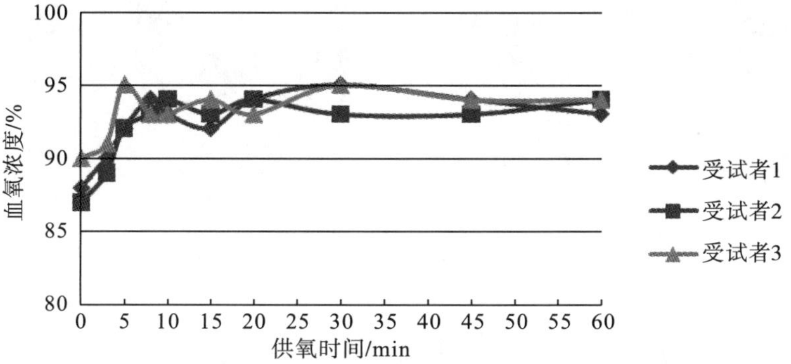

图 3-32　弥散式供氧血氧浓度与供氧时间的变化关系

通过分析图 3-32 可以得到：通过对测试区域持续不断的供氧，测试区氧浓度逐渐增加至某一稳定值，伴随着测试区氧浓度的提高，受试人员的血氧浓度也逐渐增高，并逐渐趋于平稳。

3.3.2　运营期人眼反应时间测试

1. 测试内容

为了探明隧道灯具和汽车灯具对驾驶员行车安全的影响机理，通过设计室内实验，以模拟隧道灯具与汽车灯具的照明效果，测试两种情景下人眼反应时间。分析隧道灯具和汽车灯具对驾驶员行车安全的影响机理。

2. 测试仪器

室内实验测试仪器的名称、型号及数量如表 3-9 所示。

表 3-9　室内实验测试仪器的名称、型号及数量

序号	设备名称	型号	数量	备注
1	眼动仪	TOBIIGLASESS2	一套	被测车辆
2	照度计	ST520	一台	量程 0～9999lx，精度 0.1lx
3	LED 灯	—	10 套	
4	汽车大灯	—	一对	远光近光可变

续表

序号	设备名称	型号	数量	备注
5	变频器	—	一只	启动汽车大灯
6	激光笔	—	一只	投射激光点

室内实验测试仪器的实物图如图 3-33 所示。

(a)LED 灯具

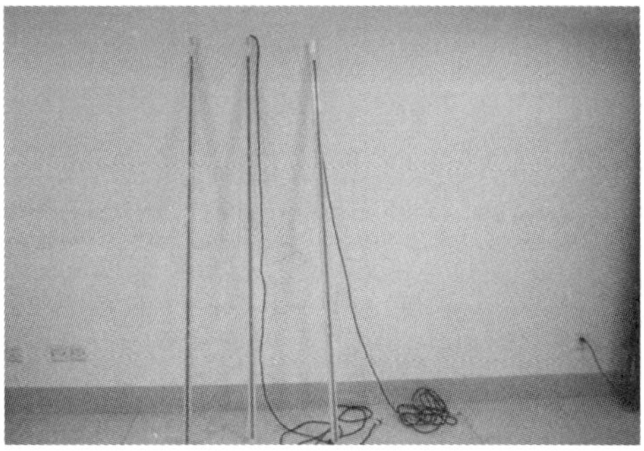

(b)灯具轨道

(c)汽车大灯

(d)变频器

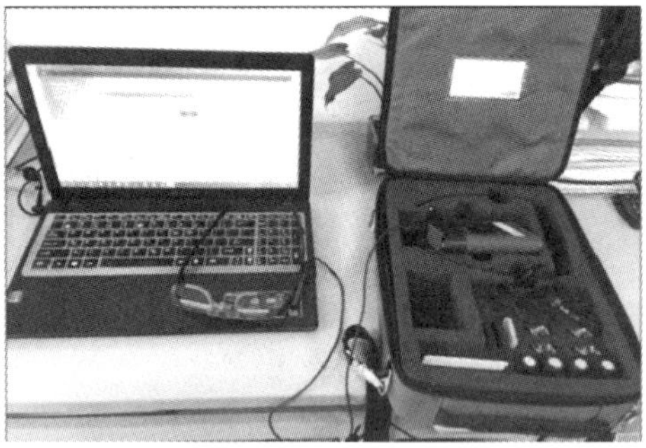

(e)眼动仪

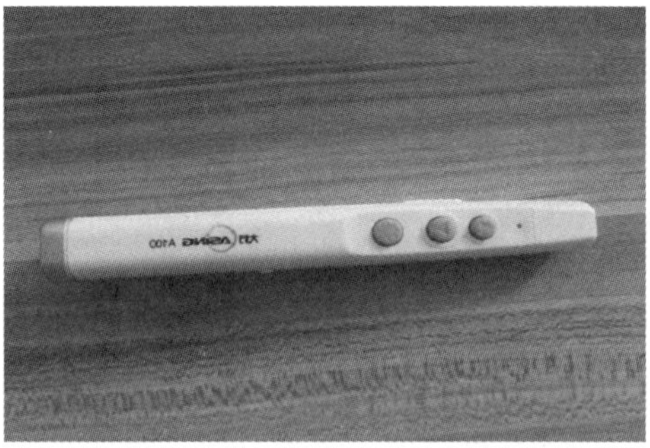

(f)激光笔

图 3-33 测试仪器的实物图

3. 测试方案

研究表明，人眼在适应某一环境时，瞳孔直径趋于稳定，不适应时瞳孔尺寸不断变化，趋势明显。根据这一基本规律，开启汽车大灯的近光灯和远光灯，两种工况下，在一间封闭的房间内，利用激光笔，在墙上预定的区域内投射激光点，被测人员开始搜寻激光点，利用眼动仪录制人眼在不同照明情况下的现场视频。本次实验采用的是瑞典TOBII公司生产的TOBIIGLASESSⅡ型眼动仪，采集人眼数据的频率为50Hz，根据注视点的时间分布，得到人眼发现激光点的时间，即为反应时间。

通过室内灯光的布设，得到和车灯亮度近似的室内环境。利用眼动仪，分析两种环境下人眼的反应时间和瞳孔直径数据，进而分析两种环境下的行车安全性及舒适性。

实验步骤如下。

(1)安装灯具，将LED灯具安装在预定的轨道上，灯具可以在轨道上滑动，变换位置，并将轨道接通电源。

(2)将车灯摆放在与汽车高度相同的桌面上，并连接变频器，使车灯可以自由变换近光灯和远光灯。

(3)检查眼动仪，并进行调试，选取5名视力良好的被测人员，佩戴眼动仪，并进行眼动仪校准，再对每组实验编号，且在实验之前，让每名被测人员在相应的测试环境中适应10min。

(4)打开车灯，关闭实验环境的其他照明，切换车灯至近光灯模式，在车灯正前方4m处，设置一道白色屏障，实验人员手持激光笔，随机在屏障范围内，投影激光点，被测人员头戴眼动仪开始搜寻激光点，眼动仪将记录整个搜寻过程。

(5)关闭车灯，调节室内照明灯具，使室内照明亮度和车灯相似(近光和远光)，重复步骤(4)的所有操作。

(6)利用TOBIIANALYSIS(1.34.1003)软件，对实验数据进行处理，提取每组被测人员的反应时间及瞳孔数据。

汽车灯具照明与隧道灯具照明效果对比，室内实验现场测试照片如图3-34所示。

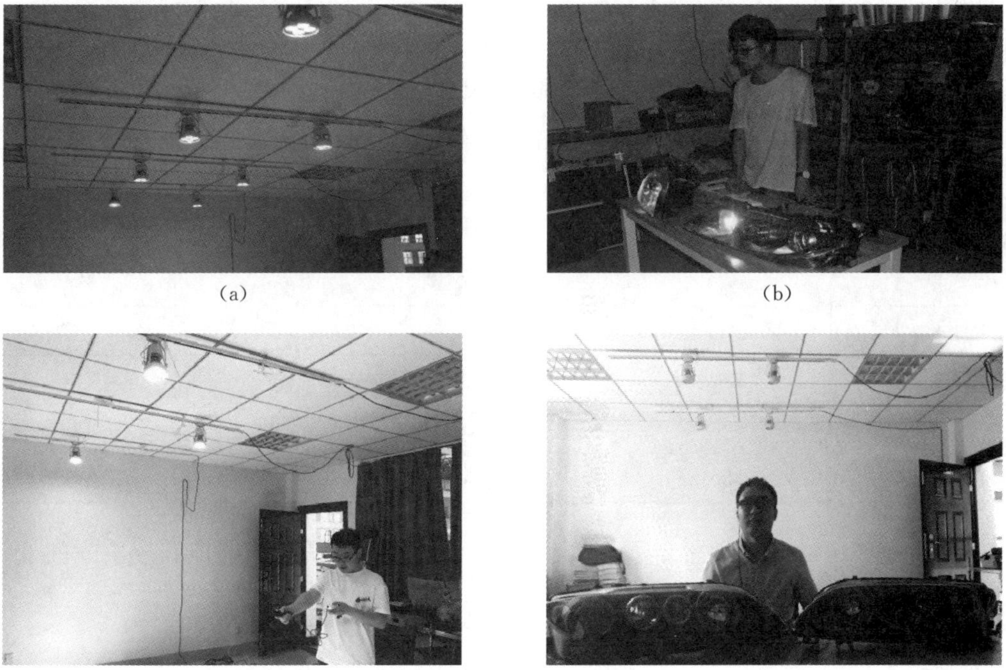

(a)　(b)　(c)　(d)

图3-34　室内实验现场测试照片

后期利用眼动分析软件，对实验过程中录制的视频进行分析处理，以激光点出现开始计时，直至被测人员注视点停留在激光点为止，中间经历的时间即为反应时间。眼动仪处理视频如图 3-35 所示。

图 3-35　眼动仪处理视频

4. 测试结果

利用室内实验，测试得到人眼在车灯和隧道模拟灯情况下的反应时间结果，如表 3-10 所示。

表 3-10　测试人员反应时间表/ms

灯光 编号	车灯		模拟灯	
	近光/(1.1 cd/m^2)	远光/(1.36 cd/m^2)	近光/(1.0 cd/m^2)	远光/(1.5 cd/m^2)
1	386	384	394.25	376.56
2	373	382.8	354.75	327.36
3	440	374.3	350	335
4	359.6	483.8	345	362
5	355	433.3	304.75	315.64
平均值	382.72	411.64	349.75	343.31

近光灯与模拟灯反应时间变化情况如图 3-36 所示，远光灯与模拟灯反应时间变化情况如图 3-37 所示。

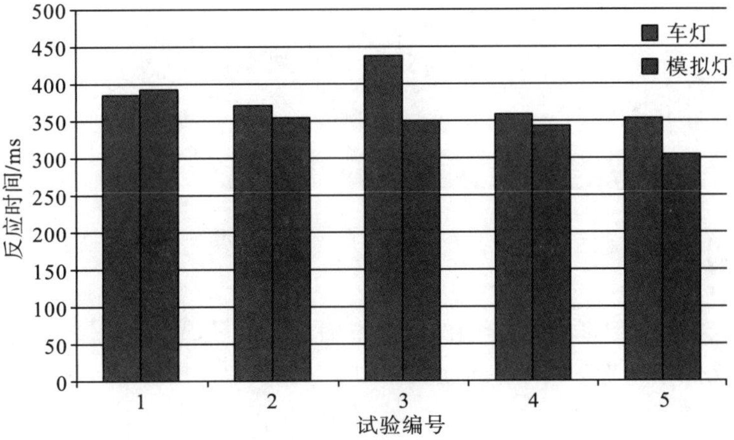

图 3-36　近光灯与模拟灯反应时间变化情况

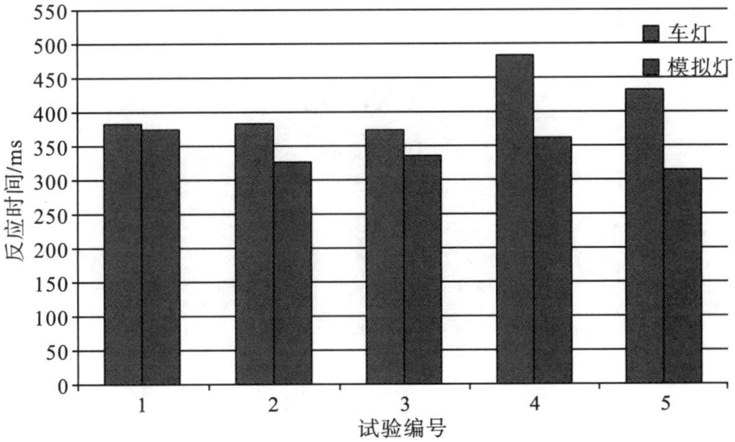

图 3-37　远光灯与模拟灯反应时间变化情况

由图 3-36 和图 3-37 可知，5 名被测人员在近光灯的照明环境中，平均反应时间为 382.72ms；模拟近光灯的照明环境中，平均反应时间为 349.75ms；在远光灯的照明环境中，平均反应时间为 411.64ms；模拟远光灯的照明环境中，平均反应时间为 343.31ms。分析原因可以得到以下结论。

(1)在模拟近光灯的实验中，被测人员在车灯照明环境中的反应时间比模拟近光灯照明环境中的反应时间长 32.97ms；在模拟远光灯的实验中，被测人员在车灯照明环境中的反应时间比模拟远光灯照明环境中的反应时间长 68.33ms。

(2)汽车灯光和隧道模拟灯光的主要差别在于亮度的均匀度，汽车灯光照明分布极不均匀，而隧道模拟灯光照明相对均匀。可见，亮度均匀度对人眼反应时间影响较大，亮度分布越均匀，人眼反应时间越短。

3.4 高海拔机械测试技术

3.4.1 施工期风机功率及风管漏风率测试

1. 测试内容

风管漏风率主要通过不同测试断面的风速来确定漏风量，因此本测试主要通过测试通风风管内断面风速分布及风管不同段处纵向断面风量分布，以此来确定风管不同段的漏风率。

2. 测试仪器

主要采用的仪器为电子风速仪，仪器量程为 0～30(±3%)m/s，满足测试的量程需求。电子风速仪如图 3-38 所示。

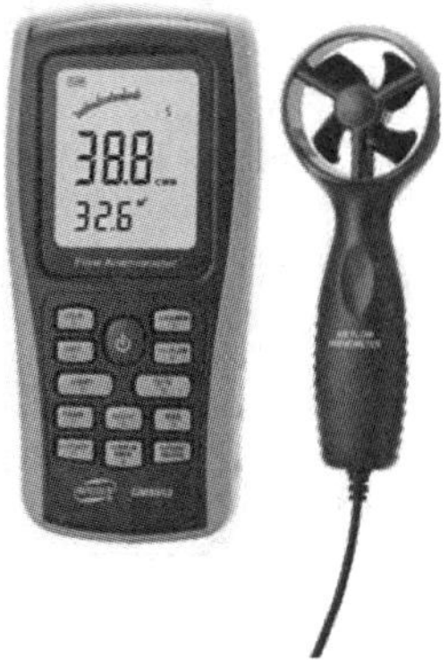

图 3-38 电子风速仪

3. 测试方案

本次现场测试对象选择了研究时正在施工的雀儿山隧道平导，将测量断面分成若干个等面积环，用对数线性法确定每个测点距管壁的距离，测点位置示意图如图 3-39 所示。

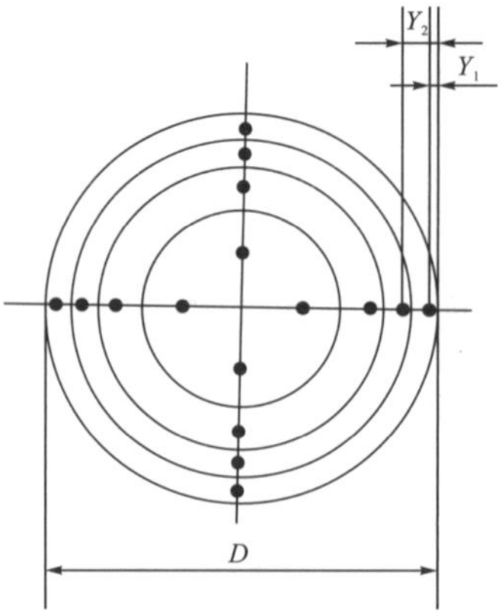

图 3-39 测点位置示意图

雀儿山隧道平导通风风管直径为 1.5m。由于风管断面为对称形状，根据对数线性法确定测点个数为 6 个，测点位置如表 3-11 所示。

表 3-11　测试断面测点位置

风管直径	测点编号	1	2	3	4	5	6
1.5m	距中心距离/cm	0	17.85	42.45	52.05	63.45	72.15

根据风管布设的实际情况，在不干扰施工、不破坏风管的情况下，根据风管有孔位置选取合适的断面位置进行测试。

纵向长度原则上选取 100m 测量一次漏风率，但现场实测最好在风管破损处进行测试。在进行测试位置选择时，尽量将测试断面选在风管平直、风流稳定的区段。

4. 测试结果

现场具体测试实验图及隧道内风管情况如图 3-40 所示。

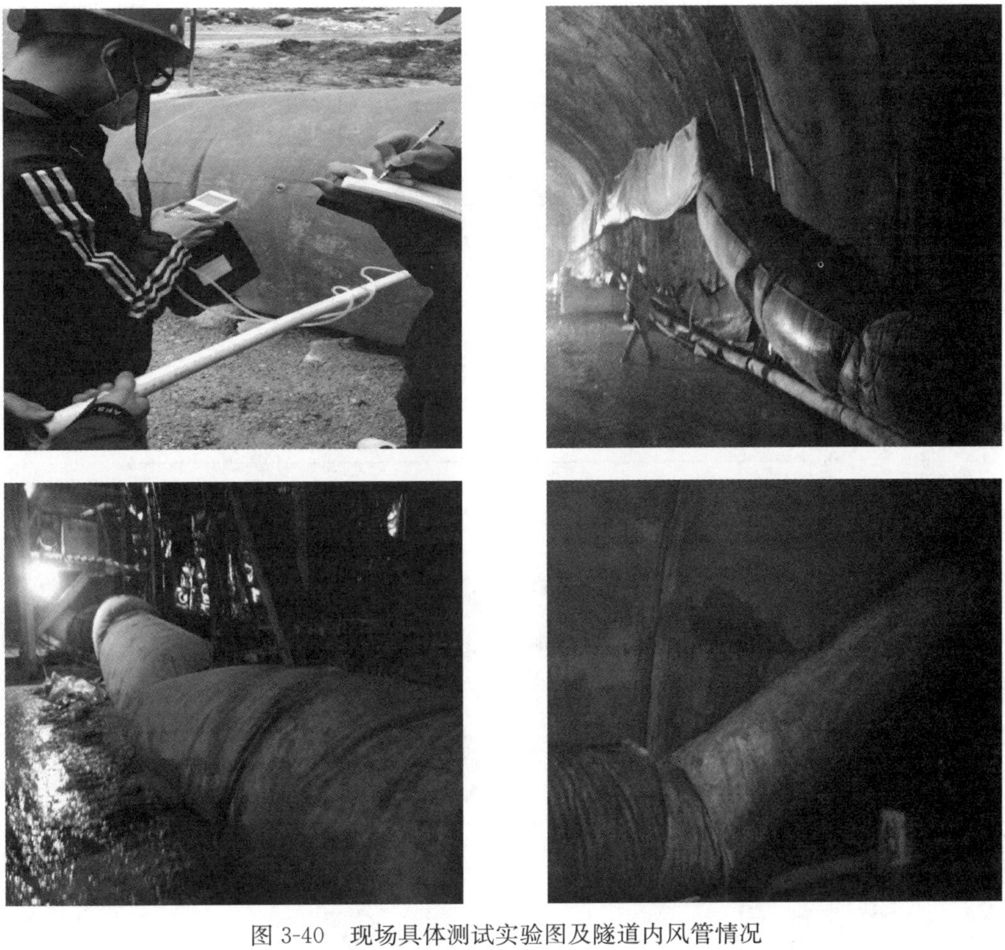

图 3-40　现场具体测试实验图及隧道内风管情况

如图 3-41 所示，隧道内风管由于工程需要有大量弯折处，并且由于施工车辆的运行导致风管有较多地方的破损，本次测试在隧道弯折较大的位置前后都进行了重点测试。

测试结果如表 3-12 所示。

表 3-12 风速测试结果/(m/s)

距风机距离/m	距离风管中心点距离/cm						备注
	0.00	18.90	45.62	59.46	70.53	80.05	
0	17.85	39.85	26.23	2.92	2.39	2.92	风机出口
60	14.24	14.44	14.24	14.14	13.93	13.2	—
110	13.03	13.20	12.87	12.42	12.20	12.18	—
210	13.83	13.30	12.64	11.11	10.69	9.56	—
310	9.71	9.41	9.56	9.10	8.61	8.28	—
330	6.76	5.85	5.78	5.6	5.07	4.78	二衬末尾弯折处
430	6.32	6.54	6.32	5.85	5.4	4.47	—
480	5.6	5.34	5.6	5.34	5.07	4.48	风管弯折
500	4.78	4.47	4.78	4.47	4.14	3.77	—

根据现场测得的实验数据对结果进行分析，可以得到雀儿山隧道中风管内风速的变化规律(图 3-41)及风管的漏风率(表 3-13)。

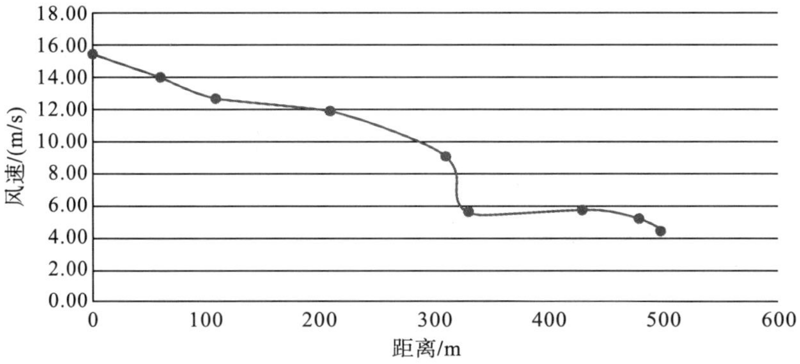

图 3-41 风管内风速的变化规律

由图 3-41 可知，风管内的风速在风管未弯折的情况下几乎呈线性减小，即风管的漏风率在正常情况下变化不大，但在二衬台车处，风管发生弯折后，风速发生急剧的下降，导致漏风率增大，最终导致隧道掌子面处的通风量不足。

表 3-13 百米漏风率计算结果

距风机距离/m	风速平均值/(m/s)	风管直径/m	风管面积/m^2	风管通风量/(m^3/s)	断面间距离/m	百米漏风率/%
0	22.16	1.5	1.77	27.19	—	—
60	14.03	1.5	1.77	24.84	60	3.91
110	12.65	1.5	1.77	22.39	50	4.89

续表

距风机距离 /m	风速平均值 /(m/s)	风管直径 /m	风管面积 /m^2	风管通风量 /(m^3/s)	断面间距离 /m	百米漏风率 /%
210	11.86	1.5	1.77	20.98	100	1.40
310	9.11	1.5	1.77	16.12	100	4.85
330	5.64	1.5	1.77	9.98	20	30.72
430	5.82	1.5	1.77	10.29	100	−0.31
480	5.23	1.5	1.77	9.27	50	2.04
500	4.40	1.5	1.77	7.79	20	7.40

由表 3-13 可知，在测量过程中仪器仍然存在一定的误差导致漏风率出现负值，另外，风管的漏风率为 4%左右，表示风管的漏风较严重，需要做相应的措施减小漏风率。

若选用优质风管，并在良好管理维护条件下，风管的百米漏风率一般可控制在 2%以下。但在雀儿山隧道平导的现场测试中，计算的百米漏风率均超过此值，特别是风管在二衬与初支交接处，通过二衬台车时，百米漏风率达到了 30.72%。

结合理论及测试结果分析风管漏风原因如下。

(1)现场风管的安装太过随意，没有对风管弯折现象足够重视。特别是过模板台车时，弯折挤压现象十分严重。这就造成了能量局部损失严重，体现为漏风率突然增大。

(2)现场风管的破损现象严重。由于隧道内的灯光比较昏暗，有很多机械车辆往返于洞内，虽然风管被安装于隧道边上，但当两辆机车在洞内会车等情况发生时，还是会不可避免地刮破风管，这直接造成风量的流失。同时，由于进、出口分别采用上下台阶法和全断面开挖法爆破造成风管损失严重。

3.4.2　运营期汽车污染物排放测试

1. 测试内容

本次实验重点研究海拔超过 2400m 区域汽车尾气排放量情况，同时考虑 400m 基准排放量，海拔高度选择的范围为 400～4500m。

2. 测试仪器

测试所用车辆如图 3-42 所示。选用技术先进的全自动烟度计，如图 3-43 所示。设备质量可靠、精确度较高，在较高海拔高度范围内(0～6000m)不受海拔高度变化带来的不良影响，其测量范围：波许烟度 Rb 为 0～10，分辨率为 0.01 Rb，精度为满量程 3%，使用温度为 0～40℃，电源为交流 220 V/150W。

①日本产海拔高度计：可同时测试各海拔点的海拔高度及大气温、湿度。

②瑞士产大气压测试计：精确测试各海拔点的大气压力。

③瑞典产机械秒表：用于精确计量测试时间。

图 3-42 测试所用车辆

图 3-43 全自动烟度计

3. 测试方案

测试采用非稳态的自由加速法：在不同的海拔高度，采用同一辆车，控制相同的采样时间，等间隔时间重复测试多组数据。为了对以往测试数据进行有益的补充，同时考虑选择在山区使用频率高的柴油车车型作为测试对象，测试选择的是黄海皮卡柴油车。先在怠速状态猛踩油门，保持数秒，随后送油门不拖尾，保证每次测试流量相等；采取连续测量的方式，间隔 30s 测量一次，每个标高上连续测量 30 次以上，排除测量误差和读数误差产生的不可信数据。

4. 测试结果

本次实验在巴朗山隧道中对考虑 CO 排放量海拔高度系数进行研究，具体测试数据如表 3-14 所示。

表 3-14　巴朗山隧道中 CO 排放量海拔高度系数实测值

海拔高度/m	实测 CO 排放量海拔高度系数	规范值
400	1	1
622	1.054	1.123
850	1.162	1.250
1113	1.284	1.396
1407	1.324	1.559
2008	1.419	1.893
2450	1.459	2.139
2800	1.568	2.333
3100	1.662	2.500
3800	1.986	2.889
4500	2.203	3.278

对巴朗山隧道中 CO 排放量海拔高度系数实测值进行一元线性回归分析，可以计算得出 CO 排放量海拔高度系数与海拔高度的变化关系，如图 3-44 所示。

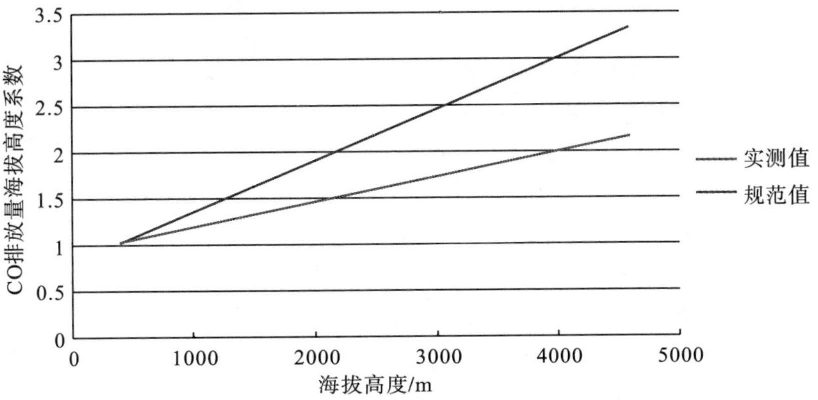

图 3-44　CO 排放量海拔高度系数变化规律曲线

实测 CO 排放量海拔高度系数回归方程为

$$f_{\mathrm{h}} = 0.918 + 0.268H \div 1000 \tag{3-1}$$

式中，H——海拔高度(m)。

规范 CO 排放量海拔高度系数回归方程为

$$f_{\mathrm{h}} = 0.778 + 0.556H \div 1000 \tag{3-2}$$

式中，H——海拔高度(m)。

CO 排放量海拔高度系数实测值比规范值降低了 34%。

第4章 高海拔长大隧道施工人员需氧量计算方法及供氧技术

4.1 高海拔隧道供氧的临界海拔高度

人体吸入的氧量直接受到空气中氧浓度高低的影响，当空气中的氧浓度降低(或氧分压减小)时，人体的呼吸也会受到影响，氧浓度降低越多呼吸将越困难。氧浓度降低到一定程度时，人体将处于缺氧状态，工作效率降低，出现各种不适症状，严重缺氧会直接威胁人员生命安全。人体缺氧症状与空气中氧浓度的关系如表4-1所示。

表4-1 人体缺氧症状与空气中氧浓度的关系

氧浓度	缺氧症状
17%	静止时无异常，劳作时呼吸频率上升，呼吸阻力大，心率升高
16%	呼吸及心跳增快，头昏耳鸣，判断能力减弱，失去劳动能力
10%～12%	意识判断出现问题，长时间即有生命危险
6%～9%	失去知觉，呼吸停止，心脏仅能维持短时间跳动，如不及时抢救就会导致死亡

通过表4-1中氧浓度与缺氧症状的关系得出，为保证隧道内工作人员正常施工，必须保证作业人员呼吸充足的氧气，通过分析缺氧症状，可以得出当氧浓度降低到16%时，施工作业人员将会存在缺氧危险的可能，当氧浓度降低到12%时，人员将出现严重缺氧。本节以存在缺氧可能性和出现严重缺氧的氧浓度为依据展开讨论，研究高海拔地区的临界供氧高度。

4.1.1 基于空气密度改变的临界供氧海拔计算方法

由高海拔环境对人体机能的影响可知，维持人体某一劳动强度时，氧化产能是一定的。因此做出如下假定。

(1)人体在完成同一劳动时，所需要的氧气质量是一定的。

(2)氧气浓度不随海拔高度的变化而变化。

(3)除海拔高度以外的其他因素均相同。

基于以上几个假定，考虑到平原与高原的空气密度不同，氧气含量也不相同，以氧气质量为基准值，可以得到非世居高原人群在高海拔环境下劳作时要求能适应的最大海拔高度。通过分析可建立等式为

海平面氧气密度×极限氧气浓度×单位体积=单位体积×标准氧气浓度×适应最高海拔高度

已知海平面氧气密度为 1.429kg/m^3，海平面空气密度为 1.29kg/m^3，平原地区存在缺氧危险可能的氧浓度为 16%，出现严重缺氧的氧浓度为 12%，理论情况下的标准氧浓度为 21%。同时将海拔高度与空气密度、密度与压强及上述等式联立，考虑到在海拔升高的同时空气与氧气是同比变化，得到以下公式。

(1)基于人员舒适性的临界供氧高度为

$$1.429 \times 16\% \times 1 = 1 \times 21\% \times \rho_{氧}$$

$$\rho_{氧} = 1.089\text{kg/m}^3$$

$$\frac{\rho_{氧高}}{\rho_{氧平}} = \frac{\rho_{空高}}{\rho_{空平}} \Rightarrow \rho_{空高} = \frac{1.089 \times 1.29}{1.429} = 0.983\text{kg/m}^3$$

$$\rho = 1.293 \times \frac{P}{P_0} \Rightarrow P = \frac{0.983 \times 101.325}{1.293} = 77.03\text{kPa}$$

$$P = 101.325 \times \left(1 - \frac{h}{44329}\right)^{5.255876} \Rightarrow h \approx 2300\text{m}$$

(2)基于人员安全性的临界供氧高度为

$$1.429 \times 12\% \times 1 = 1 \times 21\% \times \rho_{氧}$$

$$\rho_{氧} = 0.817\text{kg/m}^3$$

$$\frac{\rho_{氧高}}{\rho_{氧平}} = \frac{\rho_{空高}}{\rho_{空平}} \Rightarrow \rho_{空高} = \frac{0.817 \times 1.29}{1.429} = 0.738\text{kg/m}^3$$

$$\rho = 1.293 \times \frac{P}{P_0} \Rightarrow P = \frac{0.738 \times 101.325}{1.293} = 57.83\text{kPa}$$

$$P = 101.325 \times \left(1 - \frac{h}{44329}\right)^{5.255876} \Rightarrow h \approx 4500\text{m}$$

通过对两种不同临界氧浓度对应海拔高度关系的分析，从理论上得到了高原施工人员在海拔超过 2300m 时就会有出现缺氧症状的可能，而海拔超过 4500m 以上将出现严重缺氧。结合既有成果对高原施工人员的高原反应统计进行分析，得到高原施工人员可能出现缺氧症状的临界供氧高度为 2300m，出现严重缺氧反应的临界供氧高度为 4500m。

4.1.2　基于等效气管气氧分压的临界供氧海拔计算方法

《高原劳动卫生、劳动保护问题的探讨》中提出，当海拔高度低于 3000m 时，人体的血氧饱和浓度一般处于 90%以上，该阶段人体不会出现缺氧症状，只是呼吸、心率有轻度增加，称为“无明显变化范围”。当海拔高度为 3000～4000m 时，则会有 1/3～1/4 的人表现出高原不适应，此时会有呼吸、心率加快，组织器官开始缺氧，这一范围称为“代偿范围”。当海拔高度为 4500～6000m 时，人体生理机能可能发生障碍，又称其为“障碍范围”。当海拔高度超过 6000m 时，人体缺氧反应开始加重，主要表现为虚脱、昏迷，此时的血氧饱和浓度下降到低于 70%，这一高度通常称为“危险高度”。

空气中的氧气被视为无辅助供氧措施下人体需氧的唯一来源。空气中能够给人体提供氧气的主要因素就是氧分压，而大气压和氧浓度是确定氧分压的最主要原因，可以表达为：空气中氧分压＝大气压×大气中氧浓度。正常空气中氧气的体积浓度为 20.9％，在理论情况下，该浓度值不随海拔高度的变化而变化。因此，吸入气管中的氧分压主要取决于大气压，大气压越高，氧分压也越高。由于呼吸道内的水蒸气在正常体温情况下是完全饱和的，在气管内水蒸气的分压为 47mmHg，因此，气管内的氧分压较大气中低，为(大气压－47mmHg)×20.9％。由于每次呼吸只能使部分肺泡气被交换，同时肺泡气中的氧又不断地向肺泡毛细血管中弥散，因此肺泡气氧分压较气管内氧分压低约 1/3。只有肺泡气中的氧才能弥散入血液中，肺泡气氧分压还与肺泡通气量和机体耗氧量有关。当肺泡通气量减小或机体耗氧量变大时，肺泡气氧分压降低；反之亦然，即肺泡气氧分压(mmHg)＝(大气压－47mmHg)×20.9％－(耗氧量/肺泡通气量)。

不同海拔高度对应的大气压及吸入气氧分压、气管内氧分压与肺泡气氧分压的变化关系如表 4-2 所示。

表 4-2　不同海拔高度对应的大气压及吸入气氧分压、气管内氧分压与肺泡气氧分压的变化关系

海拔高度/m	大气压/mmHg	吸入气氧分压/mmHg	气管内氧分压/mmHg	肺泡气氧分压/mmHg
0	760	159	149	105
1000	674	141	131	90
2000	596	125	115	70
3000	530	110	100	62
4000	460	98	87	50
5000	405	85	74	45
6000	355	74	64	40
7000	310	65	55	35
8000	270	56	47	30

氧分压是氧气对人体影响的主要因素，氧浓度的下降及大气压的减小都会引起氧分压的降低，进而造成人体缺氧。在高海拔地区由于海拔高度较高，氧浓度相对较小，大气氧分压会随大气压的下降而下降，也就相当于当海拔高度增加时，氧浓度相对于平原地区降低，而当氧浓度减少时，同样也可以等效为海拔高度升高。为更方便地确定缺氧标准，在高原地区，衡量缺氧的程度用海拔高度比用氧气浓度更直观，所以可以把氧浓度折算进海拔高度中，统一用海拔高度来表示氧气的含量。

在海拔 11000m 以下范围的大气压计算公式为

$$P = 101.325 \times \left(1 - \frac{h}{44329}\right)^{5.255876} \tag{4-1}$$

常用的气管气氧分压计算公式为

$$P_{\mathrm{to2}} = F_{\mathrm{io2}}(P_{\mathrm{b}} - 6.27) \tag{4-2}$$

联立式(4-1)和式(4-2)得到，某一海拔在某一氧浓度的空气可以与某一特定海拔的正常氧浓度(21％)的空气相对应，海拔为 h_1 的氧浓度为 F_{io1} 的等效高度 h_2 的公式为

$$h_2 = a \times \left\{1 - \sqrt[b]{\frac{F_{io1}[101.325 \times (1-h_1/a)^b - 6.27]}{21.217455}}\right\} \tag{4-3}$$

其中，a=44329；b=5.255876。

(1)基于人员舒适性的临界供氧高度为

$$\begin{aligned} h_2 &= a \times \left\{1 - \sqrt[b]{\frac{F_{io1}[101.325 \times (1-h_1/a)^b - 6.27]}{21.217455}}\right\} \\ &= 44329 \times \left\{1 - \sqrt[5.255876]{\frac{0.16 \times [101.325 \times (1-0/44329)^{5.255876} - 6.27]}{21.217455}}\right\} \\ &\approx 2700\text{m} \end{aligned}$$

(2)基于人员安全性的临界供氧高度为

$$\begin{aligned} h_2 &= a \times \left\{1 - \sqrt[b]{\frac{F_{io1}[101.325 \times (1-h_1/a)^b - 6.27]}{21.217455}}\right\} \\ &= 44329 \times \left\{1 - \sqrt[5.255876]{\frac{0.12 \times [101.325 \times (1-0/44329)^{5.255876} - 6.27]}{21.217455}}\right\} \\ &\approx 4950\text{m} \end{aligned}$$

基于等效气管气氧分压原理，对两种不同临界氧浓度的计算进行分析。从理论上分析得到，人员在海拔超过 2700m 时就会出现缺氧症状的可能，而海拔超过 4950m 时将出现严重缺氧，考虑到以人员安全为本对以上缺氧高度保守取值，认为人员可能出现缺氧反应的临界供氧高度为 2500m，出现严重缺氧反应的临界供氧高度为 4500m。

综合以上两种临界供氧海拔高度的计算，最终确定了人员施工必须严格供氧的临界海拔高度为 4500m，而以施工人员舒适性考虑的临界供氧高度为 2500m。

依据氧含量守恒，假定平原地区氧浓度与高原地区氧浓度均为 21%，通过供氧可以使不同海拔高度时的氧含量达到平原地区水平，不同海拔高度降低到平原水平所需要的单位体积供氧量计算理论如下。

$$V_{供氧} = \frac{\rho_{平氧} \times 21\% \times V_{单位} - \rho_{高氧} \times 21\% \times V_{单位}}{\rho_{高氧}} \tag{4-4}$$

根据以上理论，可以计算出各海拔高度氧含量达到平原地区的供氧量，如表 4-3 所示。

表 4-3　不同海拔高度氧含量达到平原地区的供氧量

海拔高度/m	1000	2000	3000	4000	5000	6000	7000
供氧量/L	26.8	57.6	94.2	128.3	167.4	211.3	263.5

通过供氧，不同海拔高度的氧含量得到了提升，同时氧浓度也得到了提升，其提升结果如表 4-4 所示。

表 4-4　基于平原氧含量下各海拔高度的氧浓度提升

海拔高度/m	1000	2000	3000	4000	5000	6000	7000
氧浓度升高/%	2.68	5.76	9.42	12.83	16.74	21.13	26.35

通过以上计算分析得到：当海拔高度低于2000m时，为保证该地区氧含量与平原地区氧含量相同，所需要供应的氧气并不多，而当海拔超过3000m时，每立方米供氧量需超过100L，随着海拔高度的增加，使氧浓度达到平原地区水平的供氧量变化情况如图4-1所示。

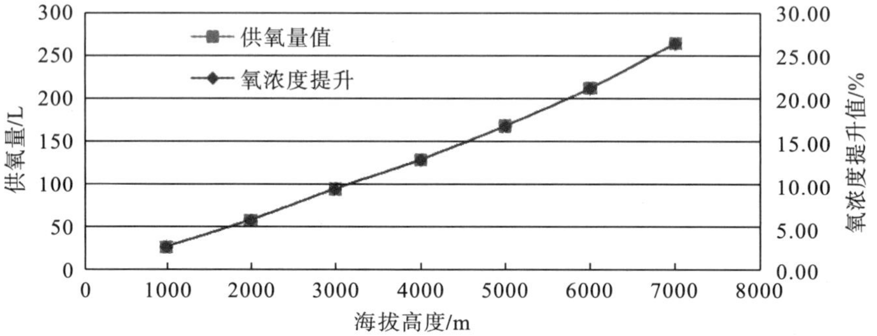

图 4-1 达到平原氧含量水平所需供氧量及供氧浓度

4.2 高海拔隧道内人员劳动能力降低预测

4.2.1 高海拔地区劳动强度修正系数

《高原体力劳动分级标准研究》中提出，在不同劳动负荷中，心率变化的测定结果表明：静息心率随海拔升高而增加。海拔2260m较平原增加11.3%，海拔3000m增加21.1%，海拔3450m增加25.0%，海拔4100m增加33.8%。在负荷情况下，同一负荷随海拔升高心率绝对值增加，各海拔负荷与平原同负荷时，不仅心率增加百分比也增加，50W劳动负荷在平原情况时的心率为95.1次/min，海拔2260m心率为105.1次/min，海拔3000m心率为113.0次/min，海拔3450m心率为116.6次/min，海拔4100m心率为121.7次/min；100W负荷时分别为120.4次/min、124.6次/min、129.5次/min、143.8次/min、146.9次/min。

在高原体力劳动时，心率变化的另一特点是高原同一海拔随负荷增加较平原同负荷时心率增加，但百分比减少。可能在缺氧条件下，副交感神经活动增强，是大强度劳动时心率减少的部分原因。因此，在高原采用心率指标来划分单项体力劳动强度等级，在平原地区从事50W劳动时属于中度劳动(心率为95.1次/min)，与海拔3450m时劳动强度相差一个劳动强度等级。同样在100W劳动时，海拔450m属次重级劳动(心率为120次/min)，而海拔3450m则为重度劳动，也相差一个劳动强度等级。在150W劳动时，平原属于过重劳动，海拔3000m则属于极重劳动强度。由此认为海拔平均每上升1000m劳动强度约增加一个等级。

也就是说，不同海拔劳动强度等级划分应不同，如平原从事轻度劳动在海拔2000m时劳动心率达到中度劳动强度水平，在海拔3000m达到次重；在平原从事次重级劳动，在海拔2260m以上为重度，海拔3000m以上为过重，海拔4000m以上为超重，即海拔每升高 1000m 劳动强度增加约一个等级。

通常认为，在海拔高度升高之后，空气体积膨胀、密度减小，导致空气中氧含量减小。由于人体需要氧气的质量是恒定的，因此通过质量换算，可以得到人体在当地海拔下的体积耗氧量。在此考虑到巴朗山海拔高度约为 4000m，空气密度为 802g/m^3，约为海平面空气密度的 62%。因为氧气与空气是同比变化的，所以空气中的氧含量为海平面的 62%。计算得到的新劳动强度等级和需氧量如表 4-5 所示。

表 4-5　劳动强度等级和需氧量

工序	劳动强度等级	耗氧量/(L/min)	呼吸空气量/(L/min)
钻爆	极重劳动	3.2～4	64～129
喷射混凝土	极重劳动	2.4～3.2	64～129
模板衬砌	极重劳动	2.4～3.2	64～129
铺设防水板	很重劳动	1.6～2.4	30～64
装渣	很重劳动	1.6～2.4	30～64
出渣	重劳动	0.8～1.6	20～25

由齐凯一等对青藏铁路(海拔 4461～4776m)隧道施工重点岗位人员，分别进行工时利用率、肺通气量、能量代谢率的测定。同时结合《铁道行业体力劳动强度分级》(TB/T 2607—2006)中的平原地区劳动等级分级标准及劳动等级指数计算公式：劳动强度指数=3×平均劳动时间率+1.673×平均能量代谢率，得到体力劳动强度指数分级标准，如表 4-6 所示。

表 4-6　体力劳动强度指数分级标准

体力劳动强度级别	轻重程度	体力劳动强度指数 I
Ⅰ	轻	$10<I\leqslant 15$
Ⅱ	中	$15<I\leqslant 20$
Ⅲ	重	$20<I\leqslant 25$
Ⅳ	很重	$25<I\leqslant 30$
Ⅴ	极重	$I>30$

通过对青藏铁路施工阶段的施工统计测试，得到了体力劳动强度的测试结果，如表 4-7所示。

表 4-7　体力劳动强度的测试结果

工序工种	净劳动时间/min	平均劳动时间率/%	平均能量代谢率/[J/(min·m^2)]	劳动强度指数	劳动强度等级
钻爆	305	69.2	7.98	15.4	Ⅱ
出渣	448	71	6.9	13.7	Ⅰ
喷射混凝土	284	77.1	11.16	20.9	Ⅲ
铺防水板	311	86.3	7.9	15.9	Ⅱ
模板衬砌	315	91.7	5.3	11.6	Ⅰ

表 4-7 中劳动强度指数为采用的平原地区计算公式计算，若采用高原地区的计算公式：劳动强度指数=3×平均劳动时间率+1.673×平均能量代谢率×(1+修正系数)，如表 4-8所示，该修正系数在海拔 4000m 以上情况下为 0.72。

表 4-8 高原地区一般体力劳动强度测试结果

工序工种	净劳动时间/min	平均劳动时间率/%	平均能量代谢率/[J/(min·m^2)]	劳动强度指数	劳动强度等级
钻爆	305	69.2	7.98	25.0	Ⅲ
出渣	448	71	6.9	22.0	Ⅲ
喷射混凝土	284	77.1	11.16	34.4	Ⅴ
铺防水板	311	86.3	7.9	25.3	Ⅳ
模板衬砌	315	91.7	5.3	18.0	Ⅱ

将高原劳动强度等级计算结果(表 4-8)与按平原地区劳动强度等级公式计算所得的结果(表 4-7)对比，可发现同一工序下的劳动强度等级升高了一个等级左右，即在平原下钻爆作业为二级劳动强度，为中等劳动强度；而到高原条件下钻爆作业为三级劳动强度，为重度劳动。

在张世杰的《高原体力劳动分级标准研究》中提出，在同一体力劳动工作负荷下心率的测定结果表明：在劳动情况下，同一负荷下的心率值随海拔升高而增加。在高原体力劳动时，心率变化的另一特点是在高海拔环境下，同一海拔高度心率随负荷增加较平原同一负荷时心率增加百分比减少。在张世杰的研究中认为海拔平均每上升 1000m 劳动强度约增加一个等级。

因此，随着海拔高度的增加，劳动强度等级的判定指标应有所区别。例如，某一劳动在平原地区属于轻度劳动的范围，而到了海拔 2000m 时，其劳动强度等级上升为中度劳动强度水平，而在海拔 3000m 时达到重劳动强度，海拔 4000m 以上时为很重劳动强度。

在《铁道行业体力劳动强度分级》(TB/T 2607—2006)中，得到了平原地区的劳动强度指数计算公式，采用不同海拔高度下实测肺通气量和海平面肺通气量的差率来修正平原地区能量代谢率，则高原地区体力劳动强度指数公式宜改写为

$$I = 3T + 1.673M(1+k) \tag{4-5}$$

其中，k 为能量代谢率海拔高度修正系数，海拔为 2000～3000m 时取值为 0.4；海拔为 3000～4000m 时取值为 0.56；海拔在 4000m 以上时取值为 0.72。

为此详细对比平原地区劳动强度公式和高海拔劳动强度计算公式，假设同一劳动的劳动时间率和平均能量代谢率相同，可以通过二者比值计算出一个海拔高度对劳动强度指数的修正系数 D，推论如下。

$$D = \frac{I_{高}}{I_{平}} = \frac{3T + 1.673M(1+k)}{3T + 1.673M} = 1 + \frac{1.673kM}{3T + 1.673M} = 1 + \frac{1.673k}{3T/M + 1.673} \tag{4-6}$$

由于劳动时间率 T 通常处于(30%，100%)区间内，平均能量代谢率通常处于(5，25)区间内，结合不同海拔高度下的能量代谢率修正系数 k，可以得到最小海拔高度对劳

动强度指数的修正系数 D。其结果如表 4-9 所示。

表 4-9 劳动强度指数最小修正系数

海拔高度/m	能量代谢率修正系数 k	劳动强度指数最小修正系数 D
<2000	0	1
2000	0.4	1.29
3000	0.56	1.41
4000	0.72	1.53

通过上述推导得到了劳动强度指数最小修正系数，结合劳动强度等级与耗氧量的关系及劳动强度分级标准，可以得到隧道内不同工序在不同海拔情况下的劳动强度，如表 4-10 所示，其中 D 为劳动强度最小修正系数。

表 4-10 高海拔地区劳动强度分级表

施工工序	小于 2000m			2000m 以上			3000m 以上			4000m 以上		
	D=1			D=1.29			D=1.41			D=1.53		
	劳动分级	轻重程度	劳动强度指数	劳动分级	轻重程度	劳动强度指数	劳动分级	轻重程度	劳动强度指数	劳动分级	轻重程度	劳动强度指数
挖掘机找顶	Ⅰ	轻	10	Ⅰ	轻	12.9	Ⅰ	轻	14.1	Ⅱ	中	15.3
凿岩台车钻孔	Ⅱ	中	15	Ⅱ	中	19.4	Ⅲ	重	21.2	Ⅲ	重	23.0
混凝土搅拌	Ⅱ	中	15	Ⅱ	中	19.4	Ⅲ	重	21.2	Ⅲ	重	23.0
装载机装渣	Ⅱ	中	15	Ⅱ	中	19.4	Ⅲ	重	21.2	Ⅲ	重	23.0
管线路安装	Ⅱ	中	15	Ⅱ	中	19.4	Ⅲ	重	21.2	Ⅲ	重	23.0
模板台车衬砌	Ⅲ	重	20	Ⅳ	很重	25.8	Ⅳ	很重	28.2	Ⅴ	极重	30.6
爆破钻孔	Ⅲ	重	20	Ⅳ	很重	25.8	Ⅳ	很重	28.2	Ⅴ	极重	30.6
初期支护	Ⅲ	重	20	Ⅳ	很重	25.8	Ⅳ	很重	28.2	Ⅴ	极重	30.6
防水板安装	Ⅲ	重	20	Ⅳ	很重	25.8	Ⅳ	很重	28.2	Ⅴ	极重	30.6
二衬模板	Ⅲ	重	20	Ⅳ	很重	25.8	Ⅳ	很重	28.2	Ⅴ	极重	30.6
人工出渣	Ⅳ	很重	25	Ⅴ	极重	32.3	Ⅴ	极重	35.3	Ⅴ	极重	38.3

由表 4-10 可知，随着海拔高度的上升，同一劳动强度对应的劳动强度值增大，从劳动强度指数上分析，基本呈现出海拔每升高 1000m，劳动强度近似增加一个等级。因此，在高海拔地区从事劳动工作时，应考虑劳动强度的增加，适当在劳动时间上做出调整，可以通过适当降低劳动时间率来达到降低劳动强度的目的。

4.2.2 高海拔地区劳动强度降低系数

在高原地区从事体力劳动的劳动者相对于平原地区更容易产生疲劳感，这主要是因为高原地区的气压低、氧含量低，从而导致体内氧分压低。所以，劳动者在从事与平原地区相同的体力劳动时，所消耗的能量更多，能量代谢率相对更大，从而导致高原劳动者在从事体力劳动时更加容易感到疲劳。

在《铁道行业体力劳动强度分级》(TB/T 2607－2006)中提出了平原地区劳动力强度值的计算方法，其计算公式为

$$I = 3T + 1.673M \tag{4-7}$$

由于高原缺氧增加了人体的生理负荷，从而导致劳动能力下降，因此不同海拔劳动强度等级应有差别。为了能客观反映这种差别，采用不同海拔梯度实测肺通气量和标准肺通气量的差率来校正标准状态下的能量代谢率，高原地区体力劳动强度指数公式宜改写为

$$I = 3T + 1.673M(1 + k) \tag{4-8}$$

式中，M——以法定 8h 时间计算的平均能量代谢率[$kJ/(min \cdot m^2)$]；

k——海拔为 2000～3000m 时取值为 0.4；海拔为 3000～4000m 时取值为 0.56；海拔在 4000m 以上时取值为 0.72。

通过分析对比平原地区与高原地区的劳动力强度值计算公式，可以得到劳动力强度指数的变化主要是因为高原地区的低氧含量导致的高平均能量代谢率。在此假定处于同一劳动强度指数下的劳动者在劳动时的疲劳状态相近，则为了保证劳动者在高原地区的劳动强度与平原地区的劳动强度水平相近，可以采取以下两种方法。

(1)降低劳动者的平均能量代谢率。

在高原地区由于低含氧量、高寒等原因，劳动者的平均能量代谢率都较平原地区要高，为了保证高原地区的劳动者不在较高的劳动强度下作业，可以通过辅助增氧等方式降低其平均能量代谢率。

(2)降低劳动者的劳动时间率。

在《铁道行业体力劳动强度分级》(TB/T 2607－2006)中指出，劳动时间率是指工作日内纯劳动时间与工作总时间的比，用百分率表示，通常以法定工作时间 8h 作为工作总时间。由此可知，为了降低纯劳动者的劳动时间率，最有效的方法就是减少其纯劳动时间。

为了保证劳动者在平原和高原地区处于同一劳动水平下，对比分析高原地区与平原地区的劳动强度指数计算公式，将平原地区某个工序的劳动强度指数作为等效值来联立两式得到

$$I_{平} = 3T_{平} + 1.673M_{平}$$
$$I_{高} = 3T_{高} + 1.673M_{平}(1 + k)$$

联立两式得

$$I_{平} = I_{高} = 3T_{平} + 1.673M_{平} = 3T_{高} + 1.673M_{平}(1 + k)$$
$$T_{平} - T_{高} = 1.673M_{平}\, k/3$$

由此可得

$$\frac{T_{平}}{T_{高}} = 1 + \frac{0.43k}{T_{平} - 0.43k},\ \frac{T_{高}}{T_{平}} = 1 - \frac{0.43k}{T_{平}}$$

在具体施工中减少劳动者的劳动时间率，同时也会增加整个工序的时间，导致施工时间增长。为了不增长该工序的施工时间，在作业面和施工步骤的允许下，可适当增加

劳动者的人数。

由此可以得到，在完成相同工作量的同时，平原地区所需工时量等于工作人数与工作时间的乘积。因为在高原和平原环境下所需要完成的工作量是相同的，所以平原劳动人数×平原劳动时间=高原劳动人数×高原劳动时间。

由$\frac{T_{平}}{T_{高}}=1+\frac{0.43k}{T_{平}-0.43k}$可知

$$高原劳动人数=平原劳动人数\left(1+\frac{0.43k}{T_{平}-0.43k}\right)$$

《铁道行业体力劳动强度分级》中规定的劳动强度指数高原修正系数 k 值：海拔为 2000～3000m 时取值为 0.4；海拔为 3000～4000m 时取值为 0.56；海拔在 4000m 以上时取值为 0.72。参考隧道中各工序施工作业时间一般为 3～8h，由此可依据上述公式计算出在不同海拔高度隧道中施工作业人员的劳动时间率降低系数，如表 4-11 所示。

表 4-11　不同海拔高度隧道中施工作业人员的劳动时间率降低系数

纯劳动时间/h	劳动时间率	高原劳动时间率降低系数($T_{高}/T_{平}$)		
		2000～3000m	3000～4000m	≥4000m
3	0.375	0.54	0.36	0.27
4	0.5	0.66	0.52	0.38
5	0.625	0.72	0.61	0.50
6	0.75	0.77	0.68	0.59
7	0.875	0.80	0.72	0.65
8	1	0.83	0.76	0.69

将表 4-11 中的数据进行处理分析可得到，劳动时间率降低系数与纯劳动时间的曲线关系，如图 4-2 所示。

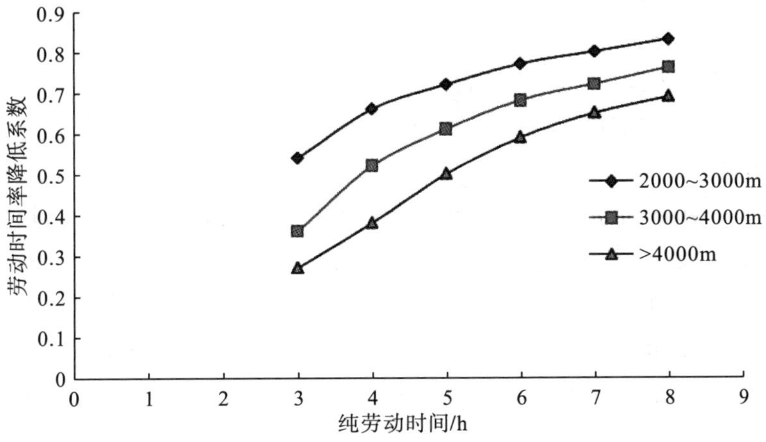

图 4-2　劳动时间率降低系数与纯劳动时间的曲线关系

由图 4-2 中可以得到：①在不同海拔高度情况下，劳动时间率降低系数变化趋势大致相同，随着纯劳动时间的增加，劳动时间率降低系数增大。由劳动力强度指数计算公式可以分析得出，相同劳动强度等级情况下纯劳动时间较长的劳动一般能量代谢率较低，所以在高原地区所受影响相对小些。纯劳动时间短的短促型高强度受到海拔升高的影响较大。②随着海拔高度的增加，劳动时间率降低系数减小，特别是在海拔高度超过4000m时，该系数降低较为明显。由此可知，在海拔越高的地区，施工作业人员的纯劳动时间相对平原地区降低较明显。

4.3 隧道内需氧量计算方法

4.3.1 高海拔隧道施工人员供氧量计算

1. 进口工区

(1)打孔钻眼阶段。

打孔钻眼施工工序因为非常靠近掌子面，所以采用弥散式供氧。在计算中将掌子面纵向10m视为封闭工况，但因为实际情况并不能达到完全封闭，所以在计算中分别考虑15％和30％的氧扩散系数进行计算。

弥散式供氧量计算需要参考人员的需供氧量及供氧后氧浓度指标，按照需要从海拔4000m的氧浓度(184.036g/m^3)提升到海拔3000m的氧浓度(209.06g/m^3)计算。

计算公式为

$$(Y_1 \times D - Y_2 \times D + P \times 60 \times Q \times M) \div M \div (1 - T) = N \tag{4-9}$$

式中，Y——对应海拔高度下的氧浓度；

D——断面面积；

P——施工人数；

Q——人员每分钟需供氧量，取值为5；

M——氧气密度；

T——氧气扩散系数，取参考值；

N——每小时需额外供氧量。

主洞需供氧量为

$(209.06\times562-184.036\times562+12\times60\times5\times0.95)\div950\div0.85\approx21.6\text{m}^3$(15％扩散系数)

$(209.06\times562-184.036\times562+12\times60\times5\times0.95)\div950\div0.70=26.3\text{m}^3$(30％扩散系数)

平导需要供氧量为

$(209.06\times289-184.036\times289+10\times60\times5\times0.95)\div950\div0.85\approx12.5\text{m}^3$(15％扩散系数)

$(209.06\times289-184.036\times289+10\times60\times5\times0.95)\div950\div0.70\approx15.1\text{m}^3$(30％扩散系数)

(2)架钢拱架阶段。

架钢拱架工序靠近掌子面附近，故也采用弥散式供氧，计算同打孔钻眼阶段。

主洞需供氧量为

$(209.06\times562-184.036\times562+14\times60\times5\times0.95)\div950\div0.85\approx22.4\text{m}^3$(15％扩散系数)

(209.06×562−184.036×562+14×60×5×0.95)÷950÷0.70≈27.1m^3(30%扩散系数)

平导需供氧量为

(209.06×289−184.036×289+12×60×5×0.95)÷950÷0.85≈13.2m^3(15%扩散系数)

(209.06×289−184.036×289+12×60×5×0.95)÷950÷0.70≈16.0m^3(30%扩散系数)

(3)其余各阶段。

因为其余各阶段均采用氧吧车供氧或是个人背负+氧吧车补氧方式，所以归为一类计算。且考虑该类供氧方式都是对员工直接供氧，故直接计算需供氧量不考虑环境氧浓度和扩散。计算得到的结果如表 4-12 所示。

表 4-12　各工序每小时耗氧量及设备消耗量

工序	主洞		平导	
	供氧量/L	3L 氧气瓶数	供氧量/L	3L 氧气瓶数
出渣阶段	900	2.4	900	2.4
喷射混凝土	1440	3.84	1440	3.84
挂防水板	2160	5.76	2160	5.76
绑钢筋	1800	4.8	1800	4.8
二次模筑	1080	2.88	1080	2.88
仰拱填充	720	1.92	720	1.92
二衬台车定位	900	2.4	900	2.4

2. 出口工区

(1)打孔钻眼阶段。

主洞需供氧量为

(209.06×562−184.036×562+21×60×5×0.95)÷950÷0.85≈24.8m^3(15%扩散系数)

(209.06×562−184.036×562+21×60×5×0.95)÷950÷0.70≈30.1m^3(30%扩散系数)

平导需供氧量为

(209.06×289−184.036×289+10×60×5×0.95)÷950÷0.85≈12.5m^3(15%扩散系数)

(209.06×289−184.036×289+10×60×5×0.95)÷950÷0.70≈15.1m^3(30%扩散系数)

(2)架钢拱架阶段。

架钢拱架工序靠近掌子面附近，故也采用弥散式供氧，计算同打孔钻眼阶段。

主洞需供氧量为

(209.06×562−184.036×562+10×60×5×0.95)÷950÷0.85≈20.9m^3(15%扩散系数)

(209.06×562−184.036×562+10×60×5×0.95)÷950÷0.70≈25.4m^3(30%扩散系数)

平导需要供氧量为

(209.06×289−184.036×289+8×60×5×0.95)÷950÷0.85≈11.8m^3(15%扩散系数)

(209.06×289−184.036×289+8×60×5×0.95)÷950÷0.70≈14.3m^3(30%扩散系数)

(3)其余各阶段。

因为其余各阶段均采用氧吧车供氧或是个人背负+氧吧车补氧方式，所以归为一类计算。且考虑该类供氧方式都是对员工直接供氧，故直接计算需供氧量不考虑环境氧浓度和扩散。计算得到的结果如表 4-13 所示。

表 4-13 各工序每小时耗氧量及设备消耗量

工序	主洞		平导	
	供氧量/L	3L 氧气瓶数	供氧量/L	3L 氧气瓶数
出渣阶段	720	1.92	1080	2.88
喷射混凝土	1440	3.84	1980	5.28
挂防水板	540	1.44	540	1.44
绑钢筋	1800	4.8	1800	4.8
二次模筑	1080	2.88	1080	2.88
仰拱填充	720	1.92	720	1.92
二衬台车定位	900	2.4	900	2.4

3. 最大需供氧量的计算

最大耗氧量的计算就是要组合在多种工序共同施工的情况下，制氧机所产氧量能否满足现场供氧的需求。根据施工单位提供的施工安排表，可以归纳出工序重叠最多的几个时段进行计算。因此，选取重复最多的两个时段进行计算。

(1)进口：主洞进行打孔钻眼、仰拱填充、挂防水板；平导进行架钢拱架、仰拱开挖、挂防水板。此时需供氧量为 39m^3(氧浓度扩散为 15%)/46.4m^3(氧浓度扩散为 30%)。

出口：主洞进行打孔钻眼、仰拱填充、绑钢筋；平导进行架钢拱架、仰拱开挖、绑钢筋。此时需供氧量为 41.7m^3(氧浓度扩散为 15%)/49.3m^3(氧浓度扩散为 30%)。

(2)进口：主洞进行打孔钻眼、仰拱填充、绑钢筋；平导进行喷射混凝土、绑钢筋、挂防水板。此时需供氧量为 29.9m^3(氧浓度扩散为 15%)/34.5m^3(氧浓度扩散为 30%)。

出口：主洞进行打孔钻眼、仰拱填充、挂防水板；平导进行喷射混凝土、绑钢筋、挂防水板。此时需供氧量为 33.1m^3(氧浓度扩散为 15%)/38.1m^3(氧浓度扩散为 30%)。

最终确定如下。

(1)进口最大需供氧量为 39m^3(氧浓度扩散为 15%)/46.4m^3(氧浓度扩散为 30%)。

(2)出口最大需供氧量为 41.7m^3(氧浓度扩散为 15%)/49.3m^3(氧浓度扩散为 30%)。

4.3.2 高海拔隧道施工弥散式供氧量分析

供氧时考虑打孔钻眼和架钢拱架阶段采用弥散式供氧，其他各阶段采用个体式供氧或者氧吧车供氧。

隧道施工过程中，需要采用弥散式供氧的工序为打孔钻眼阶段及架钢拱架阶段。由现场调查可得，按照每天进行一次完整工序，考虑主洞和平导多工序同时施工，主洞打孔钻眼阶段(4h)可以考虑平导架钢拱架，平导打孔钻眼阶段(3h)可以考虑主洞架钢拱架，则每天最短需要 7h 的弥散式供氧。

通过对弥散式供氧量计算，得到变化组合主洞与平导中打孔钻眼及架钢拱架顺序的供氧量有以下两种。

(1)在考虑 15%氧气扩散的情况下，进口最小需要弥散式供氧量为 34.4m^3/h，出口最小弥散式供氧量为 33 m^3/h。

(2)在考虑 30%氧气扩散的情况下，进口最小需要弥散式供氧量为 42m^3/h，出口最小弥散式供氧量为 40.4m^3/h。

4.3.3　高海拔隧道施工个体式供氧量分析

分析方法：个体式供氧计算供氧量时，考虑主洞和平导多工序同时施工，且考虑在可以同时施工的工序中组合人数最多的情况。在此经过组合考虑主洞进行喷射混凝土和挂防水板，平导考虑出渣、施作二次衬砌和仰拱填充 3 个工序。3 个工序员工总人数为 38 人，即单次所需 3L 氧气瓶最大数量为 38 个。

计算步骤如下。

(1)考虑采用普通增压机对氧气瓶进行充氧，按照 13kPa 的压强充氧，每小时增压机可以充满一个 40L 的氧气瓶，或者 11～13 个 30L 的氧气瓶。而一个 3L 的氧气瓶可以维持员工 1.6h 的供氧需要，在这 1.6h 之内增压机可以灌满 18 个 3L 的氧气瓶，考虑几个工序同时施工的情况并不是一直持续，且持续时间为 3h 左右，则氧气瓶数量至少为两套，即 76 个氧气瓶。同时准备备用氧气瓶 10 个，即需要 86 个氧气瓶可以满足一个洞口(进口段或出口段)的轮换，按照市价 260 元计算，购买氧气瓶需要 22360 元。

(2)通过对供氧量的计算，每天个体式供氧的总需氧量约为 117060L。换算为需要消耗的 3L 氧气瓶数约为 312 个，普通增压机不间断对氧气瓶充氧需要 24h。

(3)需要考虑增大增压机的功率或者采用两台增压机工作，增压效果不应小于每小时充满 60L 的氧气瓶。

4.3.4　高海拔隧道供氧量的确定

(1)确定各工序的供氧方法基本上是在打孔钻眼阶段和架钢拱架阶段采用弥散式供氧，而其余各工序采用氧气瓶供氧或者氧吧车供氧，如表 4-14 所示。

表 4-14　各施工工序供氧方式

施工工序	供氧方式
打孔钻眼阶段	掌子面弥散式
出渣阶段	4L 氧气瓶置于车上
架钢拱架阶段	掌子面弥散式
喷射混凝土阶段	个人背负+氧吧车补氧
挂防水板、绑钢筋、二次模筑阶段	个人背负+氧吧车补氧
洞外工作生活区	临时应急措施

(2)进口最大需供氧量为 39m^3(氧浓度扩散为 15%)/46.4m^3(氧浓度扩散为 30%)。

(3)出口最大需供氧量为 41.7m^3(氧浓度扩散为 15%)/49.3m^3(氧浓度扩散为 30%)。

(4)考虑主洞进行喷射混凝土和挂防水板，平导考虑出渣、施作二次衬砌和仰拱填充 3 个工序，总人数为 38 人，即单次所需 3L 氧气瓶最大数量为 38 个。

(5)按照 13kPa 的压强充氧，备用氧气瓶 10 个，共需要 86 个 3L 氧气瓶可以满足一个洞口的轮换。

(6)通过对供氧量的计算，弥散式供氧耗氧量较大，确定了制氧机能力至少需要 40m^3/h。

(7)在弥散时间段外，通过提高增压机功率可满足氧气瓶的灌充，每天个体式供氧的总耗氧量约为 117060L，普通制氧机需要 24h 不间断工作。

4.4 隧道内供氧技术

4.4.1 高海拔隧道施工供氧系统组成

巴朗山隧道制氧供氧系统主要包括制氧设备、氧气输送系统、隧道供氧系统、生活区供氧系统、氧气瓶灌装系统等。

(1)制氧系统 1 套：包括 45m^3/h 制氧主机、空压机、氧气净化系统等，氧气纯度≥90%(满足医用氧要求)。

(2)氧气输送系统：制氧机房至隧道工作面附近采用不锈钢管，工作区采用软管。

(3)隧道供氧系统：采用弥散式供氧的方式对掌子面区域供氧，若条件允许可以对掌子面采用帘布封闭，形成局部富氧区，使局部含氧量提高；其他工作区域在适当位置设置移动吸氧室，吸氧室内提供吸氧面罩供施工人员吸氧；部分施工工序采用个体式背负氧气瓶供氧。

(4)生活区供氧系统：采用氧气瓶供氧。

(5)氧气瓶灌装系统：为满足工作、生活区供氧需求，需配备专用氧气灌装系统，灌装医用级别氧气。制氧设备可安全地进行灌装，灌装压力符合氧气瓶使用要求(灌装人员需经过严格培训才能上岗)。

4.4.2 高海拔隧道施工供氧系统供氧方式

1. 掌子面弥散式供氧系统

隧道洞口设置制氧系统，制出的氧气增压到 1.0MPa 后，缓冲储存在 3 立方的氧气储罐中，再通过管道向掌子面输送氧气。管道采用 DN40 的不锈钢管道，沿隧道地面布设，并在风管接近掌子面处将供氧管插入风管，使掌子面在一定范围内充满含氧量较高的空气，实现局部富氧，保证掌子面空气中氧浓度达到正常人体呼吸需要的浓度。(增压

机+3 立方氧气储罐为满足 4000m 远距离输送而增加的配置，需设计变更增加此项配置的费用）

2. 办公区和宿舍区的供氧系统

在办公室和宿舍区建立专用吸氧室。充瓶后的氧气通过供氧管路输入吸氧室内各终端，氧气限量供入室内。

3. 移动吸氧室

在主洞、平导二次衬砌台车及洞口附近各设置一处移动板房作为吸氧室，以氧气瓶供氧，满足 10 人同时使用。

4.4.3 高海拔隧道供氧系统主要参数

(1)制氧系统 1 套：包括 45m³/h 制氧主机、空压机、氧气净化系统等，氧气纯度≥90%(满足医用氧要求)。

(2)氧气瓶灌装系统 1 套：包括灌装设备、氧气瓶(40L×2、4L×10、3L×76)及吸氧面罩。制氧设备可安全地进行灌装，经灌装的氧气满足医用氧要求。

(3)输气管道系统 1 套：制氧机房至隧道工作面采用不锈钢管输气，工作区采用软管，管道总长为 4500m，管道布置图如图 4-3 所示。

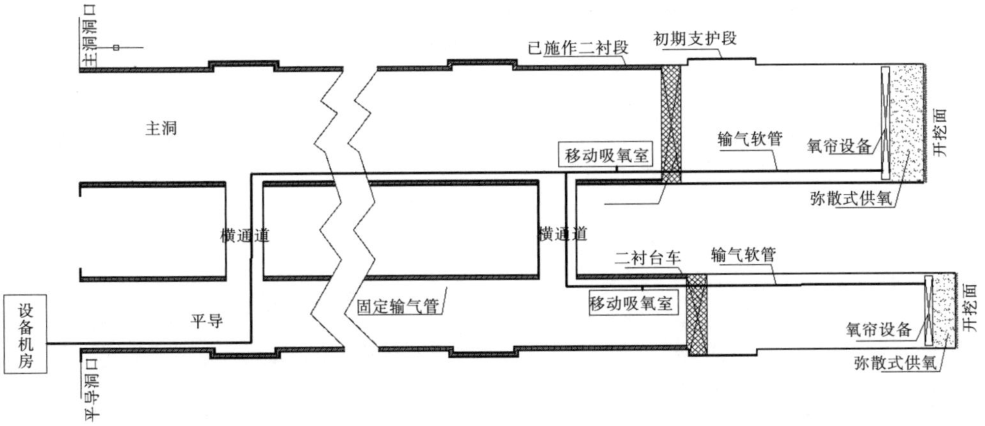

图 4-3　输氧管道布置图

(4)氧帘设备 2 套：弥散式供氧时，主洞、平导掌子面附近区域通过氧帘设备局部封闭，形成局部富氧区。氧帘设备安装在土建单位开挖台车上。

(5)移动吸氧室 3 套：分别在主洞、平导二次衬砌台车及洞口附近各设置一处移动吸氧室，每处能满足 10 人同时使用，通过接引输气管道或氧气瓶供氧。吸氧室采用可移动板房形式。

(6)生活区、管理人员及司机等局部、个体可通过氧气瓶供氧。

(7)氧气输送。

①氧气输送管(DN40 不锈钢管)。控制流速小于等于 15m/s，相关的设备、管道、阀门、管件需要进行脱脂处理静电接地，其他指标要求详见《氧气站设计规范》(GB 50030—2013)。

②移动吸氧室。面积约为 $10m^2$ 活动板房搭建，底部附带简易轮式行走装置。

③设备房。搭建面积约为 $70m^2$ 活动板房，层高为 3.6m，设备用房的搭设要求及配电柜布置如图 4-4 所示。

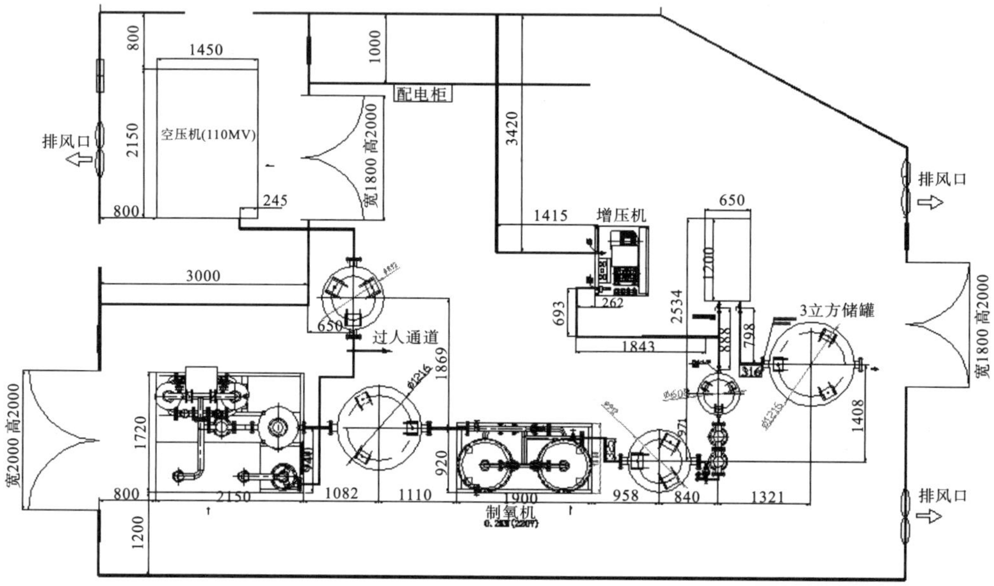

图 4-4 搭设要求及配电柜布置

第5章　高海拔长大隧道施工机械效率预测方法及升效技术

5.1　高海拔隧道内CO控制标准

CO是高原地区生产作业中引起急、慢性中毒所导致伤亡事故最常见的工业气体。在隧道建设过程中，由于隧道掘进长度长，且洞内有大量排放CO有害气体的施工机械，因此在高原隧道施工中应重视CO对人体的影响。

5.1.1　CO作用机理及CFK理论模型

高原地区海拔每升高1000m，大气压约下降9.5kPa(海平面大气压为101.3kPa)，大气氧分压也下降1.8kPa(海平面大气氧分压为21.2kPa)；同时，人体肺泡氧分压也下降。CO经呼吸道进入血液，其中，中毒机理是一氧化碳与血红蛋白结合，形成稳定的碳氧血红蛋白(COHb)，CO与血红蛋白的亲和力比氧气与血红蛋白的亲和力大250～300倍。同时碳氧血红蛋白的解离速度比氧合血红蛋白(O_2Hb)的解离速度慢3600倍，易造成碳氧血红蛋白在体内的蓄积。因此，高原地区接触CO作业的职工除受到高原低氧性缺氧的危害外，同时也受到CO所导致的COHb血症缺氧所致的危害。

在对CO毒性进行研究时，要从两个方面进行讨论：①高海拔地区的气候条件与平原地区有很大的不同，在这些地区，低气压、低氧、低温、低湿、强太阳辐射等因素综合作用于人体，影响着人体的生理机能，故与平原地区吸入等量的CO可能对人体的影响有所差别；②由于在高海拔地区，空气稀薄，氧气量少，因此人体通过自身调节增大呼吸量来适应高原地区的低氧条件。两者耦合作用导致在高原地区CO的毒性发生变化。随着COHb浓度的变化，人体的生理反应如表5-1所示。

表5-1　人体的生理反应

COHb/%	影响
0.3～0.7	正常(非吸烟者)
2.5～3.0	血液流动变化；红细胞数量变化
4.0～6.0	视觉障碍；工作效率低
3.0～8.0	吸烟者正常值
10.0～20.0	轻微头疼；疲乏；对胎儿潜在危害；非正常视觉

续表

COHb/%	影响
20.0～30.0	严重头痛；恶心；动作迟钝
30.0～40.0	肌肉无力；恶心；呕吐；视觉模糊；严重头痛
50.0～60.0	昏迷；痉挛
60.0～70.0	痉挛；心肺功能衰退
>70.0	死亡

1965年，R. F. Coburn、R. E. Forster 和 P. B. Kane 根据环境 CO 浓度与人体体内 COHb 的平衡关系，建立数学方程，研究得到了在一定的 CO 浓度环境下停留时间与人体体内 COHb 浓度的关系式，称为 CFK 方程。方程式如下。

$$\frac{V_b \mathrm{d}[COHb]}{\mathrm{d}t}=\dot{V}_{CO}-\frac{[COHb]P_{\bar{c}}O_2}{([O_2Hb]_{max}-[COHb]M)}\times\frac{1}{\left[\frac{1}{D_L}+\frac{(P_B-P_{H_2O})}{\dot{V}_A}\right]}+\frac{P_I CO}{\left[\frac{1}{D_L}+\frac{(P_B-P_{H_2O})}{\dot{V}_A}\right]} \tag{5-1}$$

式中，$\frac{V_b \mathrm{d}[COHb]}{\mathrm{d}t}$——人体吸收 CO 的速率(mL/min)；

$\dot{V}_{CO}$——人体产生 CO 的速率(0.007mL/min)；

[COHb]——血液中碳氧血红蛋白浓度(mLCO/mL 血液)；

$[O_2Hb]$——血液中氧合血红蛋白浓度(mLO_2/mL 血液)；

$P_{\bar{c}}O_2$——肺部测得的氧分压(mmHg)；

M——Haldane 常数，取值 218；

D_L——肺部 CO 质量转换系数(30mL/min・mmHg)；

P_B——大气压(mmHg)；

P_{H_2O}——体温条件下水的蒸汽压力(47mmHg)；

$\dot{V}_A$——肺部活动区与大气间空气交换速率(mL/min)；

$P_I CO$——吸入空气的 CO 分压；

V_b——人体血液总体积，5000mL。

5.1.2 CO 对人体毒性影响

1. 不同海拔高度 CO 对人体毒性影响

根据 CFK 方程进行分析，方程中的各参数主要随着海拔改变而改变，另外 CO 的毒性也与人的呼吸量有关系。为了先分析海拔对 CO 毒性的影响，需先将呼吸量固定，改变海拔高度，呼吸量按海拔为 0m 的平原地区正常成年人在平静呼吸时的呼吸量计算。

呼吸量的计算公式为

$$\dot{V}_A = (\text{潮气量} - \text{解剖无效腔容量}) \times \text{呼吸频率} \tag{5-2}$$

正常成年人在平静呼吸时每分钟呼吸 12～18 次，解剖无效腔容量约为 150mL，在海拔为 0m 时潮气量为 500mL，则成年人在平原地区的呼吸量为 5600mL/min。CFK 方程中其他参数随着海拔的改变而改变，取不同海拔条件下各参数代入 CFK 方程中计算人体吸收 CO 的速率，并进行对比分析。

计算环境按相关规范取 CO 浓度最大值为 30mg/m^3，海拔高度变化导致气压变化规律如表 5-2 所示。

表 5-2　海拔高度变化导致气压变化规律

海拔高度/m	0	1000	2000	3000	4000	5000
P_B/mmHg	760	674	594	526	462	405
$P_{\bar{c}}O_2$/mmHg	105	90	70	62	50	45
[O_2Hb]/%	95	94	92	90	85	75

将表 5-2 中各参数代入 CFK 方程中，并使用 MATLAB 进行数值计算，得到不同海拔高度 COHb 浓度随时间的变化率，如图 5-1 所示。

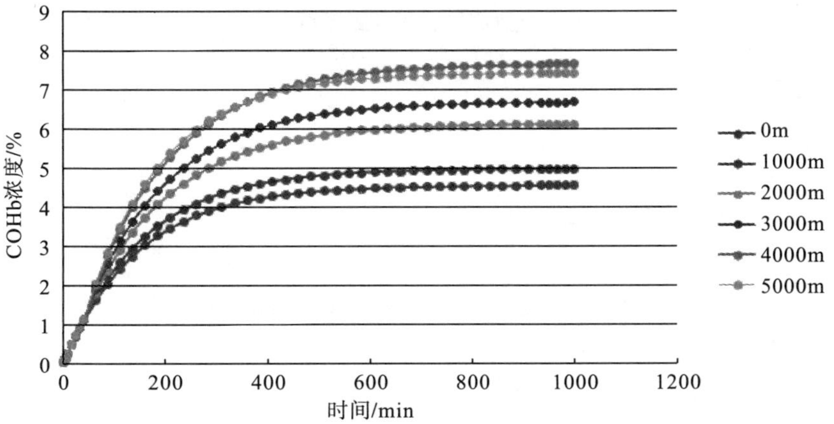

图 5-1　在不同海拔高度 COHb 浓度随时间的变化率

2h 内 COHb 增长速率如表 5-3 所示。

表 5-3　2h 内 COHb 增长速率

海拔高度/m	0	1000	2000	3000	4000	5000
速率/(%/min)	0.020	0.022	0.025	0.027	0.029	0.030

由图 5-1 可知，在同样的 CO 浓度环境中，随着海拔的升高，人体 COHb 增长速率逐渐变大，在平原地区 COHb 的增长速率为 0.02%/min。在海拔 2000m 处 COHb 的增长速率为 0.025%/min，是平原地区的 1.25 倍；在海拔 4000m 处 COHb 的增长速率为 0.029%/min，是平原地区的 1.5 倍。另外，随着海拔的升高，人体内 COHb 的浓度最

大值也随之升高，在海拔 2000m 处 COHb 的浓度最大值约为平原地区的 1.5 倍；在海拔 4000m 处 COHb 的浓度最大值约为平原地区的 1.8 倍。综合可得，在同样的 CO 浓度环境中，随着海拔的升高人体内的 COHb 浓度升高越快，且长期待在此种环境中最终浓度也随之增大，导致人体越容易中毒，即在同样的 CO 环境条件下，高海拔地区 CO 毒性大。

2. 不同呼吸量大小 CO 对人体毒性影响

观察分析 CFK 方程可以发现，呼吸量的大小也对 CO 吸收有影响，考虑到在高原低氧环境中，由于大气氧分压下降，职工在体力劳动时为获得足够的氧气而使呼吸加快，进而肺通气量增大。另外，同一海拔地区人员在不同状态下呼吸量的大小也有相应变化，故需考虑呼吸量增大后 COHb 浓度增长速率可能会加快，进而使 CO 毒性增大导致人员危险。

在考虑呼吸量大小对 COHb 浓度增长规律的影响时，可以将海拔取为定值，分析呼吸量单因素对 CO 毒性的影响，方便起见，将海拔定为平原地区，在平原地区 CFK 方程中的参数已经知道，代入 CFK 方程中，改变呼吸量的大小则可得到不同的 COHb 浓度增长曲线。人体呼吸量改变随着海拔变化取值按表 5-4 进行取值，则每种情况下参数的具体取值如表 5-5 和表 5-6 所示。

表 5-4 海拔高度变化导致呼吸变化规律

海拔高度/m	0	1000	2000	3000	4000	5000
潮气量/mL	500	520	540	580	600	620
呼吸频率/(次/min)	16	16	16	16	16	18
肺泡通气量/(mL/min)	5600	5920	6240	6560	7200	8460

表 5-5 CO 浓度为 30mg/m³ 时各工况参数取值

工况	1	2	3	4	5	6
$\dot{V}_A$/(mL/min)	5600	5920	6240	6560	7200	8460
V_b/mL	5000	5000	5000	5000	5000	5000
P_B/mmHg	760	760	760	760	760	760
$P_{\bar{c}}O_2$/mmHg	105	105	105	105	105	105
P_{H_2O}/mmHg	47	47	47	47	47	47
$[O_2Hb]$/%	95	95	95	95	95	95
M	218	218	218	218	218	218
P_ICO/mmHg	0.02	0.02	0.02	0.02	0.02	0.02

表 5-6　CO 浓度为 300mg/m³ 时各工况参数取值

工况	1	2	3	4	5	6
$\dot{V}_A$/(mL/min)	5600	5920	6240	6560	7200	8460
V_b/mL	5000	5000	5000	5000	5000	5000
P_B/mmHg	760	760	760	760	760	760
$P_{\bar{c}}O_2$/mmHg	105	105	105	105	105	105
P_{H_2O}/mmHg	47	47	47	47	47	47
[O_2Hb]/%	95	95	95	95	95	95
M	218	218	218	218	218	218
P_ICO/mmHg	0.2	0.2	0.2	0.2	0.2	0.2

计算可得到在不同呼吸量条件下 COHb 浓度增长速率曲线，如图 5-2 和图 5-3 所示。

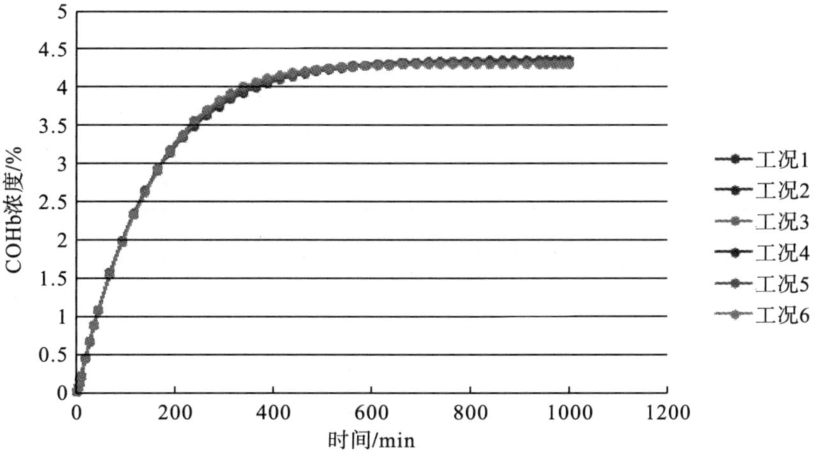

图 5-2　CO 浓度为 30mg/m³ 时不同呼吸量 COHb 浓度变化曲线

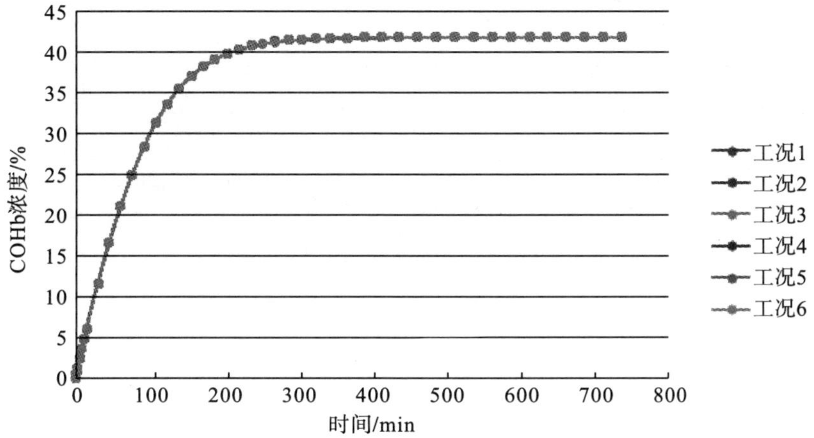

图 5-3　CO 浓度为 300mg/m³ 时不同呼吸量 COHb 浓度变化曲线

由图 5-2 和图 5-3 可知，在不同浓度的 CO 环境中，尽管呼吸量不同，但人体内 COHb 浓度增长速率曲线无太大变化，说明呼吸量大小对 COHb 浓度无太大影响，即呼吸量增大，CO 毒性无明显增加。

3. 不同海拔与呼吸量共同作用时 CO 对人体毒性影响研究

通过以上分析发现，呼吸量的增大对 CO 毒性无太大影响，但是在高原地区海拔对其他因素的影响加上呼吸量的增加，CO 毒性可能会有相应变化。

CO 浓度为 30mg/m^{3}时各参数取值如表 5-7 所示。

表 5-7　CO 浓度为 30mg/m^{3}时各参数取值

海拔高度/m	0	1000	2000	3000	4000	5000
$\dot{V}_A$/(mL/min)	5600	5920	6240	6560	7200	8460
V_b/mL	5000	5000	5000	5000	5000	5000
P_B/mmHg	760	674	594	526	462	405
$P_{\bar{c}}O_2$/mmHg	105	90	70	62	50	45
P_{H_2O}/mmHg	47	47	47	47	47	47
$[O_2Hb]$/%	95	94	92	90	85	75
M	218	218	218	218	218	218

计算可以得到 COHb 浓度的增长曲线如图 5-4 和图 5-5 所示。

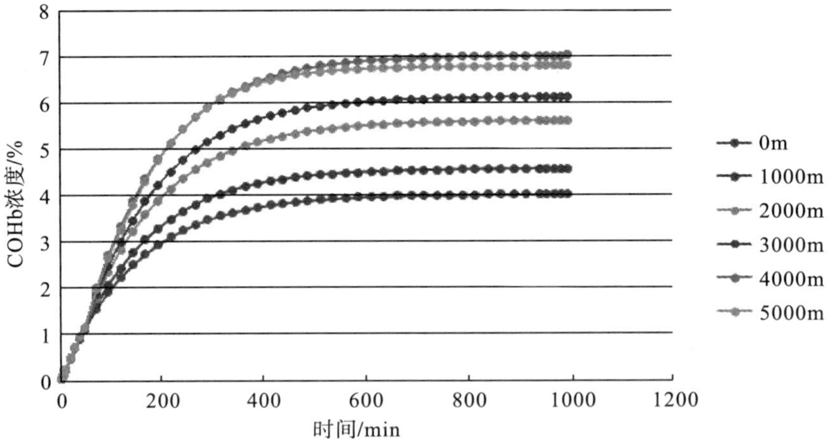

图 5-4　CO 浓度为 30mg/m^{3}时 COHb 变化曲线

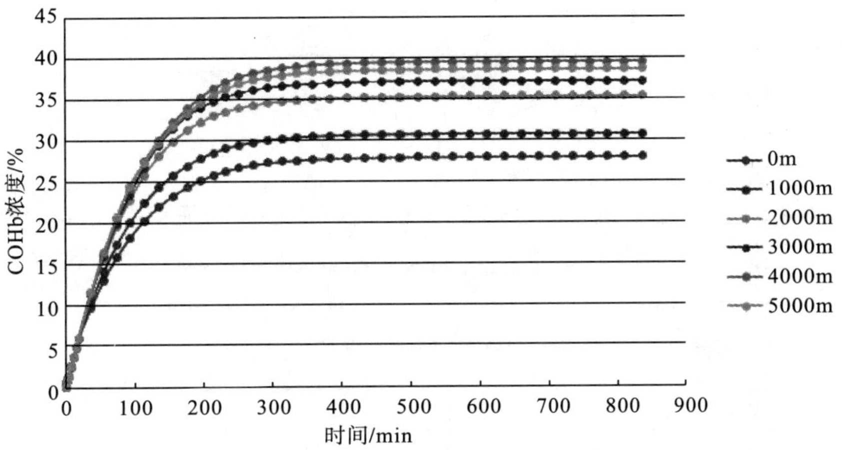

图 5-5　CO 浓度为 300 mg/m³时 COHb 变化曲线

不同 CO 浓度和海拔高度时 CO 的毒性如表 5-8 所示。在 CO 浓度为 30mg/m³时，海拔 4000m 处人体内 COHb 浓度最大可达到 7%，而在平原地区 COHb 浓度最大值为 3.9%，海拔 4000m 处 CO 对人体的毒性为平原地区的 1.8 倍。当 CO 浓度为 300mg/m³时，海拔 4000m 处人体内 COHb 浓度最大可达到 40%，平原地区 COHb 浓度最大值为 28%，该种工况下海拔 4000m 处 CO 对人体的毒性为平原地区的 1.4 倍。通过上述分析可以发现，当环境中 CO 浓度较低时，随海拔高度增加，人体 COHb 比值增大越明显，其毒性增长程度也更突出。

表 5-8　不同 CO 浓度时对人体毒性增大倍数

CO 浓度/(mg/m³)	不同海拔高度 COHb 浓度最大值(%)		毒性增大倍数
	0	4000	
30	3.9	7	1.8
300	28	40	1.4

5.1.3　不同海拔高度 CO 控制标准模型

从以上分析可知，公路隧道施工过程中在相同 CO 浓度下随着海拔高度的增加 CO 对人体的毒性也将增大。相反，为保证隧道施工过程中施工人员的安全健康，应以人体内 COHb 浓度为 2.5%作为高原公路隧道施工人员的健康标准，对不同海拔公路隧道施工人员 8h 工作时间隧道内空气 CO 浓度进行设计计算。通过计算分别给出了海拔为 0m、1000m、2000m、3000m、4000m 时，隧道不同 CO 浓度下 COHb 随时间的变化规律，如图 5-6～图 5-10 所示。

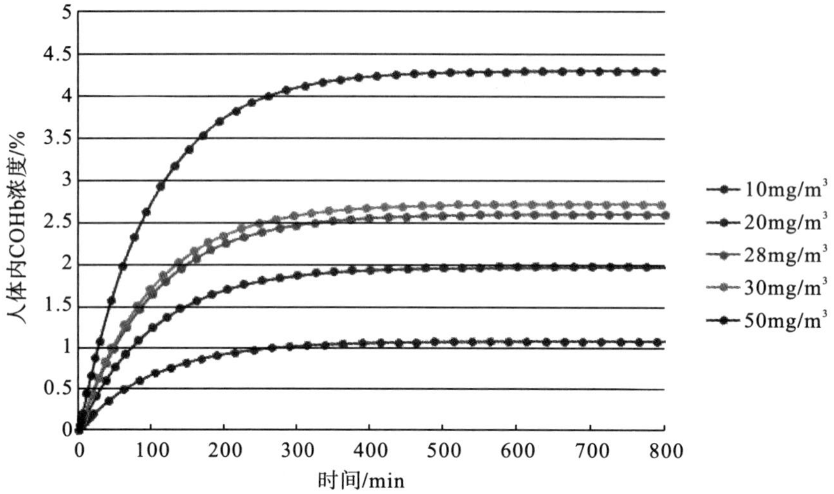

图 5-6 平原隧道不同 CO 浓度下人体 COHb 的变化过程

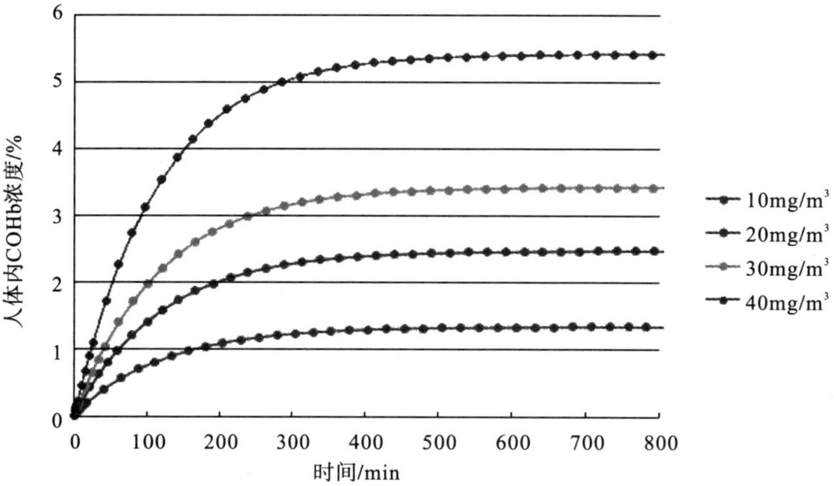

图 5-7 海拔 1000m 处隧道不同 CO 浓度下人体 COHb 的变化过程

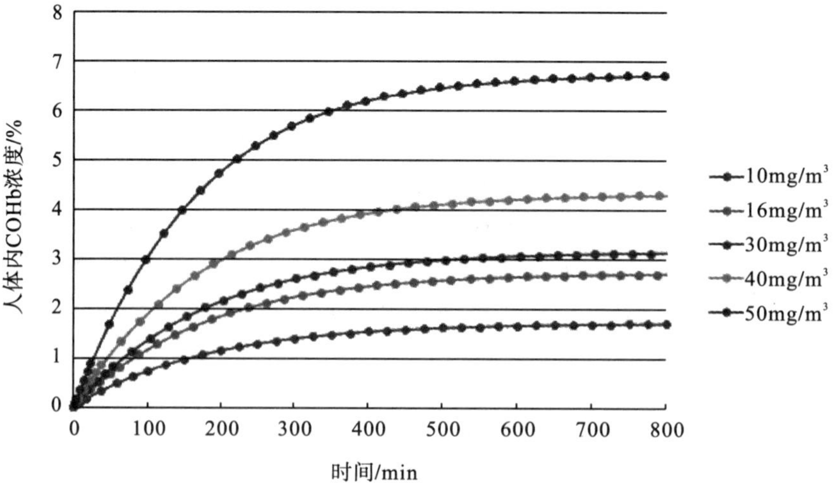

图 5-8 海拔 2000m 处隧道不同 CO 浓度下人体 COHb 的变化过程

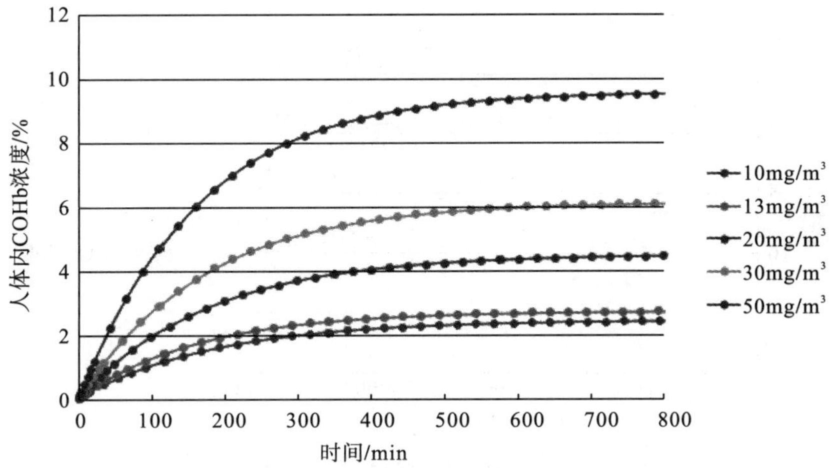

图 5-9　海拔 3000m 处隧道不同 CO 浓度下人体 COHb 的变化过程

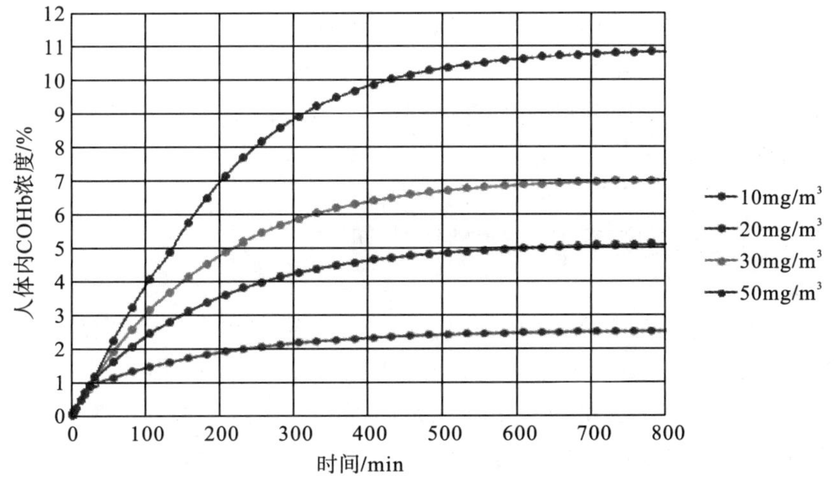

图 5-10　海拔 4000m 处隧道不同 CO 浓度下人体 COHb 的变化过程

由图 5-6～图 5-10 可知，在平原隧道 CO 浓度为 $28mg/m^3$、海拔 1000m 处隧道 CO 浓度为 $20mg/m^3$ 环境中、海拔 2000m 处隧道 CO 浓度为 $16mg/m^3$ 环境中、海拔 3000m 处隧道 CO 浓度为 $13mg/m^3$ 环境中、海拔 4000m 处隧道 CO 浓度为 $10mg/m^3$ 环境中，施工人员连续工作 8h，人体 COHb 值不大于 2.5%。CO 浓度较低时，人体 COHb 值较低，对人体健康无明显影响；CO 浓度提高时人体 COHb 值明显增大，对施工人员健康将产生一定威胁。说明此 CO 浓度为隧道施工环境 CO 浓度控制标准。

根据以上计算结果可以得出，不同海拔高度隧道施工人员连续工作 8h，人体 COHb 值小于 2.5%情况下，隧道内 CO 浓度标准的计算结果如图 5-11 所示。从图 5-11 中可以看出，随着海拔高度的增加，为保证施工人员连续工作 8h 人体内 COHb 值不高于 2.5%，CO 浓度控制标准值逐渐降低。

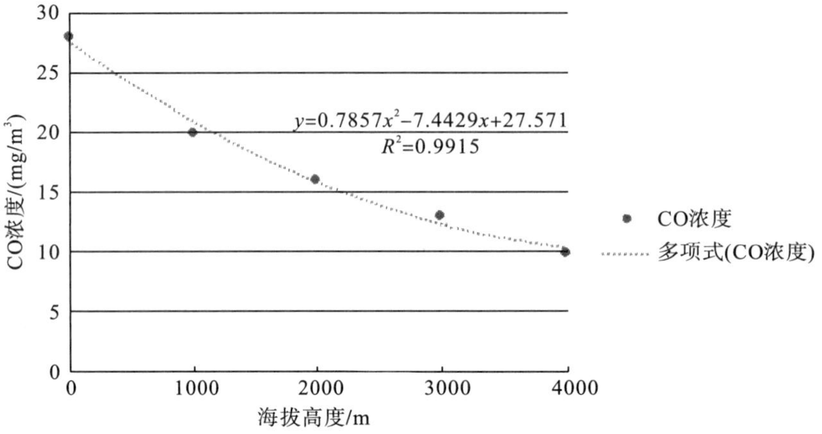

图 5-11 不同海拔高度隧道 CO 浓度控制标准

为方便不同海拔高度隧道施工通风设计，对隧道施工 CO 浓度控制标准值进行曲线拟合，推出了以下隧道施工 CO 浓度控制标准模型公式。

$$TWA_{CO} = 0.786H^2 - 7.44H + 27.57 \tag{5-3}$$

式中，TWA_{CO}——隧道施工 CO 浓度控制标准(mg/m³)；

H——海拔高度(m)。

5.1.4 不同 CO 浓度下安全工作时间

由于各个工序所需时间有所差别，也需要进一步研究在含有不同浓度 CO 的环境中人员工作多长时间 COHb 会超出限值，对人体产生危害，本次研究主要讨论海拔 4300m 施工过程中不同 CO 浓度下人员所能工作的最长时间。通过实验研究发现，当 COHb 浓度达到 2.5%时，即可对人体产生不良反应。因此在海拔 4300m 环境中 CO 浓度与其他参数具体取值如表 5-9 所示。

表 5-9 CO 浓度取值

工况	1	2	3	4	5	6	7
CO 浓度/(mg/m³)	10	20	30	50	100	200	400
$\dot{V}_A$/(mL/min)	7200	7200	7200	7200	7200	7200	7200
V_b/mL	5000	5000	5000	5000	5000	5000	5000
P_B/mmHg	462	462	462	462	462	462	462
$P_{\bar{c}}O_2$/mmHg	50	50	50	50	50	50	50
P_{H_2O}/mmHg	47	47	47	47	47	47	47
[O_2Hb]/%	85	85	85	85	85	85	85
M	218	218	218	218	218	218	218

将以上 7 种工况的各参数代入 CFK 方程中并进行数值计算则可得出人体 COHb 浓度随时间的变化，通过计算结果及浓度变化曲线来确定各 CO 浓度条件下人员能工作的最

长时间。具体曲线如图 5-12 和图 5-13 所示。

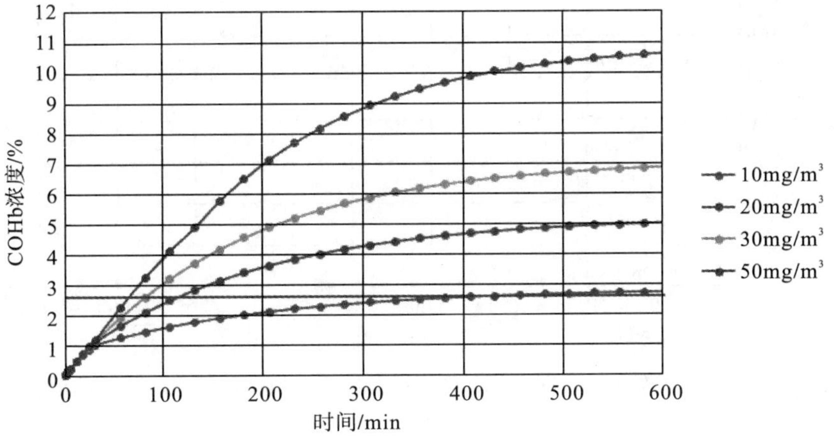

图 5-12　不同 CO 浓度条件下 COHb 浓度增长曲线(1)

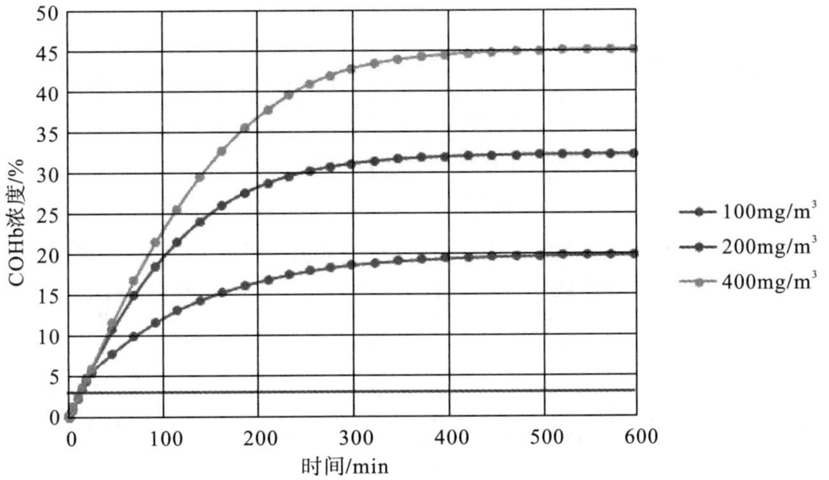

图 5-13　不同 CO 浓度条件下 COHb 浓度增长曲线(2)

根据计算结果及不同 CO 浓度条件下 COHb 浓度增长曲线图可以整理出，不同 CO 浓度条件下人体内 COHb 浓度达到 2.5%限值所需时间，即工人能工作的最长时间，如表 5-10所示。

表 5-10　不同 CO 浓度条件下人员所能工作时间

CO 浓度/(mg/m^3)	10	20	30	50	100	200	400
工作时间/min	500	120	80	60	10	8	7

根据表 5-10 可以得出，在海拔 4300m 时，不同 CO 浓度条件下人员所能工作时间的曲线如图 5-14 所示。

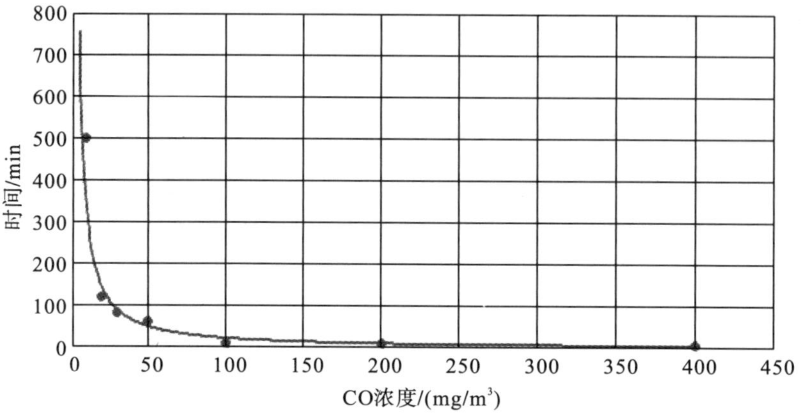

图 5-14 海拔 4300m 时不同 CO 浓度条件下人员所能工作时间的曲线

通过以上分析可以得出，在海拔 4300m 施工过程中，随着 CO 浓度的增加，人员所能工作最长时间急剧下降，当隧道内 CO 浓度达到 50mg/m^{3}时，人员最多只能工作 1h 便会出现不良反应；当隧道内 CO 浓度超过 100mg/m^{3}后，人员在工作不到 10min 便会出现不良反应，故在高原地区对施工现场 CO 浓度最大值进行设计时应严格控制。

5.2 隧道内机械排放预测方法

隧道施工中工程机械所用内燃机(柴油机)产生的废气是主要污染源之一，柴油机废气中有害物质主要有 CO、碳烟等，与隧道施工有直接关系的有毒气体是 CO，在施工中常用 CO 的浓度来评价施工环境状况及通风效果。柴油机运行在高原地区，由于低的大气压力，空气密度减少，柴油机吸入气缸内的空气量相应减少，使得燃烧不充分。海拔越高，空气越稀薄，这样，导致柴油机的有效功率减小，燃油消耗率增加，从柴油机的尾气中排出更多的有害物质。

5.2.1 高海拔地区烟雾排放量研究

我国目前现行的《公路隧道通风设计细则》对于烟雾排放量海拔高度系数的规定采用的就是日本规范推荐值，CO 排放量海拔高度系数则采用的是瑞士、美国等国家的标准。但国内研究学者通过实验测试分析得到，在海拔高于 2400m 的地区烟雾排放量海拔高度系数与规范直线延伸值并不相符。

《公路隧道通风设计细则》中烟雾排放量海拔高度系数如图 5-15 所示。

由于车辆在不同海拔高度条件下的烟雾排放量目前无明确的计算公式，且对高海拔施工机械的研究有限，因此国内一些研究对不同海拔高度下的烟雾排放量进行了相关测试来修正烟雾排放量海拔高度系数。例如，郑金龙等在雀儿山隧道中对考虑烟雾排放量海拔高度系数进行了研究；孙继东等在鹧鸪山隧道中对考虑烟雾排放量海拔高度系数进行了研究，具体测试数据如表 5-11 和表 5-12 所示。

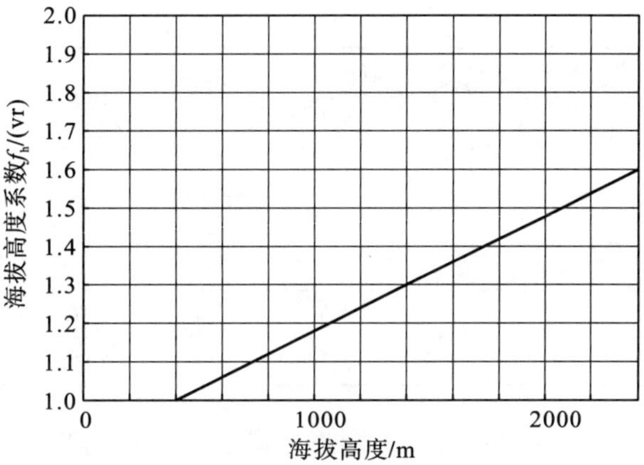

图 5-15　规范考虑烟雾排放量海拔高度系数

表 5-11　雀儿山不同海拔高度的烟雾排放量海拔高度系数实测值

海拔高度/m	实测烟雾排放量海拔高度系数		均值	规范值
	柴油客车	柴油货车		
400	1	1	1.056	1
500	1.072	1.066	1.096	1.03
1000	1.22	1.311	1.296	1.18
1500	1.376	1.613	1.496	1.33
2000	1.409	1.808	1.696	1.48
2500	1.465	1.955	1.896	1.63
3000	1.883	2.162	2.096	1.78
3500	2.311	2.303	2.296	1.93
4000	2.812	2.395	2.496	2.08
4250	2.842	2.428	2.596	2.16
4360	3.107	2.547	2.64	2.19
4500	3.184	2.697	2.696	2.23
5000	3.428	2.835	2.896	2.38

表 5-12　鹧鸪山不同海拔高度的烟雾排放量海拔高度系数实测值

海拔高度/m	实测烟雾排放量海拔高度系数		均值	规范值
	柴油客车	柴油货车		
400	1.17	1.1	1.15	1
500	1.22	1.13	1.2	1.03
1000	1.5	1.33	1.44	1.18
1500	1.78	1.52	1.67	1.33
2000	2.06	1.71	1.91	1.48
2500	2.34	1.9	2.14	1.63

续表

海拔高度/m	实测烟雾排放量海拔高度系数		均值	规范值
	柴油客车	柴油货车		
3000	2.62	2.09	2.38	1.78
3500	2.9	2.28	2.61	1.93
4000	3.18	2.47	2.85	2.08
4500	3.46	2.67	3.09	2.23
5000	3.74	2.88	3.32	2.38

根据调研所得，对雀儿山与鹧鸪山不同海拔高度的烟雾排放量海拔高度系数实测值进行一元线性回归分析，可以用计算得出烟雾排放量海拔高度系数随海拔高度的变化关系，如图 5-16 所示。

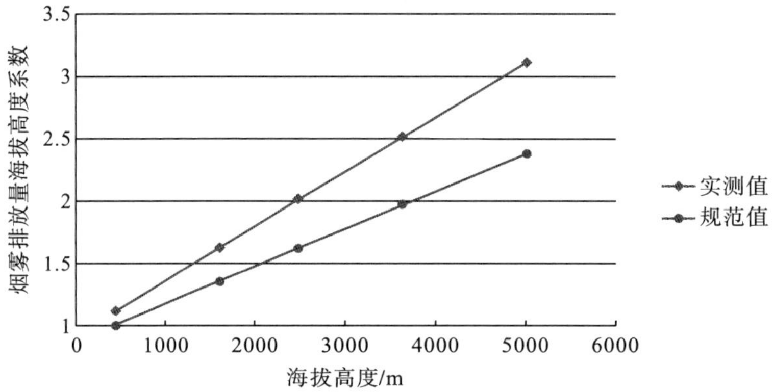

图 5-16 烟雾排放量海拔高度系数随海拔高度变化的规律曲线

由调研数据可以得到，实测烟雾排放量海拔高度系数回归方程为

$$f_{\mathrm{h}} = 0.93 + 0.436H \tag{5-4}$$

式中，H——海拔高度(m)。

规范烟雾排放量海拔高度系数回归方程为

$$f_{\mathrm{h}} = 0.88 + 0.3H \tag{5-5}$$

式中，H——海拔高度(m)。

通过调研国内测试资料可以得出，实测烟雾排放量海拔高度系数大于《公路隧道通风设计细则》中给出的建议值。在海拔 4300m 的雀儿山隧道洞口处根据实测回归方程计算所得烟雾排放量海拔高度系数为 2.8，根据当时规范方程计算所得烟雾排放量海拔高度系数为 2.17。烟雾排放量海拔高度系数实测值比规范值增加 29%。

5.2.2 高海拔地区 CO 排放量研究

《公路隧道通风设计细则》中给出的 CO 排放量海拔高度系数，如图 5-17 所示。

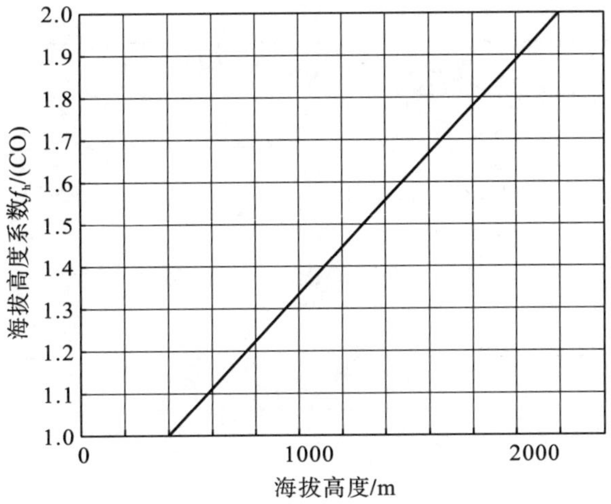

图 5-17　规范考虑 CO 排放量海拔高度系数

由于车辆在不同海拔高度条件下的 CO 排放量目前也无明确的计算公式，因此国内一些研究对不同海拔高度下的 CO 排放量进行了相关测试来修正 CO 排放量海拔高度系数。例如，西南交通大学对二郎山隧道中的 CO 排放量海拔高度系数进行了研究；严涛等对巴朗山隧道中的 CO 排放量海拔高度系数进行了研究，具体测试数据如表 5-13 和表 5-14所示。

表 5-13　二郎山不同海拔高度的 CO 排放量海拔高度系数实测值

海拔高度/m	实测 CO 排放量海拔高度系数	规范值
400	1	1
500	1.05	1.056
1000	1.21	1.333
1500	1.33	1.611
2000	1.46	1.889
2500	1.59	2.167
3000	1.71	2.444
3500	1.84	2.722
4000	1.97	3.000
4500	2.21	3.278

表 5-14　巴朗山不同海拔高度的 CO 排放量海拔高度系数实测值

海拔高度/m	实测 CO 排放量海拔高度系数	规范值
400	1	1
622	1.054	1.123

续表

海拔高度/m	实测 CO 排放量海拔高度系数	规范值
850	1.162	1.250
1113	1.284	1.396
1407	1.324	1.559
2008	1.419	1.893
2450	1.459	2.139
2800	1.568	2.333
3100	1.662	2.500
3800	1.986	2.889
4500	2.203	3.278

根据调研所得，对二郎山与巴朗山不同海拔高度的 CO 排放量海拔高度系数实测值进行一元线性回归分析，可以用计算得出 CO 排放量海拔高度系数随海拔高度的变化关系，如图 5-18 所示。

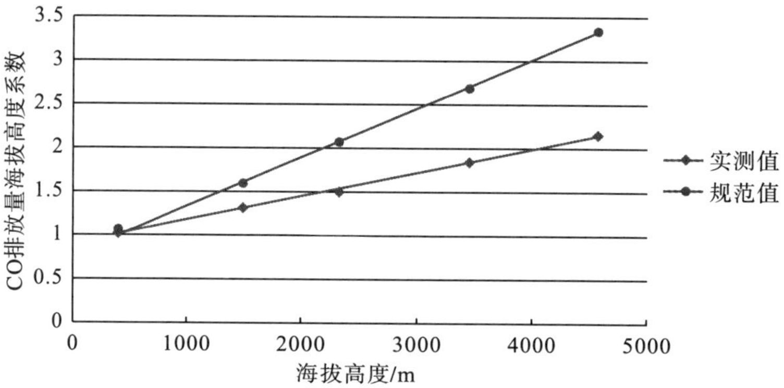

图 5-18　CO 排放量海拔高度系数随海拔高度变化的规律曲线

由调研数据可以得到，实测 CO 排放量海拔高度系数回归方程为

$$f_h = 0.918 + 0.268H \tag{5-6}$$

式中，H——海拔高度(m)。

规范 CO 排放量海拔高度系数回归方程为

$$f_h = 0.778 + 0.556H \tag{5-7}$$

式中，H——海拔高度(m)。

通过调研国内测试资料可以得出，实测 CO 排放量海拔高度系数小于《公路隧道通风设计细则》中给出的建议值。在海拔 4300m 的巴朗山隧道洞口处根据实测回归方程计算所得 CO 排放量海拔高度系数为 2.1，根据当时规范方程计算所得 CO 排放量海拔高度系数为 3.16。CO 排放量海拔高度系数实测值比规范值降低了 34%。

5.3　隧道内风管漏风率计算方法

在高原地区隧道施工过程中，通风风管在进行通风一段距离后便会出现风筒干瘪，漏风严重的情况(图 5-19)；而在平原地区情况相对良好。因此需对高原地区风管漏风进行研究，并对高原风管漏风率进行修正。

图 5-19　高原风管现场情况

5.3.1　风管漏风的原理

对于通风风管，由于风管材料不可能是完全密封的，并且在施工过程中由于各种原因导致风管的不同部位可能出现破损等情况，导致空气在风管内输送时有些气体从风管的破损部位漏出。空气在风管内流动时，其静压垂直作用于管壁。如果在风管的侧壁有开孔，由于孔内外存在静压差，空气会按垂直于管壁的方向从孔口流出。静压差产生的流速(m/s)为

$$v_j = \sqrt{\frac{2p_j}{\rho}} \tag{5-8}$$

式中，p_j——风管内空气的静压(Pa)。

空气在风管内的流速(m/s)为

$$v_d = \sqrt{\frac{2p_d}{\rho}} \tag{5-9}$$

式中，p_d——风管内空气的动压(Pa)。

因此，空气从孔口流出时，它的实际流速和出流方向不只取决于静压产生的流速和方向，还受管内流速的影响，如图 5-20 所示。

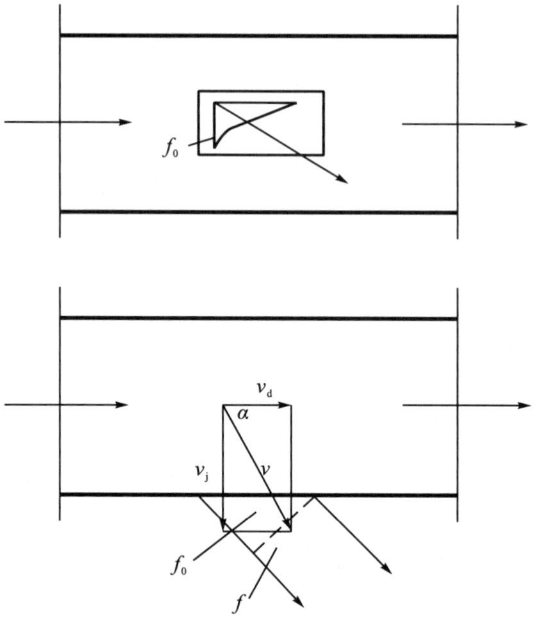

图 5-20 侧孔出流状态图

在管内流速的影响下，孔口出流方向会发生偏斜，实际流速为合成流速，可用下列各式计算。

孔口出流与风管轴线间的夹角 α(出流角)为

$$\tan\alpha = \frac{v_j}{v_d} = \sqrt{\frac{p_j}{p_d}} \tag{5-10}$$

孔口实际流速为

$$v = \frac{v_j}{\sin\alpha} \tag{5-11}$$

孔口流出风量为

$$q_{v0} = 3600\mu f v \tag{5-12}$$

式中，μ——孔口的流量系数；

f——孔口在气流垂直方向上的投影面积(m^2)，$f = f_0\sin\alpha = f_0 \times \frac{v_j}{v}$，其中 f_0 为孔口面积(m^2)。

孔口流出风量为

$$q_{v0} = 3600\mu f_0 v\sin\alpha = 3600\mu f_0 v_j = 3600\mu f_0\sqrt{\frac{2p_j}{\rho}} \tag{5-13}$$

5.3.2 风管沿程漏风率理论计算

对于隧道通风所用的风管，由于风管存在沿程阻力，因此风管内各个部位的静压有所变化。根据风管漏风率理论及各个断面能量守恒公式，可以计算出其各段的漏风率大小，具体计算示意图如图 5-21 所示。

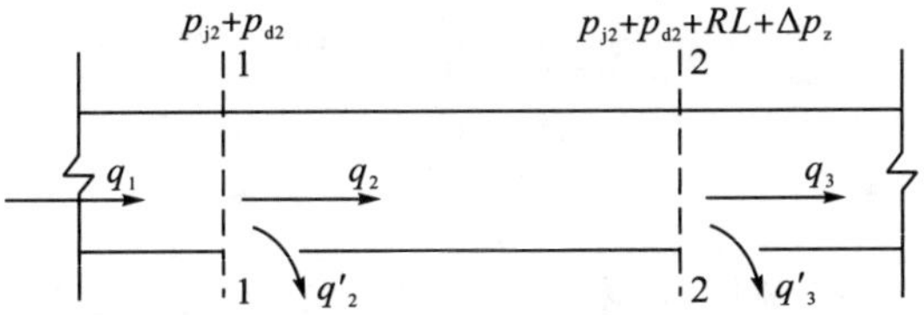

图 5-21　计算示意图

各个断面能量守恒公式为

$$p_{j(n)}+p_{d(n)}=p_{j(n+1)}+p_{d(n+1)}+(RL+\Delta p_z)_{n-(n+1)} \tag{5-14}$$

式中，$p_{j(n)}$——n 断面处静压力(Pa)；

$p_{d(n)}$——n 断面处动压力(Pa)；

$p_{j(n+1)}$——$n+1$ 断面处静压力(Pa)；

$p_{d(n+1)}$——$n+1$断面处动压力(Pa)；

$(RL+\Delta p_z)_{n-(n+1)}$——$n$ 断面至 $n+1$ 断面之间风管沿程阻力与局部阻力之和(Pa)。

计算所用的通风风机参数，如表 5-15 所示。

表 5-15　通风风机参数

风机型号	高效风量/(m^3/h)	风压/Pa	功率/kW	风管直径/m
轴流风机	341600	2084	270	1.8

对于风管通风时各段的漏风率计算，可将风管分为 n 段，每段 10m，分别计算各段的漏风率，在各段风管内可认为风量、风压、风速不变，且每段的漏风口面积近似取为 0.04m^2，孔口流量系数 μ 取为 0.9。

1. 第 1 段漏风率计算

第 1 段风管内风量即为轴流风机出口处风量，为 341600m^3/h，则第 1 段风管内风速为

$$v_1=\frac{341600\times 4}{3600\times 3.14\times 1.8^2}\approx 37.3(\text{m/s}) \tag{5-15}$$

第 1 段动压为

$$p_{d1}=\frac{\rho v_1^2}{2}=\frac{1.2\times 37.3^2}{2}\approx 835(\text{Pa}) \tag{5-16}$$

则风口静压为

$$p_{j1}=p_1-p_{d1}-R_1L_1=2084-835-120.6\approx 1128(\text{Pa}) \tag{5-17}$$

则第 1 段风口漏风量为

$$\begin{aligned} q_1&=3600\mu f\sqrt{\frac{2(p_{管内1}-p_0)}{\rho}}=3600\mu f\sqrt{\frac{2p_{j1}}{\rho}}\\ &=3600\times 0.9\times 0.04\times\sqrt{\frac{2\times 1128}{1.2}}\\ &\approx 5620(\text{m}^3/\text{h}) \end{aligned} \tag{5-18}$$

则第 1 段风管漏风率为

$$\mu = \frac{q_1}{Q_1} = \frac{5620}{341600} \approx 0.0165 \tag{5-19}$$

2. 第 2 段漏风率计算

第 2 段风管内风量为第 1 段风管内风量减去第 1 段风口漏风量，即第 2 段风管风量为

$$Q_2 = Q_1 - q_1 = 341600 - 5620 = 335980(\mathrm{m^3/h}) \tag{5-20}$$

第 2 段风管内风速为

$$v_2 = \frac{335980 \times 4}{3600 \times 3.14 \times 1.8^2} \approx 36.7(\mathrm{m/s}) \tag{5-21}$$

第 2 段动压为

$$p_{d2} = \frac{\rho v_2^2}{2} = \frac{1.2 \times 36.7^2}{2} \approx 808(\mathrm{Pa}) \tag{5-22}$$

由于第 1 段风管存在沿程阻力和局部阻力，因此考虑第 1 段的沿程阻力及局部阻力，第 2 段风管的全压为

$$p_2 = p_1 - \lambda \frac{l}{d}\frac{\rho v_1^2}{2} - \Delta p_{z1} \tag{5-23}$$

对于第 1 段的漏风处的局部阻力 Δp_{z1} 为

$$\Delta p_{z1} = \xi \Delta p_{d1} \tag{5-24}$$

式中，ξ——空气流过侧孔直通部分的局部阻力系数，按表 5-16 取值。

表 5-16 空气流过侧孔直通部分的局部阻力系数

v_2/v_1	0.4	0.5	0.6	0.8	1.0
ξ	0.15	0.10	0.06	0.02	0

当$\frac{Q_2}{Q_1}\approx\frac{335980}{341600}\approx0.984$时，用插入法得 $\xi=0.0016$，则

$$\Delta p_{z1} = \xi \Delta p_{d1} = 0.0016 \times 835 \approx 1.4(\mathrm{Pa}) \tag{5-25}$$

最终第 2 段风管的全压为

$$\begin{aligned} p_2 &= p_1 - \lambda \frac{l}{d}\frac{\rho v_1^2}{2} - \Delta p_{z1} \\ &= 2084 - 0.0026 \times \frac{100}{1.8} \times \frac{1.2 \times 37.3^2}{2} - 1.4 \\ &\approx 1963(\mathrm{Pa}) \end{aligned} \tag{5-26}$$

风口静压为

$$p_{j2} = p_2 - p_{d2} - R_2 L_2 = 1963 - 808 - 117 = 1038(\mathrm{Pa}) \tag{5-27}$$

第 2 段风口漏风量为

$$q_2=3600\mu f\sqrt{\frac{2(p_{管内2}-p_0)}{\rho}}=3600\mu f\sqrt{\frac{2p_{j2}}{\rho}}$$

$$=3600\times0.9\times0.04\times\sqrt{\frac{2\times1038}{1.2}}$$

$$\approx5390(\mathrm{m^3/h}) \tag{5-28}$$

第 2 段风管漏风率为

$$\mu=\frac{q_2}{Q_2}=\frac{5390}{335980}\approx0.016 \tag{5-29}$$

同理，之后各段可按以上方法计算，具体各段计算参数如表 5-17 所示。

表 5-17　各段计算参数

风管位置	风量 /(m^3/h)	全压 /Pa	风速 /(m/s)	风管动压 /Pa	风口静压 /Pa	漏风量 /(m^3/h)	漏风率/%
第 1 段	341600	2084	37.3	835.1	1128.2	5620	0.0165
第 2 段	335980.1	1963.4	36.7	807.9	1037.4	5390	0.016
第 3 段	330591.1	1845.3	36.1	782.2	948.9	5153.8	0.0156
第 4 段	325437.2	1731	35.5	758	862.4	4913.3	0.0151
第 5 段	320523.9	1620.3	35	735.3	777.7	4666	0.0146
第 6 段	315858	1513	34.5	714	694.8	4410.1	0.014
第 7 段	311447.9	1408.8	34	694.2	613.3	4143.5	0.0133
第 8 段	307304.4	1307.5	33.6	675.9	533.1	3863.1	0.0126
第 9 段	303441.3	1209	33.1	659	453.9	3564.8	0.0117
第 10 段	299876.5	1112.9	32.8	643.6	375.6	3242.6	0.0108

风管不同段的漏风率变化曲线图如图 5-22 所示。

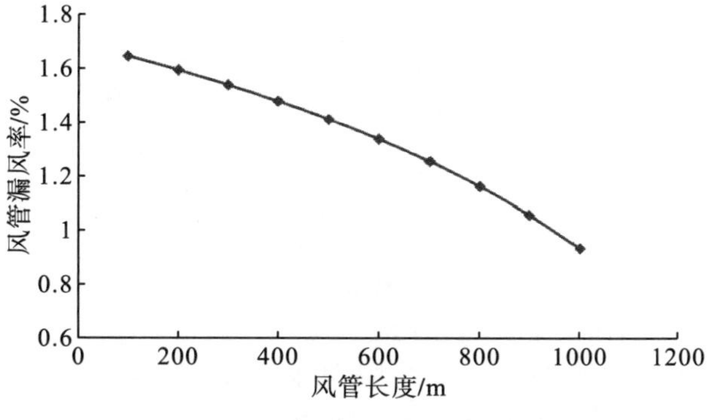

图 5-22　风管不同段的漏风率变化曲线图

由表 5-17 和图 5-22 可知，平原地区隧道通风风管的百米漏风率在风管前端漏风率较大，在风管末端处的漏风率较小，且漏风率在风管前端下降变化较慢，在风管末端的改变量较大。

在平原地区，若风管破损程度不同，风管漏风率也会发生相应改变。同理，使用同样的理论方法，改变风管的破损面积，来对比平原不同破损程度的风管漏风率大小。

取风管漏风面积为 0.01m^2、0.02m^2、0.04m^2、0.06m^2、0.08m^2，风机及其他条件

均与以上计算相同，计算结果如表 5-18 所示。

表 5-18 不同破损条件下风管漏风率

风管位置	漏风率/%				
	0.01m²	0.02 m²	0.04 m²	0.06 m²	0.08 m²
第 1 段	0.41	0.82	1.65	2.47	3.29
第 2 段	0.39	0.79	1.59	2.42	3.27
第 3 段	0.37	0.75	1.54	2.37	3.25
第 4 段	0.35	0.71	1.48	2.31	3.22
第 5 段	0.32	0.66	1.41	2.25	3.19
第 6 段	0.29	0.61	1.34	2.18	3.16
第 7 段	0.26	0.56	1.25	2.10	3.12
第 8 段	0.23	0.50	1.16	2.01	3.08
第 9 段	0.18	0.42	1.06	1.92	3.03
第 10 段	0.13	0.33	0.93	1.80	2.98

将不同漏风面积的风管漏风率绘制为曲线，如图 5-23 所示。

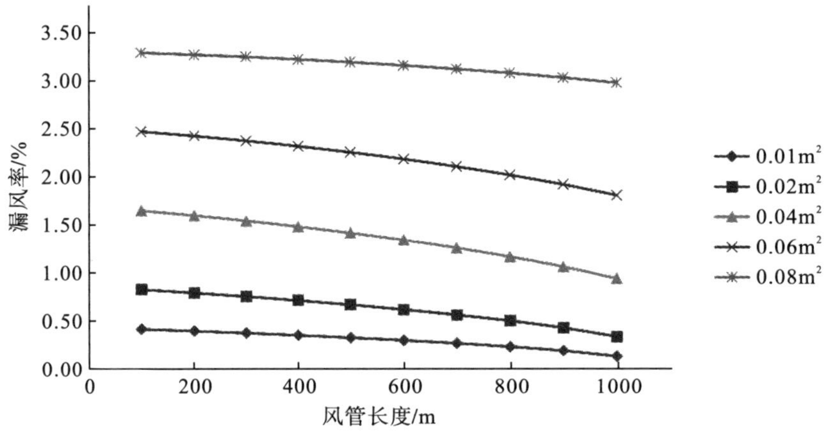

图 5-23 不同漏风面积的风管漏风率变化趋势图

由表 5-18 和图 5-23 可知，在风管漏风面积为 0.01m²时风管最大的漏风率为 0.41%；在风管漏风面积为 0.04m²时，风管的最大漏风率为 1.65%。可见，在同样的环境及风机条件下，随着风管开口面积的增大，风管漏风率呈比例增长，且当漏风面积很大时，整段风管的漏风率都相对较大。因此在施工工程中，应对风管破损处进行及时修补，否则会对施工通风造成很大影响。

5.3.3 风管沿程漏风率验证

1. 风管漏风率现场测试

对秦岭特长输水隧洞工程在距风机入口 4500m 附近进行测试，测试断面图如图 5-24

所示。

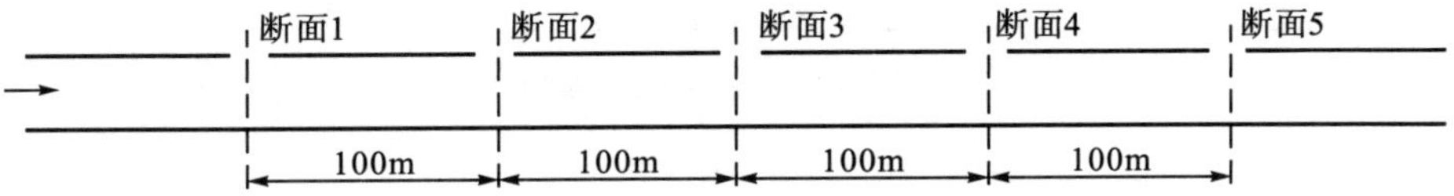

图 5-24　测试断面图

根据现场测试的直线段各个断面的风速结果，进行处理可以得到直线段各个断面的平均风速，计算得到风管漏风率，如表 5-19 所示。

表 5-19　直线段各个断面测试结果

断面	距风机距离/m	断面平均风速/(m/s)	百米漏风率/%
1	4200	3.9	—
2	4300	3.78	3.08%
3	4400	3.67	2.91%
4	4500	3.57	2.72%
5	4600	3.48	2.52%

由表 5-19 可知，现场测试所得百米漏风率随着风管的延伸而下降。

2. 风管漏风率理论计算

根据风管漏风率理论及各个断面能量守恒公式，由距风机出口 4200m 处的测试结果可以计算出其各段的理论漏风率大小。选择测试的第 1 个断面作为计算的初始断面，考虑测试段中间仍可能存在破损，综合考虑，取风口断面面积为 0.03m^2，风口流量系数为 0.9。根据理论方法，可以计算出 500m 直线段的理论漏风率，如表 5-20 所示。

表 5-20　理论漏风率

风量/(m^3/h)	全压/Pa	风速/(m/s)	动压/Pa	管内静压/Pa	沿程阻力/Pa	风口静压/Pa	漏风量/(m^3/h)	漏风率/%
53320.8	191.27	3.90	8.36	182.91	20.90	162.02	1668.26	3.13
51652.5	170.37	3.78	7.84	162.53	19.61	142.90	1566.73	3.03
50085.8	150.74	3.66	7.37	143.36	18.44	124.90	1464.78	2.92
48621.0	132.28	3.55	6.95	125.33	17.37	107.93	1361.63	2.80
47259.4	114.88	3.46	6.57	108.32	16.42	91.88	1256.32	2.66

根据表 5-20 计算所得理论上的漏风率可以发现，理论上计算得到的风管漏风率为 3%左右，与实际测试得到的漏风率有些偏差，但总体变化趋势相符。

3. 风管漏风率数值模拟

采用 FLUENT 流体计算软件对风管漏风率进行模拟计算，模型参数取风管长度为 500m，每隔 100m 设置一处漏风口，漏风面积为 0.5m^2，周围环境气压为 101kPa，风机风量取 341600m^3/h。建模模型图如图 5-25～图 5-27 所示。

图 5-25　隧道风管模型

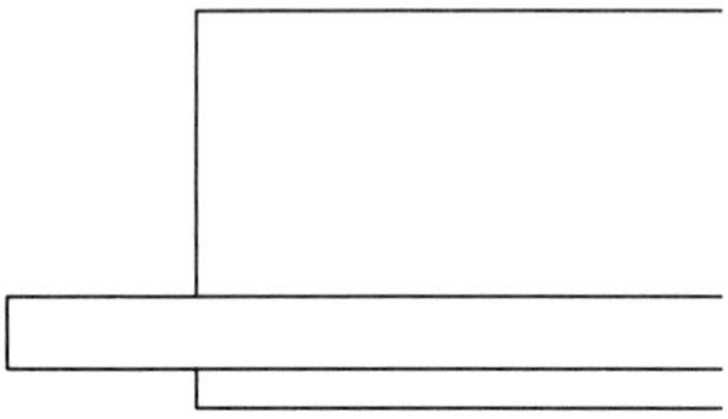

图 5-26　风管及隧道入口局部

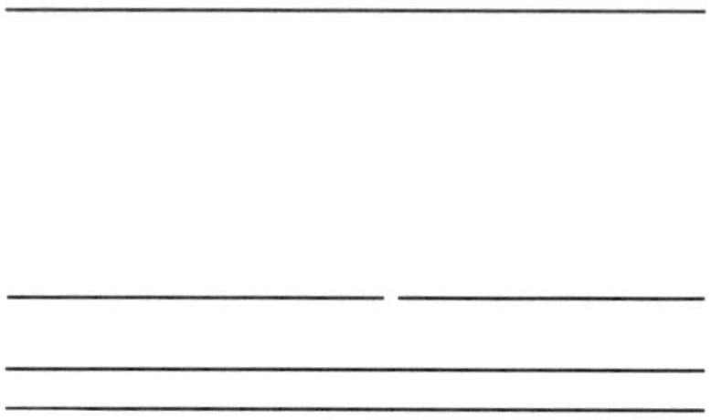

图 5-27　风管漏风口局部

提取计算结果，可以得到每一段风管内的平均风速，如表 5-21 所示。

表 5-21　各段风管内的平均风速

区间	第 1 段	第 2 段	第 3 段	第 4 段	第 5 段
风速/(m/s)	41.87	40.38	39.04	37.95	37.13

根据表 5-21 计算结果进行计算分析，可以得到每一段出风口处的漏风率。各段漏风率结果如表 5-22 所示。

表 5-22　各段漏风率结果

区间	风速/(m/s)	漏风率/%
第 1 段	41.87	—
第 2 段	40.38	3.56
第 3 段	39.04	3.32
第 4 段	37.95	2.79
第 5 段	37.13	2.16

各段风管漏风率与风管长度的变化曲线如图 5-28 所示。

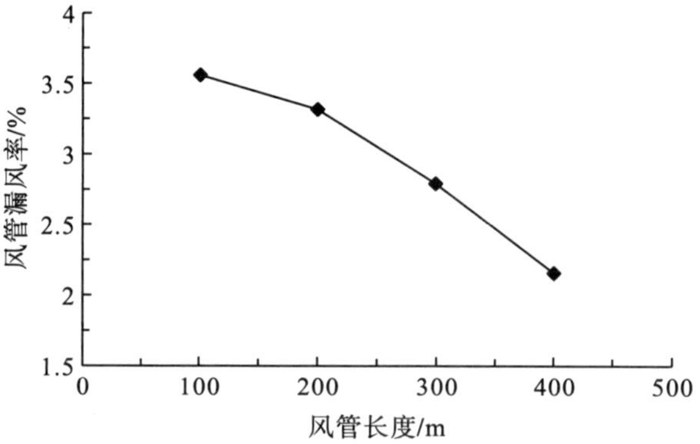

图 5-28　各段风管漏风率与风管长度的变化曲线

由图 5-28 可知，随着风管的延伸，风管内风速的下降，漏风率也随着下降。对比数值模拟计算结果与理论方法计算结果可以发现，数值模拟计算得到的漏风率相对较大，但总体趋势相互吻合。

5.3.4　高海拔风管漏风率修正

高原地区由于气压、空气密度的降低，在相同工况，即高原与平原地区供风风机功率、风压、风量相同，以及风管长度、破损程度都相同的条件下进行供风时，风管漏风率在高原地区与平原地区有所差别。

对于相同风管工况的风管，其破损程度及孔口的流量系数都是相同的，即平原与高原地区的风管系数 μ、f_0 相等。另外，为了保证工况相同，在高原处使用高原风机，可使得风机功率及风机出口处的风压、风量相同，则风管内外的静压 P_j 也是相等的。

根据风管开口处流量理论公式可知，在平原和高原地区的孔口漏风量为

$$q_{v0高} = 3600\mu_{高} f_{0高}\sqrt{\frac{2(p_{j高} - p_{0高})}{\rho_{高}}} \tag{5-30}$$

$$q_{v0平} = 3600\mu_{平} f_{0平}\sqrt{\frac{2(p_{j平} - p_{0平})}{\rho_{平}}} \tag{5-31}$$

已知在高原与平原地区风管系数 μ、f_0 相等，且风管内外的静压 p_j 也相等，则高原风管漏风率与平原风管漏风率相比可得

$$\frac{q_{v0高}}{q_{v0平}} = \frac{3600\mu_{高} f_{0高}}{3600\mu_{平} f_{0平}}\sqrt{\frac{(p_{j高} - p_{0高})\rho_{平}}{(p_{j平} - p_{0平})\rho_{高}}} = \sqrt{\frac{\rho_{平}}{\rho_{高}}} \tag{5-32}$$

$$q_{v0高} = \sqrt{\frac{\rho_{平}}{\rho_{高}}} \times q_{v0平} = c_2 \times q_{v0平} \tag{5-33}$$

式中，c_2——风管漏风率高原修正系数；

$\rho_{平}$——平原地区空气密度(kg/m^3)；

$\rho_{高}$——高原地区空气密度(kg/m^3)。

不同海拔高度下的空气密度如表 5-23 所示。

表 5-23　不同海拔高度下的空气密度

海拔高度 H/m	ρ/(kg/m^3)
0	1.225
500	1.167
1000	1.111
1500	1.058
2000	1.007
2500	0.9570
3000	0.9093
3500	0.8634

续表

海拔高度 H/m	ρ/(kg/m³)
4000	0.8194
4500	0.7770
5000	0.7364
5500	0.6975
6000	0.6601

根据表 5-23 中不同海拔高度的空气密度，可得到不同海拔高度的风管漏风率修正系数如图 5-29 所示。

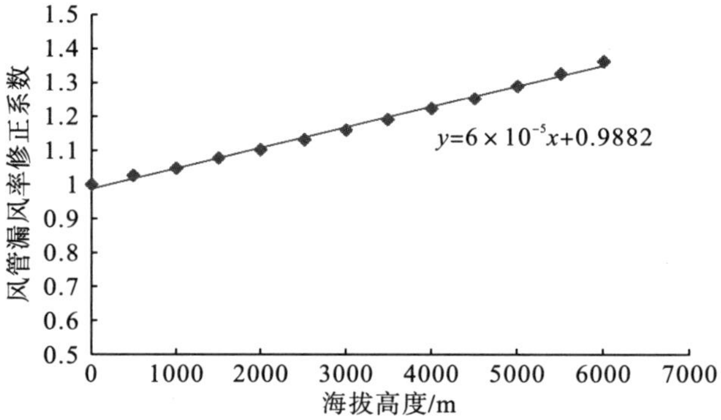

图 5-29 风管漏风率高原修正系数曲线图

根据图 5-29 的风管漏风率高原修正系数曲线可以得出，随海拔升高而升高的风管漏风率高原修正系数理论公式模型为

$$c_2 = 6 \times 10^{-5} H + 0.9882 \tag{5-34}$$

式中，c_2——风管漏风率高原修正系数；

H——海拔高度(m)。

5.4 隧道内机械升效技术

风机是隧道机械通风最重要的部分，风机的风量、风压、功率计算及风机的选取对隧道通风有着至关重要的影响。尤其在高原地区的隧道建设，由于气压降低、空气密度减小，将会直接影响风机功率的计算与风机的选型。

合理地计算风机功率大小及设置风机叶片角度既可以最大地发挥风机性能，也可以节约成本。随着海拔高度的增加，气压的减小，空气密度随之降低，从而导致风机在高原地区运行状态发生改变。但由于设计人员在通风设计时忽略了这些因素对风机性能的影响，最终使得在高原地区隧道通风所用风机效率不足，导致洞内环境不满足安全要求。这并不是风机在高原地区发生故障或者型号有误，而是由于高原地区空气密度减小后，风机产生的推力会减弱，最终导致风机功率降低。

5.4.1　轴流风机工作原理

如果两个同一类的物理现象，在对应的时空点，各标量物理量的大小呈比例，各向量物理量除大小呈比例外，方向也相同，则称两个现象是相似的。

泵与风机的相似律可以表达相似机器在不同相似工况条件下的关系。根据相似理论即可得出风机的相似律，相似律可以进行泵与风机的设计。另外，基于相似律理论可以作为风机的型号选用、运行及调节的理论指导。

由相似理论分析可以得出，几何相似是泵与风机相似的首要条件，所以相似的泵与风机在风机结构的各个尺寸的比值与相应的角度是相同的。

几何相似可由下列方程表达：

$$\frac{D_{1n}}{D_{1m}} = \frac{D_{2n}}{D_{2m}} = \frac{b_{1n}}{b_{1m}} = \frac{b_{2n}}{b_{2m}} = \cdots = \lambda_1 \tag{5-35}$$

$$\beta_{1n} = \beta_{1m} \tag{5-36}$$

$$\beta_{2n} = \beta_{2m} \tag{5-37}$$

式中，λ_1——相应线尺寸的比值；

D_1、D_2——风机叶片进出口直径；

b_1、b_2——风机叶片进出口宽度。

在所有的线尺寸中，通常选取叶轮外径 D_2作为定性尺寸。

另外，相似机除了几何相似以外，运动相似也需满足，即两机在相似工况点的同名称速度比值相等和方向相同，有

$$\frac{v_{1n}}{v_{1m}} = \frac{v_{2n}}{v_{2m}} = \frac{\mu_{1n}}{\mu_{1m}} = \frac{\mu_{2n}}{\mu_{2m}} = \frac{\omega_{1n}}{\omega_{1m}} = \frac{\omega_{2n}}{\omega_{2m}} = \cdots = \lambda_v \tag{5-38}$$

$$\alpha_{1n} = \alpha_{1m} \tag{5-39}$$

$$\alpha_{2n} = \alpha_{2m} \tag{5-40}$$

式中，μ_1、μ_2——流体随叶轮旋转时，叶轮进出口的圆周速度；

ω_1、ω_2——流体随叶轮旋转时，进出口流体相对于叶轮的相对速度；

v_1、v_2——流体在进出口的绝对速度；

α_1、α_2——叶片工作角；

λ_v——相似工况点的速度比值。

根据相似理论原理可得，对于不可压缩流体，若符合动力相似，则要求模型与原型的弗劳德数 $Fr = v^2/gl$ 相等，同时也要求雷诺数 $Re = vl/v$ 与原型的相等。

由于在泵或者风机的流通管道内，不存在自由表面，且水静压力与重力对流体的作用相互平衡，因此可以不考虑重力准数。而黏性力的影响，由于其雷诺数甚大，处于自模区，也可以不予考虑，因此泵与风机在考虑相似时，通常根据工况相似来提出相似关系。

在相似工况下，"原型"与"模型"的流量、扬程及功率有如下关系，此关系即为相似律。

(1)流量关系。

风机流量理论计算公式为

$$Q = \eta_{v}\varepsilon\pi D_2 b_2 v_{r2} \tag{5-41}$$

式中，η_v——风机的容积效率，无量纲；

ε——排挤系数，无量纲；

D_2——叶片的出口直径(m)；

b_2——叶片的出口宽度(m)；

v_{r2}——叶片出口流体的径向分速度(m/s)。

相似工况点之间的流量关系，可根据流量公式得出

$$\frac{Q_n}{Q_m} = \frac{\eta_{vn}\varepsilon_n\pi D_{2n}b_{2n}v_{r2n}}{\eta_{vm}\varepsilon_m\pi D_{2m}b_{2m}v_{r2m}} = \frac{n_n}{n_m}\left(\frac{D_{2n}}{D_{2m}}\right)^3 = \lambda_l^3\left(\frac{n_n}{n_m}\right) \tag{5-42}$$

(2)扬程关系。

扬程理论计算公式为

$$gH = \eta_h u_2 v_{u2} \tag{5-43}$$

式中，H——扬程(m)；

η_h——水力损失(m)；

u_2——叶片出口流体的圆周速度(rad/s)；

v_{u2}——叶片出口流体的切向分速度(m/s)。

则相似工况点之间的扬程关系，可根据扬程理论计算公式得出

$$\frac{g_n H_n}{g_m H_m} = \frac{\eta_{hn}u_{2n}v_{u2n}}{\eta_{hm}u_{2m}v_{u2m}} = \left(\frac{n_n}{n_m}\right)^2\left(\frac{D_{2n}}{D_{2m}}\right)^2 = \lambda_l^2\left(\frac{n_n}{n_m}\right)^2 \tag{5-44}$$

将式(5-44)中的扬程 H 改换成压头 P，即把 $P=\gamma H$ 代入式(5-44)中则可得到压头关系为

$$\frac{P_n}{P_m} = \frac{\rho_n}{\rho_m}\left(\frac{n_n}{n_m}\right)^2\left(\frac{D_{2n}}{D_{2m}}\right)^2 \tag{5-45}$$

(3)功率关系。

轴功率理论计算公式为

$$N = \eta PQ = \eta\gamma QH \tag{5-46}$$

则相似工况点之间的功率关系为

$$\frac{N_n}{N_m} = \frac{\eta_n p_n H_n}{\eta_m p_m H_m} = \frac{p_n H_n}{p_m H_m} = \frac{\gamma_n Q_n H_n}{\gamma_m Q_m H_m} = \frac{\rho_n Q_n H_n}{\rho_m Q_m H_m} \tag{5-47}$$

式(5-47)中，认为 $\eta_m \approx \eta_n$，予以消去，结合扬程相似关系及流量相似关系最终可得功率相似关系为

$$\frac{N_n}{N_m} = \frac{\rho_n}{\rho_m}\left(\frac{\eta_n}{\eta_m}\right)^3\left(\frac{D_{2n}}{D_{2m}}\right)^5 \tag{5-48}$$

5.4.2 高海拔轴流风机参数修正

1. 高海拔风机风量修正

当高原地区的风机参数与低海拔对比修正时，应选取标准条件为0m平原地区下的风机风

量参数。

根据相似定律可以得出，如果两台风机相似，则有 $D_1/D_2=1$，$n_1/n_2=1$，但 $\rho_1\neq\rho_2$，该情况可以视作不同密度流体环境中同一台风机运行的状态。当时研究的雀儿山隧道的情况就属于该状态，选择的同一风机分别在低海拔和高海拔两种不同空气密度的环境下工作。

由相似定律可得

$$\frac{Q_{\mathrm{n}}}{Q_{\mathrm{m}}}=\frac{\eta_{\mathrm{vn}}\varepsilon_{\mathrm{n}}\pi D_{2\mathrm{n}}b_{2\mathrm{n}}v_{\mathrm{r2n}}}{\eta_{\mathrm{vm}}\varepsilon_{\mathrm{m}}\pi D_{2\mathrm{m}}b_{2\mathrm{m}}v_{\mathrm{r2m}}}=\frac{n_{\mathrm{n}}}{n_{\mathrm{m}}}\left(\frac{D_{2\mathrm{n}}}{D_{2\mathrm{m}}}\right)^3=\lambda_{\mathrm{l}}^3\left(\frac{n_{\mathrm{n}}}{n_{\mathrm{m}}}\right)=1 \tag{5-49}$$

由式(5-49)分析可以得出，风机风量的值与海拔高度并无关系，即相同工况条件下的同一风机在不同海拔高度的风机风量不变。不需要因海拔高度的变化修正风机风量参数。

选择风机的风量参数为

$$Q_{高}=Q_{平} \tag{5-50}$$

式中，$Q_{高}$——高海拔条件下选择风机时的风机风量($\mathrm{m^3/s}$)；

$Q_{平}$——平原条件下选择风机时的风机风量($\mathrm{m^3/s}$)。

2. 高海拔风机风压修正

根据风机的巷道阻力、出口动能及分级进口全压力可以计算出其全压力。例如，风机风量修正中所述，根据风机的相似定律，若两台风机相似，则有 $D_1/D_2=1$，$n_1/n_2=1$，但 $\rho_1\neq\rho_2$，这种情况可以看成一台风机在不同密度的流体中工作。由相似定律可以得出

$$\frac{p_{高}}{p_{平}}=\frac{\rho_{高}}{\rho_{平}}\left(\frac{n_{高}}{n_{平}}\right)^2\left(\frac{D_{2高}}{D_{2平}}\right)^2=\frac{\rho_{高}}{\rho_{平}} \tag{5-51}$$

所以，标准状态下的风机风压为

$$p_{高}=\frac{\rho_{高}}{\rho_{平}}\times p_{平}=c_1\times p_{平} \tag{5-52}$$

式中，c_1——风机风压高原修正系数；

$\rho_{高}$——高海拔空气密度($\mathrm{kg/m^3}$)；

$\rho_{平}$——平原空气密度($\mathrm{kg/m^3}$)；

$p_{高}$——高海拔修正风机风压(Pa)；

$p_{平}$——平原计算风机风压(Pa)。

根据表 5-24 中所得的不同海拔高度下的空气密度，可以得出不同海拔高度相对于平原地区的风机风压修正系数曲线，如图 5-30 所示。

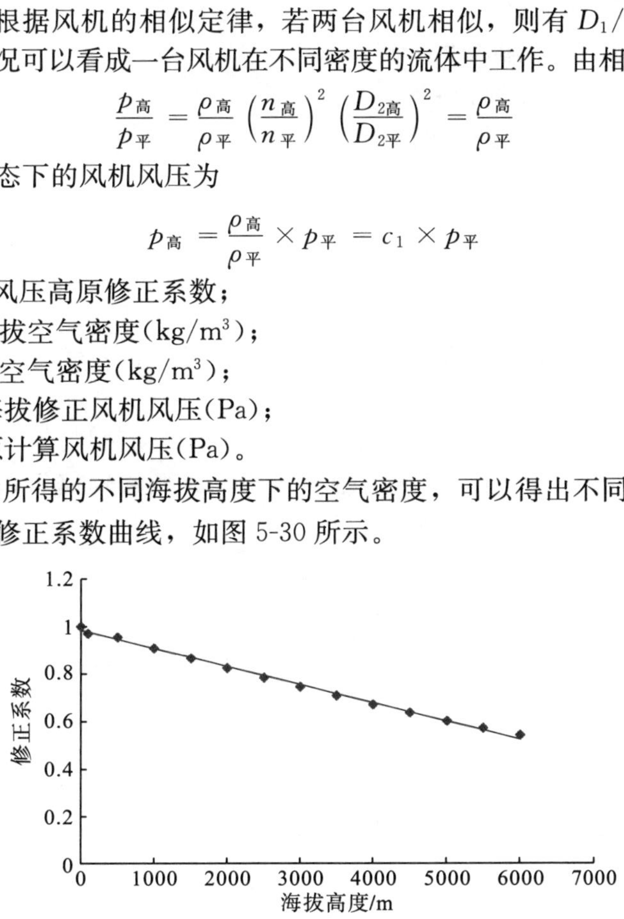

图 5-30　风机风压修正系数曲线

根据图 5-30 所示曲线进行拟合，可以得出风机风压的修正系数曲线公式为

$$c_1 = -8 \times 10^{-5} H + 0.9815 \tag{5-53}$$

式中，c_1——风机风压海拔修正系数；

H——海拔高度(m)。

3. 高海拔风机功率修正

根据风机的相似定律，若两台风机相似，则有 $D_1/D_2=1$，$n_1/n_2=1$，但 $\rho_1 \neq \rho_2$，这种情况可以看成一台风机在不同密度的流体中工作。由相似定律可以得出高原风机功率修正公式为

$$\frac{N_{高}}{N_{平}} = \frac{\rho_{高}}{\rho_{平}} \left(\frac{n_{高}}{n_{平}}\right)^3 \left(\frac{D_{2高}}{D_{2平}}\right)^5 = \frac{\rho_{高}}{\rho_{平}} \tag{5-54}$$

所以，标准状态下的风机风压为

$$N_{高} = \frac{\rho_{高}}{\rho_{平}} \times N_{平} = c_2 N_{平} \tag{5-55}$$

式中，c_2——风机风压海拔修正系数；

$\rho_{高}$——高海拔空气密度(kg/m^3)；

$\rho_{平}$——平原空气密度(kg/m^3)；

$N_{高}$——高海拔修正风机功率(kW)；

$N_{平}$——平原计算风机功率(kW)。

同理，可以得出风机功率的海拔修正公式为

$$c_2 = -8 \times 10^{-5} H + 0.9815 \tag{5-56}$$

式中，c_2——风机风压海拔修正系数；

H——海拔高度(m)。

5.4.3 高原轴流风机结构优化

目前隧道内施工通风常用的是轴流风机。对于国内的通风机，一般规定风机风压在 4900Pa 以下且气体沿轴向流动的风机为轴流风机。典型的轴流风机的结构示意图如图 5-31所示。

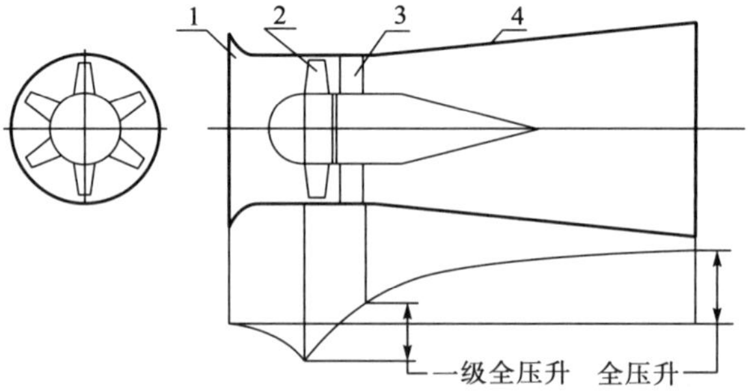

图 5-31 典型的轴流风机的结构示意图

1—集流器；2—叶轮；3—导叶；4—扩散筒

轴流风机的气体从集流器 1 进入，通过叶轮 2 的旋转获得能量，流入到导叶 3 内，气流中一部分非轴向的气流在导叶 3 中其动能转化为静压能。最后，在扩散筒 4 处，一部分轴向气流的动能也转化为静压能，最终流出风机进入管道中。

通风机性能影响因素较多，对于轴流通风机而言，主要受到安装角、径向间隙、扩压器等因素的综合影响。对于隧道施工通风使用的轴流风机，风机的径向间隙与整流体在出厂前已经确定。在风机的使用过程中可以改变的只有风机叶片的安装角，在使用过程中改变叶片的安装角可改变风机的性能。

1. 叶片安装角对风机功率的影响

由于海拔高度不同，因此为了得到在不同空气密度环境中叶片安装角对风机功率的影响，建立了三维数值模拟模型。并且分别计算了相同风机工况条件下平原地区与高原地区不同风机叶片安装角对风机功率的影响。

选用的风机模型性能如表 5-24 所示。

表 5-24　选用的风机模型性能

项目	数值
叶片数/片	8
风机转速 n/rpm	745
风机全压 ΔP/Pa	915
风机流量 Q/(m^3/s)	170
风机轴功率 Ps/kW	170
风机全压效率 η	0.92
叶片安装角建议值/°	24

风机叶轮最终模型图如图 5-32 和图 5-33 所示。

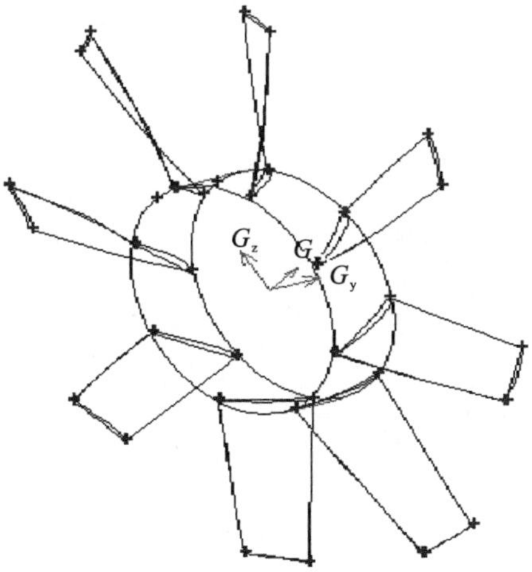

图 5-32　风机叶轮透视图

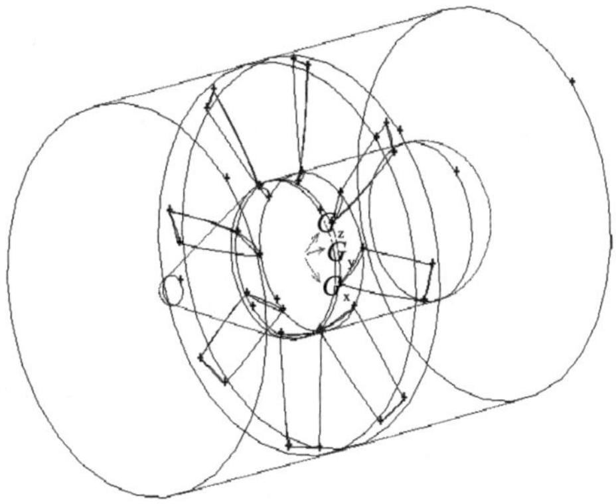

图 5-33　风机整体模型透视图

(1)平原地区计算结果。

在 FLUENT 中将计算条件设置为平原地区环境，空气密度设置为 1.225kg/m^3，大气压设置为 101325Pa，分别对风机叶片安装角 20°、22°、24°、26°、28°进行计算，并对最终的计算结果进行分析。

模型改变安装角后，不同流量条件下的风机全压和风机有效功率模拟计算结果，如表 5-25 所示。

表 5-25 计算结果

安装角/°	风机流量 Q/(m^3/s)	风机全压 ΔP/Pa	风机有效功率 P_e/kW
20	80	569.9	45.59
	120	813.9	97.67
	140	716.1	100.25
	150	653.6	98.04
	160	579.3	92.69
	170	510.5	86.79
22	80	537.1	42.97
	120	875.9	105.11
	140	800.8	112.11
	150	752.9	112.94
	160	696.5	111.44
	170	628.3	106.81
24	80	520.8	41.66
	120	918	110.16
	140	864	120.96
	150	827.9	124.19
	160	785	125.60
	170	732.2	124.47
26	80	538.8	43.10
	120	965.2	115.82
	140	933.8	130.73
	150	909.3	136.40
	160	877.8	140.45
	170	839.6	142.73
28	80	529.4	42.35
	120	979.5	117.54
	140	965.3	135.14
	150	951	142.65
	160	930.8	148.93
	170	904	153.68

将平原地区不同叶片安装角的风机性能进行绘制曲线进行分析如下。

平原地区不同叶片安装角的风机全压曲线对比图如图 5-34 所示。

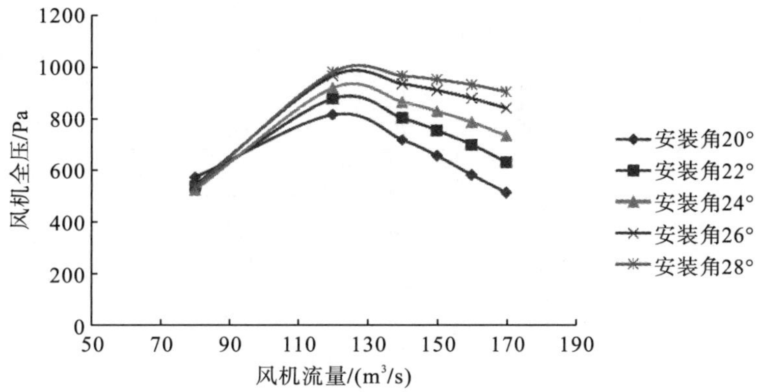

图 5-34 平原地区不同叶片安装角的风机全压曲线对比图

平原地区不同叶片安装角的风机功率曲线对比图如图 5-35 所示。

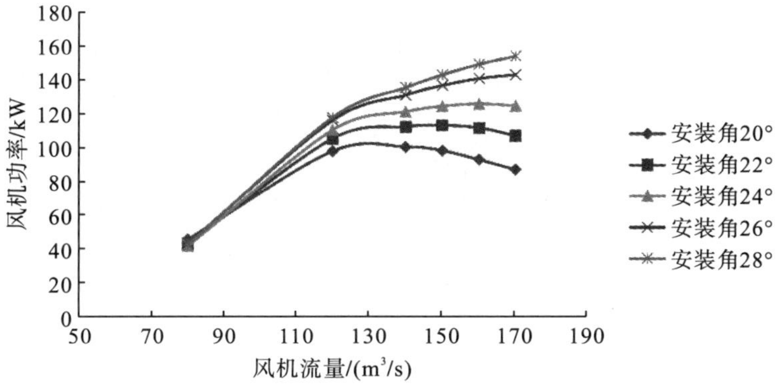

图 5-35 平原地区不同叶片安装角的风机功率曲线对比图

由图 5-34 和图 5-35 可知，平原地区风机在不同的叶片安装角工况下，随着风机流量的增加，风机全压先增大后减小，风机功率在风机叶片安装角小于 24°时先增大后减小，当叶片安装角大于 24°时随着风机流量的增加而增大。另外，随着风机叶片安装角的增大，风机的全压与有效功率都增大。

(2)高海拔地区计算结果。

为计算高原地区空气环境对通风设备效率的影响，取海拔 4300m 处与平原地区进行计算对比，空气密度为 0.8kg/m³，大气压为 59316Pa，分别对风机叶片安装角 20°、22°、24°、26°、28°进行计算，对最终的计算结果进行分析。

模型改变安装角后不同流量条件下的模拟计算结果，如表 5-26 所示。

表 5-26 计算结果

安装角/°	风机流量 $Q/(m^3/s)$	风机全压 $\Delta P/Pa$	风机有效功率 P_e/kW
20	80	371.6	29.73
	120	530.5	63.66
	140	466.4	65.30
	150	425.6	63.84
	160	377.1	60.34
	170	320.6	54.50
22	80	350.4	28.03
	120	571.0	68.52
	140	521.7	73.04
	150	490.4	73.56
	160	453.4	72.54
	170	408.8	69.50
24	80	339.7	27.18
	120	598.5	71.82
	140	563.1	78.83
	150	539.4	80.91
	160	510.6	81.70
	170	476.6	81.02
26	80	351.2	28.10
	120	629.3	75.52
	140	608.6	85.20
	150	592.4	88.86
	160	571.8	91.49
	170	546.7	92.94
28	80	345.1	27.61
	120	638.6	76.63
	140	629.2	88.09
	150	619.8	92.97
	160	606.5	97.04
	170	588.8	100.10

将高原地区不同叶片安装角的风机性能进行绘制曲线分析如下。

高原地区不同叶片安装角的风机全压曲线对比图如图 5-36 所示。

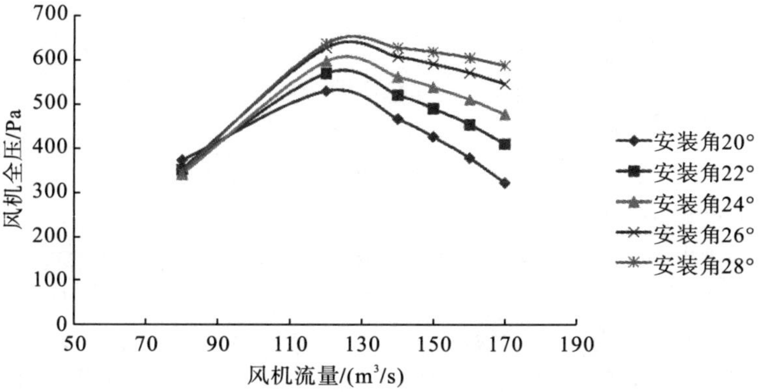

图 5-36　高原地区不同叶片安装角的风机全压曲线对比图

高原地区不同叶片安装角风机功率曲线对比图如图 5-37 所示。

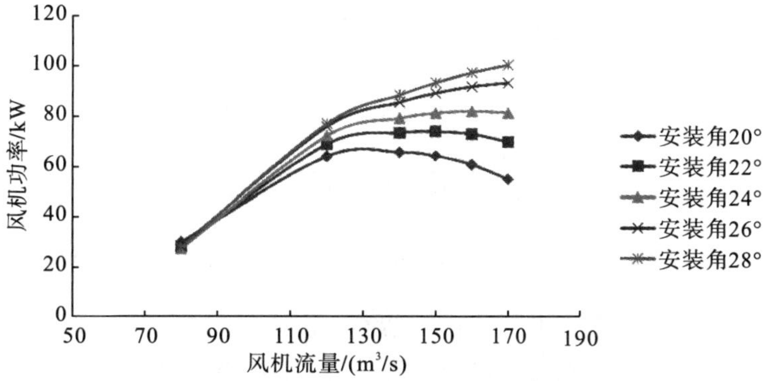

图 5-37　高原地区不同叶片安装角风机功率曲线对比图

由图 5-36 和图 5-37 可知，高原地区风机在不同的叶片安装角工况下，随着风机流量的增加，风机全压先增大后减小，风机功率在风机叶片安装角小于 24°时先增大后减小，当叶片安装角大于 24°时随着风机流量的增加而增大。另外，随着风机叶片安装角的增大，风机的风压与有效功率都增大。

(3)高原地区与平原地区对比分析。

通过计算可以发现，高原地区的风机性能较平原地区有所下降，风机在两种海拔高度下的性能对比图如图 5-38～图 5-42 所示。

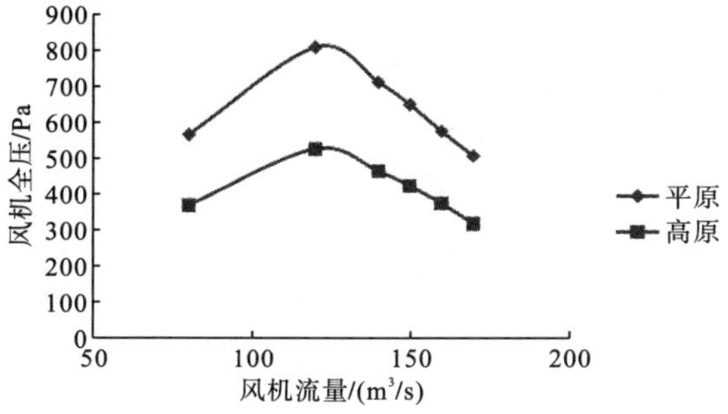

图 5-38　不同海拔高度处风机安装角为 20°时全压对比图

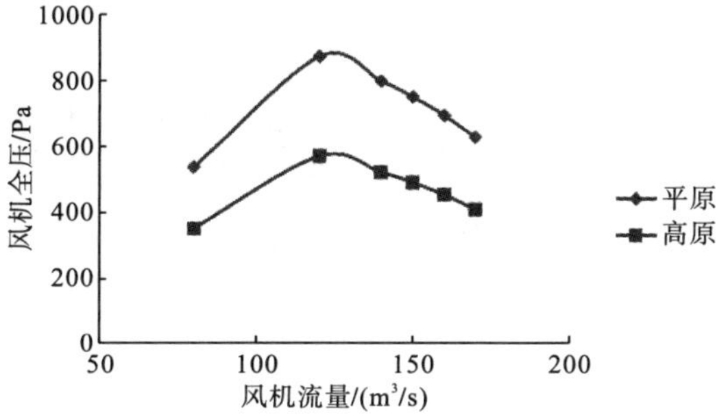

图 5-39　不同海拔高度处风机安装角为 22°时全压对比图

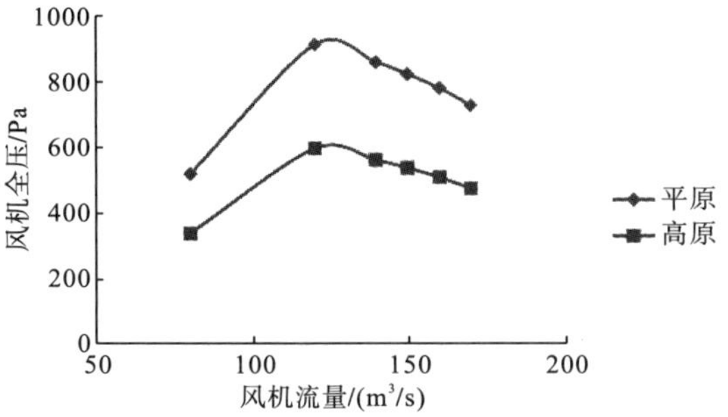

图 5-40 不同海拔高度处风机安装角为 24°时全压对比图

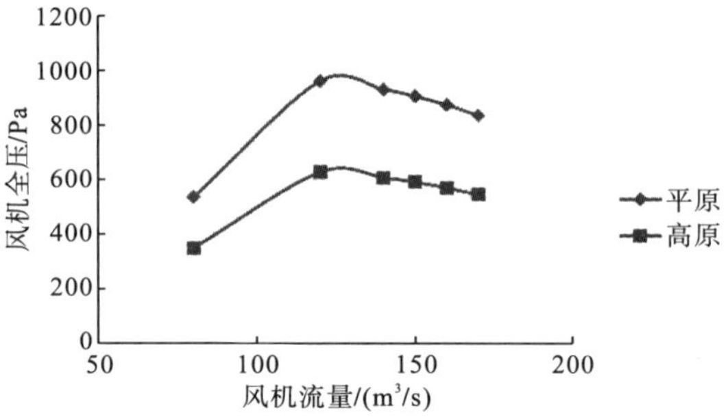

图 5-41 不同海拔高度处风机安装角为 26°时全压对比图

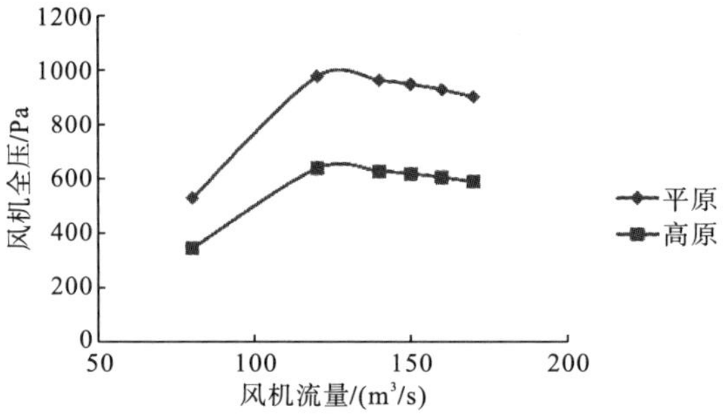

图 5-42 不同海拔高度处风机安装角为 28°时全压对比图

由图 5-38～图 5-42 可知，不同风机安装角工况下，海拔 4300m 处的风机全压约为平原地区的 65%，数值计算结果与风机全压理论计算结果基本吻合。

以雀儿山为例，不同海拔高度、不同安装角下的轴流风机功率对比图如图 5-43～图 5-47所示。

由图 5-43～图 5-47 可知，不同风机安装角工况下，雀儿山地区的风机功率约为平原地区的 65%。数值计算结果与风机功率修正理论计算结果基本吻合。

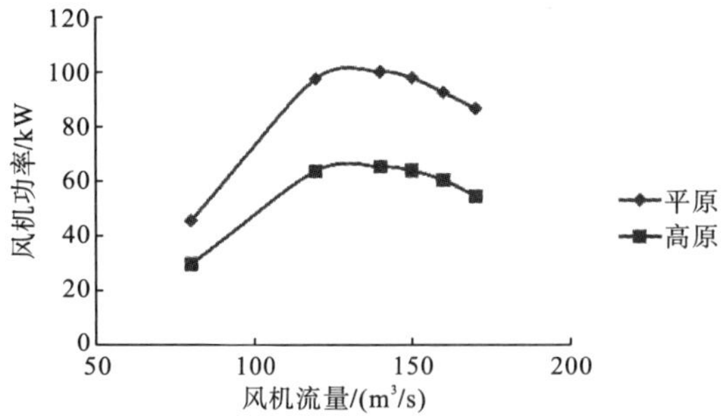

图 5-43 不同海拔高度处风机安装角为 20°时功率对比图

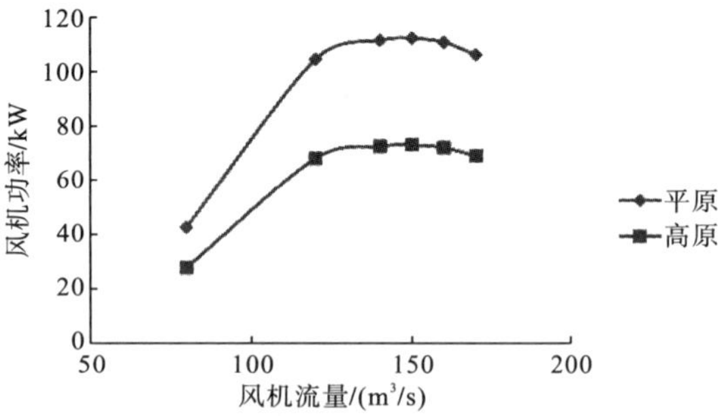

图 5-44 不同海拔高度处风机安装角为 22°时功率对比图

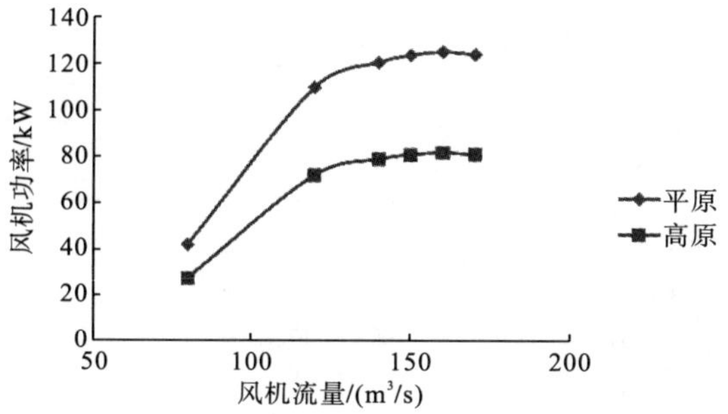

图 5-45　不同海拔高度处风机安装角为 24°时功率对比图

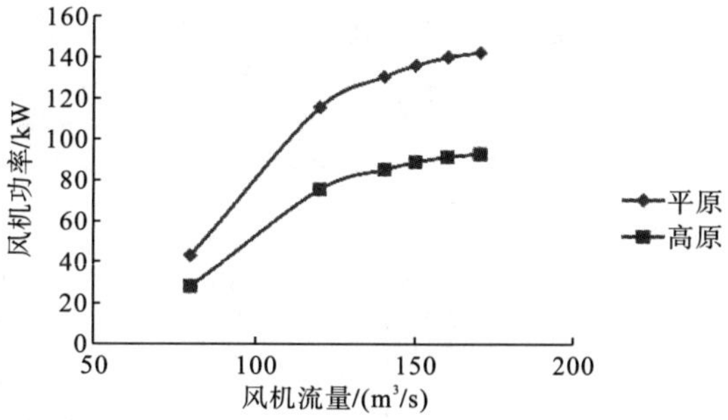

图 5-46　不同海拔高度处风机安装角为 26°时功率对比图

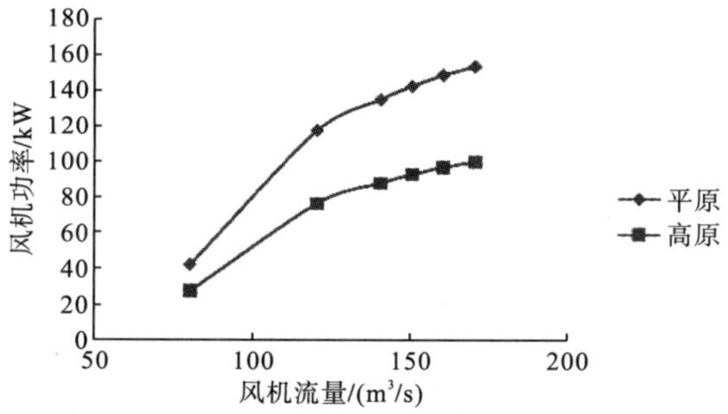

图 5-47　不同海拔高度处风机安装角为 28°时功率对比图

2. 叶片安装角对风机叶片压力影响

对于同一风机在不同海拔高度下工作时，由于空气密度有所不同，在风机安装角、转速等参数相同的情况下，风机叶片所受压力有所差异，因此需要对不同海拔高度的风机叶片压力结果进行分析。

(1)平原地区计算结果。

在 FLUENT 中将计算条件设置为平原地区环境，空气密度设置为 1.225kg/m³，大气压设置为 101325Pa，分别对风机叶片安装角 20°、22°、24°、26°、28°进行计算，并对最终的计算结果进行分析。

平原地区不同安装角风机叶片压力如表 5-27 所示。

表 5-27　平原地区不同安装角风机叶片压力

流量/(m³/s)	叶片压力/Pa				
	安装角 20°	安装角 22°	安装角 24°	安装角 26°	安装角 28°
80	1369.2	1505.2	1613.7	1738.6	1956.5
120	1385	1580.5	1720.2	1911.1	2134.2
140	1190.4	1400	1567.8	1780.3	2024.2
150	1088.1	1302.7	1484.1	1702.8	1953.6
160	986.5	1203.4	1397.4	1625.1	1881.8
170	889.2	1105.6	1312	1547.2	1809.5

对表 5-28 中风机叶片压力绘制曲线，如图 5-48 所示。

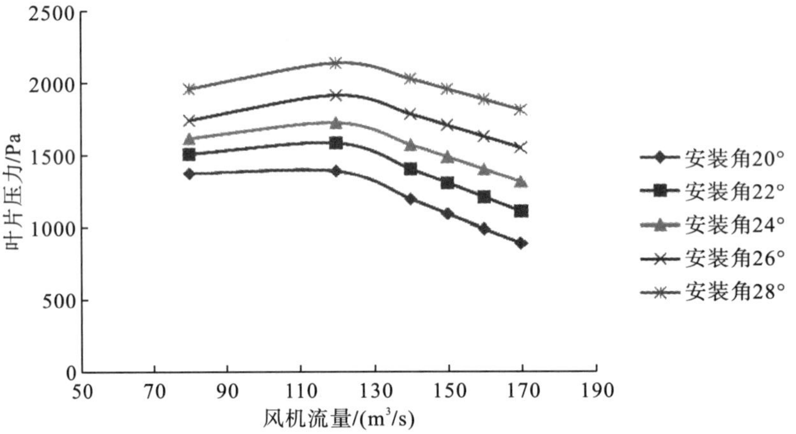

图 5-48　平原地区不同安装角叶片压力曲线

风机流量为 170m³/s，各安装角的风机叶片压力云图如图 5-49～图 5-53 所示。

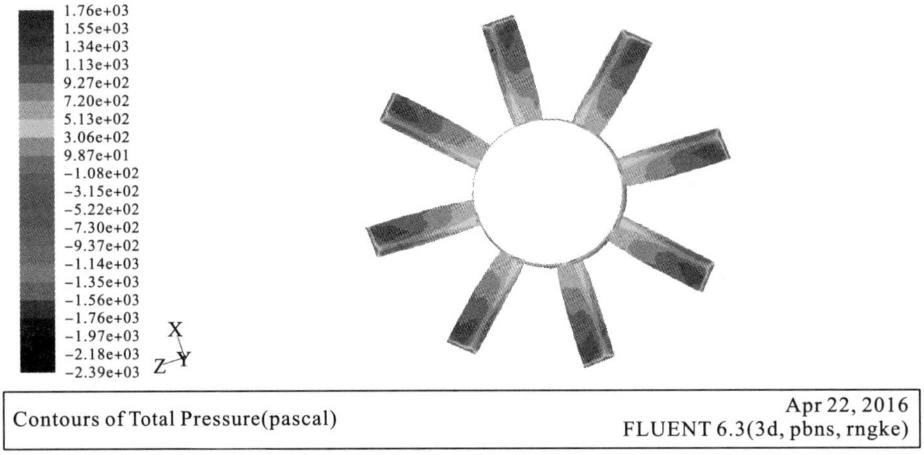

图 5-49　叶片安装角为 20°时风机叶片压力云图

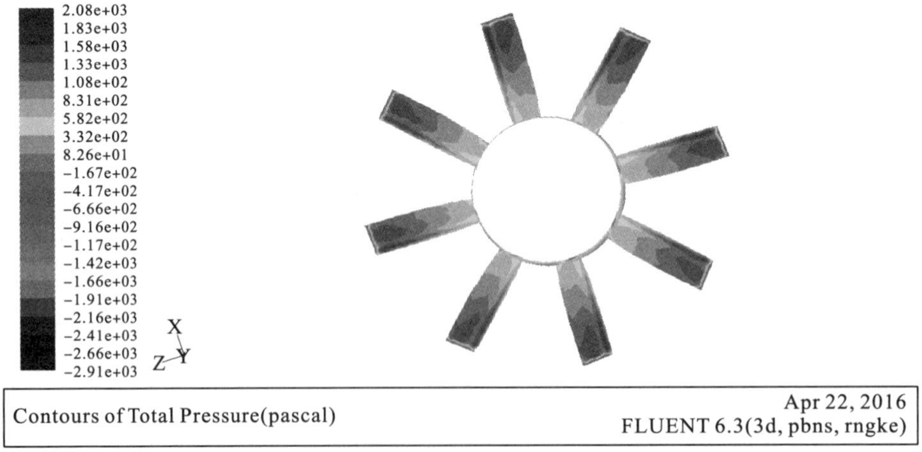

图 5-50　叶片安装角为 22°时风机叶片压力云图

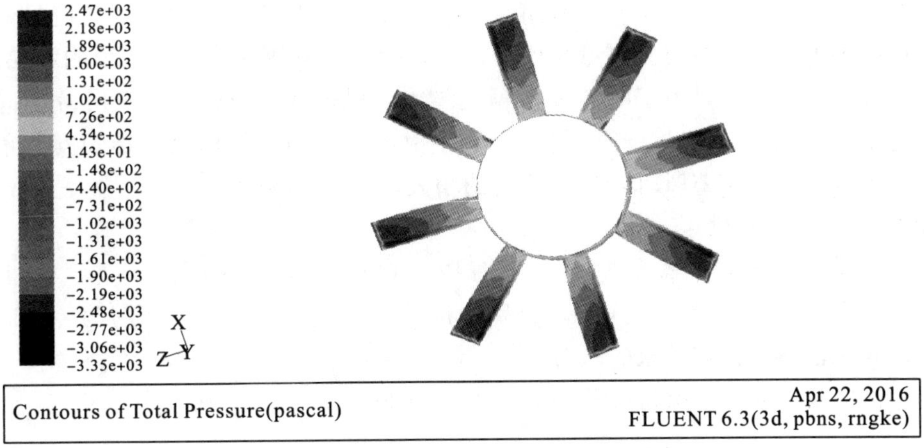

图 5-51　叶片安装角为 24°时风机叶片压力云图

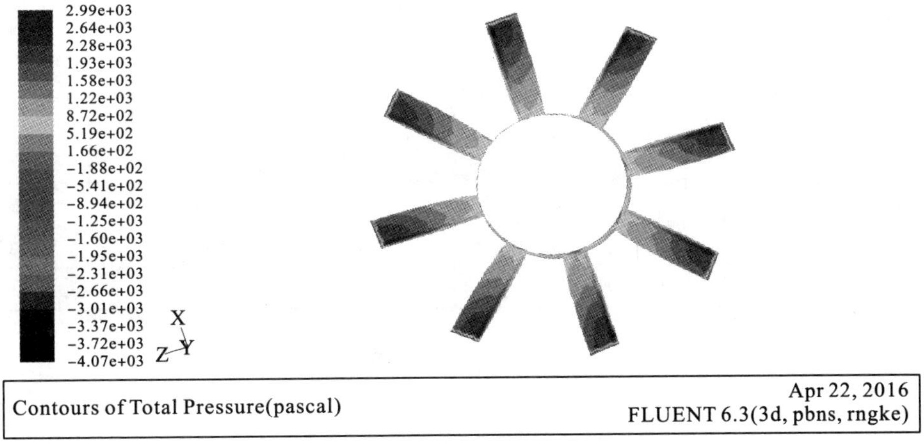

图 5-52　叶片安装角为 26°时风机叶片压力云图

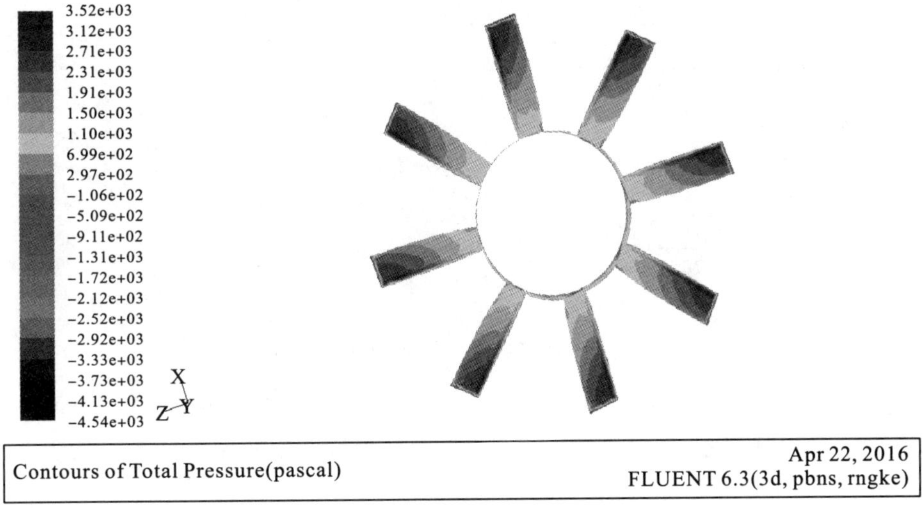

图 5-53　叶片安装角为 28°时风机叶片压力云图

由图 5-49～图 5-53 可知，在安装角一定的情况下，叶片压力随着风机流量的增加呈先增大后减小的趋势；在同样风量条件下，风机叶片压力随着叶片安装角的增加而增大。从理论角度分析原因，是由于叶片安装角度增大，风机在运行过程中，叶片轴向迎风面积会随之增大，气流在通过叶轮时将会受到更大的升压力。根据风机不同安装角的叶片压力云图可以看出，随着风机叶片安装角的增大，叶片所受的压力随之增大。

(2)高原地区计算结果。

在 FLUENT 中将计算条件设置为海拔 4300m 地区空气环境，空气密度设置为 0.8kg/m^3，大气压设置为 59316Pa，分别对风机叶片安装角 20°、22°、24°、26°、28°进行计算，并对最终的计算结果进行分析。

高原地区不同安装角风机叶片压力如表 5-28 所示。

表 5-28 高原地区不同安装角风机叶片压力

风量/(m^3/s)	叶片压力				
	安装角 20°	安装角 22°	安装角 24°	安装角 26°	安装角 28°
80	894.6	983.2	1054	1135.3	1278.3
120	905.1	1032	1123.3	1247.8	1393.4
140	777.6	914.4	1024	1162	1321.9
150	710.8	851	969.4	1112.2	1275.9
160	644.5	786.2	912.9	1061.5	1229.1
170	577.9	722.4	857.2	1010.8	1182.1

对表 5-28 中风机叶片压力绘制曲线如图 5-54 所示。

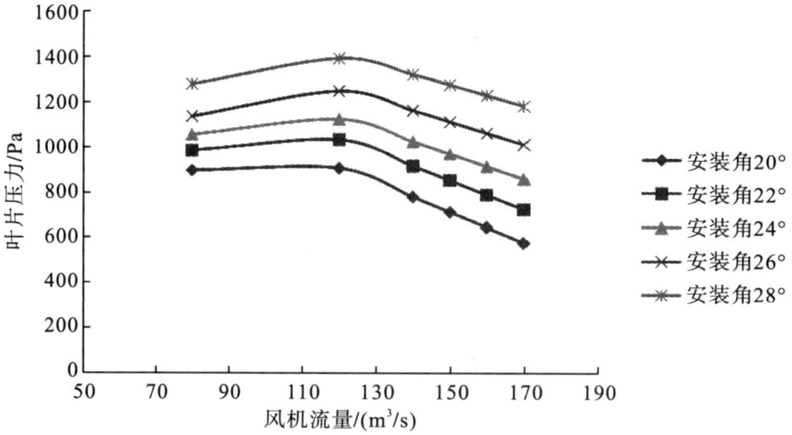

图 5-54 高原地区不同安装角叶片压力曲线

由图 5-54 可知，在安装角一定的情况下，叶片压力随着风机流量的增加呈先增大后减小的趋势；在同样风量条件下，风机叶片压力随着叶片安装角的增加而增大。

第 6 章　高海拔低交通量隧道运营通风设计方法及控制技术

如果隧道在运营期交通量较低，可以调节其通风模式达到节能的目的，其经济效益是十分可观的。本章主要针对川西高原上的低交通量高海拔隧道，探索其运营通风设计方法及控制技术，以达到节能的目的。

6.1　汽油车污染物 CO 排放标准

6.1.1　人体与 CO 接触时间限值的影响因素

大气压随着海拔高度的升高而降低，海拔每升高 1000m，大气压约下降 9.5kPa（海平面大气压为 101.3kPa），大气氧分压也随之下降 1.8kPa（海平面大气氧分压为 21.2kPa），而人体肺泡氧分压也随之下降。空气中氧所占比例则基本不受高原影响，当大气压力因海拔增高而降低时，氧分压随之按比例降低。因肺泡有水蒸气和较高的 CO_2 分压，再加上氧的弥散进入血液，肺泡氧分压与大气氧分压有一个很大的梯度差。在海平面地区，大气和肺泡氧分压之间的梯度差较大。而进入高原，它们之间的梯度差变小。同时，由于肺泡氧分压的减少，导致血液中氧气饱和度降低。

不同海拔高度的肺通气量、耗氧量、血氧饱和度曲线如图 6-1 所示。

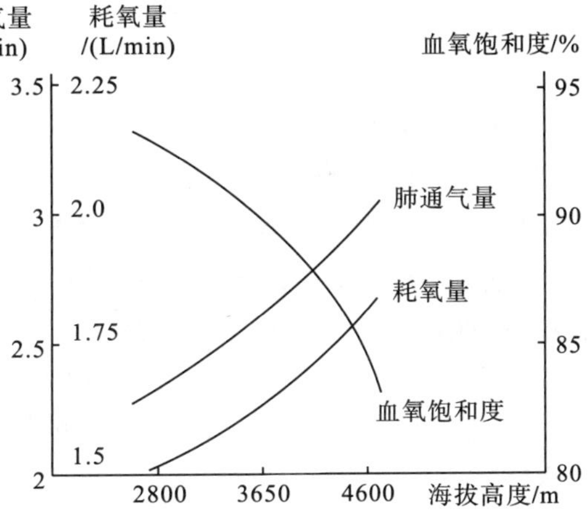

图 6-1　肺通气量、耗氧量、血氧饱和度与海拔高度的关系曲线

由图 6-1 可知，若保持环境中的 CO 浓度不变，随着海拔的升高，人体的血氧饱和度逐渐降低，氧分压降低，血液中 CO 分压则相对升高，使得血红蛋白与 CO 结合的量增加，机体缺氧加重。同时，由于耗氧量的增加，人体中毒症状加重。高原地区由于海拔升高和空气中氧气含量减少，因此对 CO 毒性的影响不容忽视。

心脏和大脑是与人的生命最密切的组织和器官。心脏和大脑对机体供氧不足的反应特别敏感，CO 浓度过高会导致头痛、眩晕等症状。为了维持人体必要数量的氧气就必须增加心脏工作量，当 CO 浓度增加时，人体会产生血管痉挛。因此，CO 中毒导致的机体组织缺氧，对心脏和大脑的影响最为显著。

CO 的吸入与排出，主要取决于空气中 CO 的分压(浓度)、血液中 COHb 的饱和度(即 COHb 占血红蛋白总量的百分比)、接触时间及肺通气量。血液中 COHb 在平衡状态(CO 吸入与排出量相等)下的饱和度与达到此饱和度的速度取决于空气中 CO 的浓度。浓度越高，则 COHb 的饱和度也越高，达到此饱和度的时间也越短。CO 浓度与 COHb 水平之间呈明显的剂量—效应关系。例如，空气中 CO 为 0.01%时，暴露 8h，COHb 饱和度为 12.9%；但是当空气中 CO 浓度为 0.5%时，只需 20～30min，COHb 饱和度即可达 70%左右。

根据 CO 对人体影响的 May 曲线，可以得到 COHb 含量随 CO 浓度的变化曲线，如图 6-2 所示。

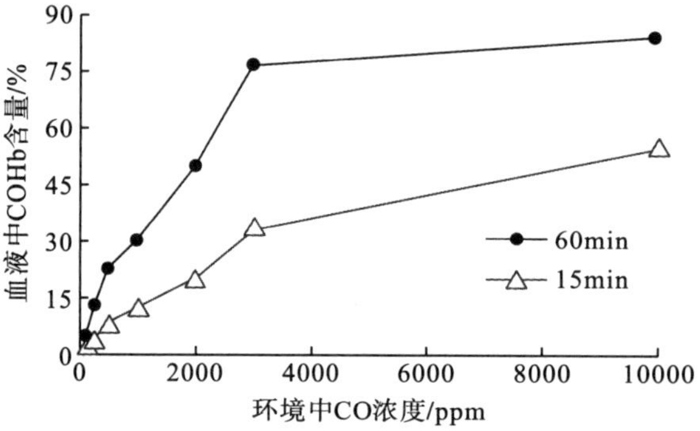

图 6-2 血液中 COHb 含量随 CO 浓度的变化

当接触时间固定为 15min，环境中 CO 浓度为 1000ppm 时，人体内 COHb 的含量为 100ppm 时的 6 倍，为 250ppm 时的 3 倍；CO 浓度为 10000ppm 时，人体内 COHb 含量为 55%，大大超过了人体的承受能力。当接触时间固定为 1h，环境中 CO 浓度达到 1000ppm 时，COHb 为 100ppm 时的 6 倍；若 CO 浓度为 10000ppm，则 COHb 含量达到 100ppm 时的 17 倍之多，远远超过人体所能承受的极限。

可见，当接触时间固定，CO 的浓度越高，人体内 COHb 含量越高，缺氧越严重，即 CO 浓度越高，对人体的影响越大。表 6-1 给出了相等的接触时间下，人体接触不同的 CO 浓度时所产生的中毒症状。

表 6-1　不同 CO 浓度造成的中毒症状

CO 浓度/ppm	接触时间/min	中毒症状
300	60	头痛、头重
500		晕眩、中等程度头痛
700		头痛较重、手足有麻木感
1000		能忍耐，但 60min 有危险
1500		肌肉无力；恶心、呕吐；视觉模糊；严重头痛
2000		昏迷；痉挛

当人体处在同一种状态，且与 CO 接触相同的时间时，环境中 CO 浓度越高，COHb 的含量上升越快。这是由于环境中 CO 浓度较高时，人体在同样的接触时间内呼吸同样的次数所吸入的 CO 量较低浓度时多，CO 与人体内的 O_2 结合之后形成的 COHb 随之增加，中毒症状逐渐加重。

6.1.2　基于接触时间限值的洞内 CO 浓度控制标准

采用 CFK 方程计算人体内 COHb 的含量随时间的变化规律。在正常情况下，人体内含有一定量的 COHb，查阅相关的文献，COHb 的初始含量$[COHb]_0$可以取为人体血氧饱和度（$[O_2Hb]_{max}$）的 0.8%，即 0.2×0.8%=0.16%mL/mL 血液。方程中各参数的取值如表 6-2 所示。

表 6-2　不同海拔高度计算参数取值

海拔高度/m	0	1000	2000	3000	4000	5000
V_b/mL	5000	5000	5000	5000	5000	5000
$\dot{V}_{CO}$/(mL/min)	0.007	0.007	0.007	0.007	0.007	0.007
D_L/(mL·min^{-1}·mmHg^{-1})	30	30	30	30	30	30
P_B/mmHg	760	674	594	526	462	405
P_{H_2O}/mmHg	47	47	47	47	47	47
M	218	218	218	218	218	218
$P_{\bar{c}}O_2$/mmHg	105	90	70	62	50	45
$\dot{V}_A$/(mL/min)	5600	5920	6240	6560	7200	8460
$[O_2Hb]_{max}$/(mL/mL 血液)	0.19	0.188	0.184	0.18	0.17	0.15
$[COHb]_0$/%	0.16	0.16	0.16	0.16	0.16	0.16

将平原地区(海拔高度取 0m)的计算参数代入 CFK 方程中进行计算，得到不同 CO 浓度环境下，人体内 COHb 含量随接触时间的变化曲线，如图 6-3 所示。

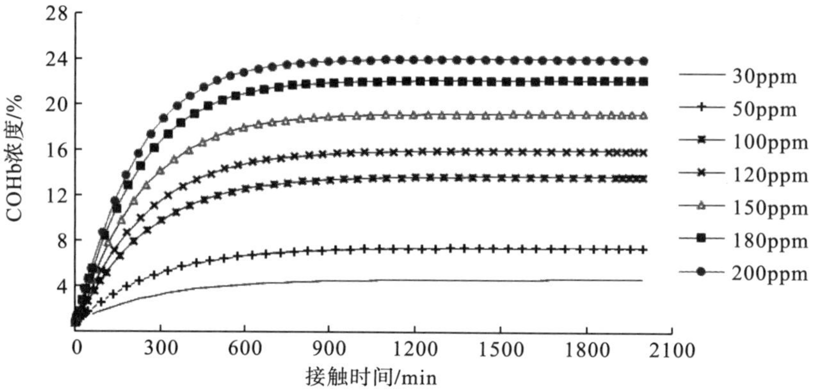

图 6-3 平原地区人体内 COHb 浓度随接触时间的变化规律

从图 6-3 中可以看出，当海拔、环境中 CO 浓度等因素保持不变时，人体的中毒程度随接触时间增加而加剧，但 COHb 浓度的增长速度随时间的增加而变慢，最终逐渐趋近于一稳定值，该稳定值与环境中的 CO 浓度呈正相关。该计算结果与调研所得到的数据规律一致。

海拔高度不变的条件下，取 COHb 浓度限值 2.5%作为危险限值，若要使隧道的施工人员体内 COHb 的含量不超过该限值，施工人员在 CO 环境中所要求暴露的时间越久，则应将环境中的 CO 浓度值控制得越低。取海拔高度为 0m、1000m、2000m、3000m、4000m、5000m 6 种情况，计算不同的 CO 浓度环境下，接触时间从 0min 逐渐增加到 100min，人体内 COHb 的含量随接触时间的变化规律。计算结果如图 6-4～图 6-9 所示。

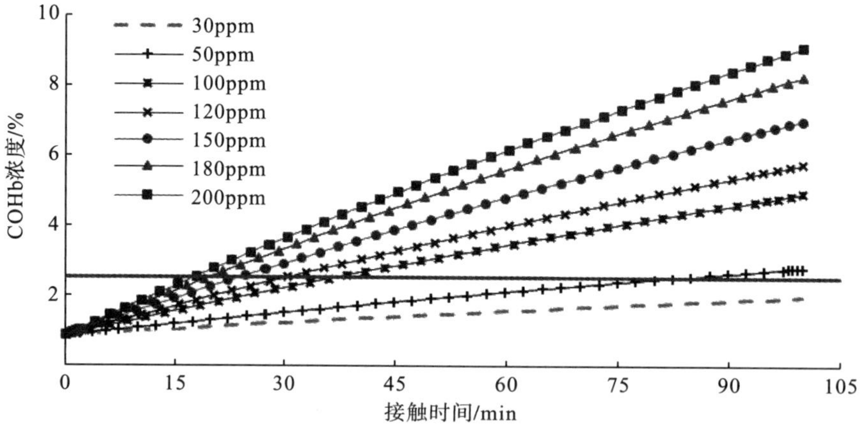

图 6-4 海拔 0m 人体内 COHb 浓度随接触时间的变化规律

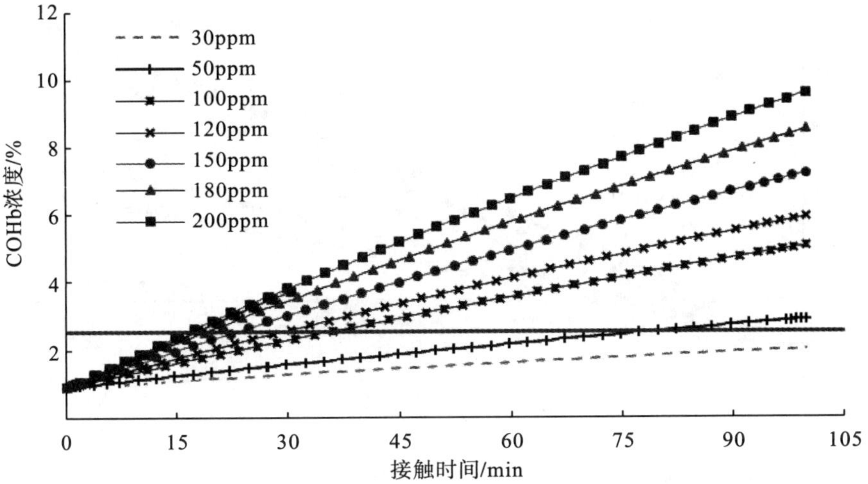

图 6-5　海拔 1000m 人体内 COHb 浓度随接触时间的变化规律

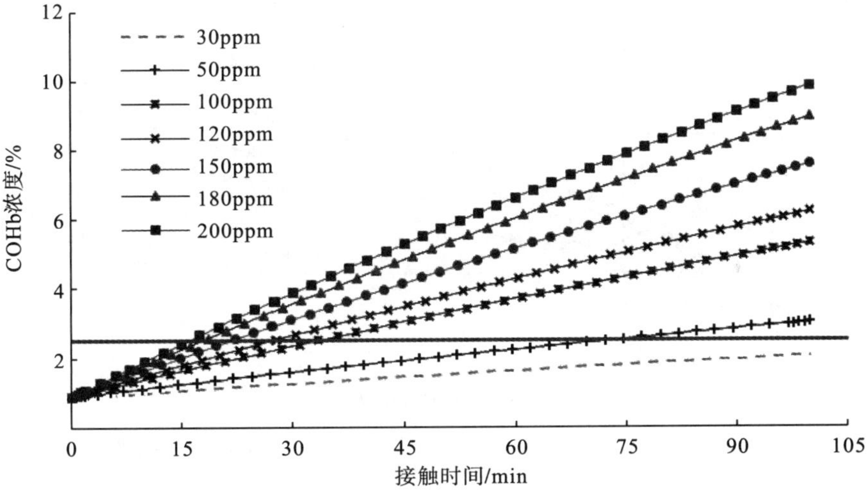

图 6-6　海拔 2000m 人体内 COHb 浓度随接触时间的变化规律

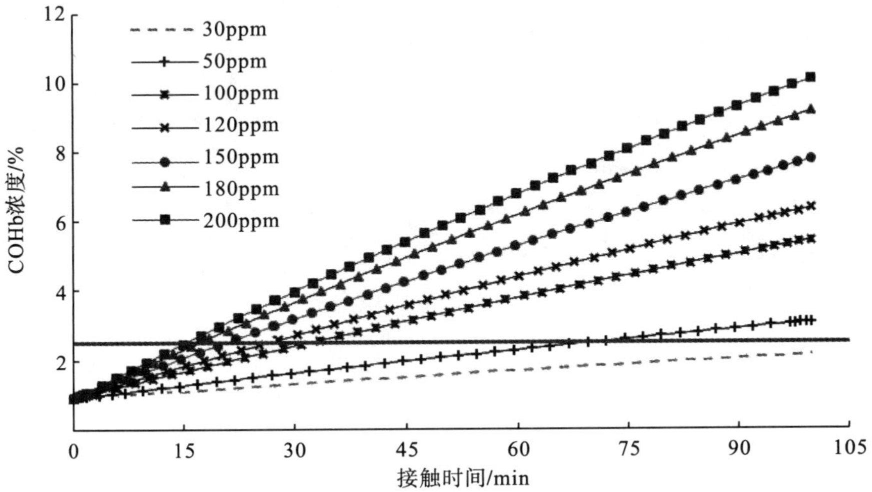

图 6-7　海拔 3000m 人体内 COHb 浓度随接触时间的变化规律

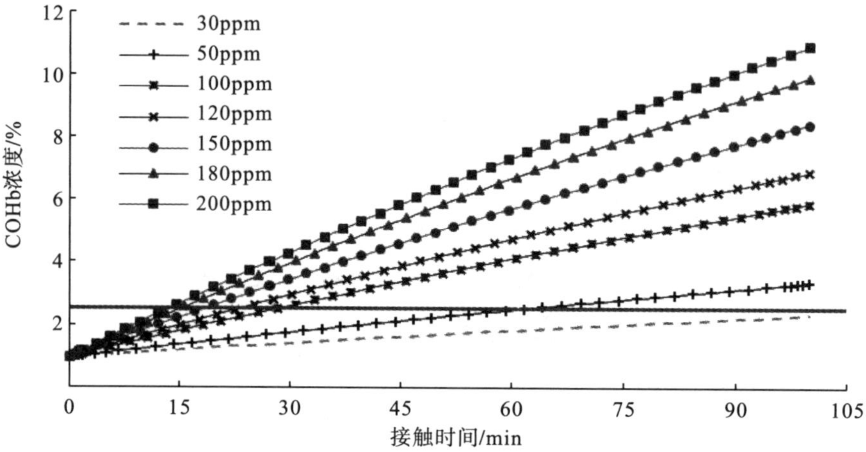

图 6-8 海拔 4000m 人体内 COHb 浓度随接触时间的变化规律

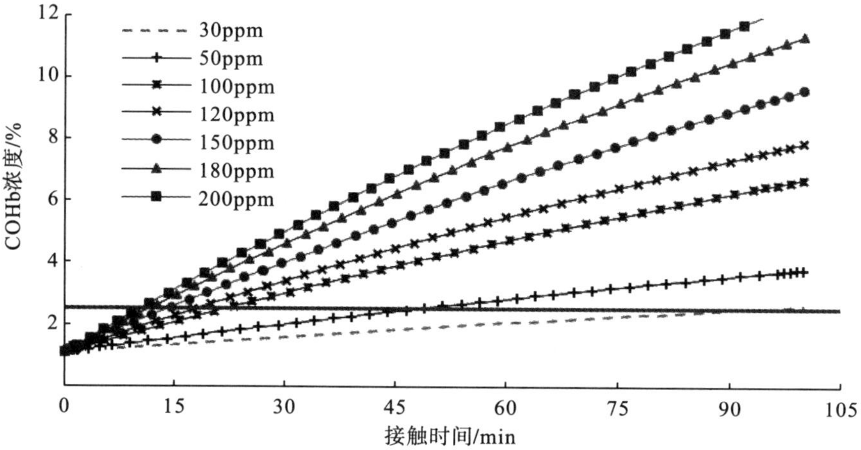

图 6-9 海拔 5000m 人体内 COHb 浓度随接触时间的变化规律

由图 6-4～图 6-9 可知，在人体与环境中 CO 接触的初期，COHb 浓度随时间的增加呈线性增长，且环境中的 CO 浓度越高，增长的速度越快。整理分析以上计算结果，绘制 CO 浓度与接触时间限值的关系曲线，如图 6-10 所示。

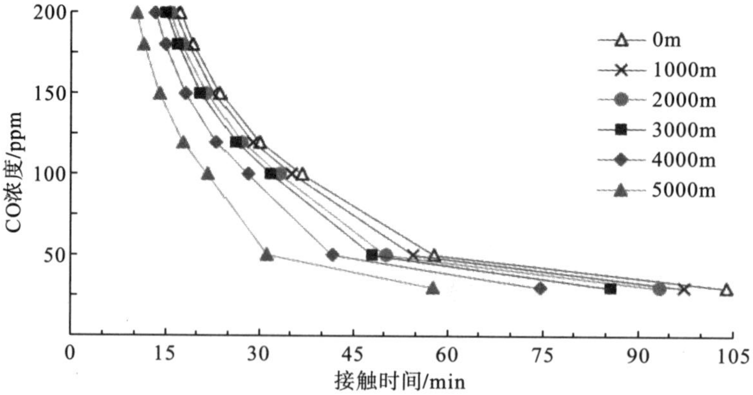

图 6-10 CO 浓度与达到 COHb 浓度限值的接触时间的关系曲线

由图 6-10 可知，为保证不发生人员中毒，同一海拔高度下，接触时间越长，环境中的 CO 浓度限值应越低；接触时间相等，海拔越高，CO 控制浓度应越低。当海拔高度和接触时间确定时，便可以得到所对应的环境 CO 浓度限值，取该值作为控制标准便可以保证施工人员不发生 CO 中毒现象，保证施工人员的安全。

6.2　柴油车污染物 VI 排放标准

行车视距是指为了保证行车安全，驾驶员看到一定距离处的障碍物或迎面来车时，进行刹车或绕过它们而在路上继续行驶所必需的安全距离。行车视距是否充分，直接关系到行车的安全，它是道路使用质量的重要指标之一，可分为停车视距、会车视距、超车视距等。由于隧道内不允许超车，且双向交通分隔行驶，会车时不存在占用对向车道的问题，因此会车视距及超车视距可不予考虑。因此，为了隧道内安全行车的要求，应该保证隧道内能见距离大于等于各种行车环境下的安全停车距离。

6.2.1　安全停车视距的影响因素

安全停车视距是指驾驶员自看到前方障碍物时起，至障碍物前能安全停车所需的最短行车距离。各国对停车视距的规定不同，就设计车速分别为 120km/h、100km/h、80km/h 的停车视距做比较，美国分别为 210～255m、160～190m、120～130m，英国分别为 300m、210m、140m，日本分别为 210m、160m、110m。我国公路的停车视距与日本的规定相同，欧美国家的停车视距普遍比我国大。停车视距由反应距离、制动距离和安全距离三部分组成。停车视距组成示意图如图 6-11 所示。

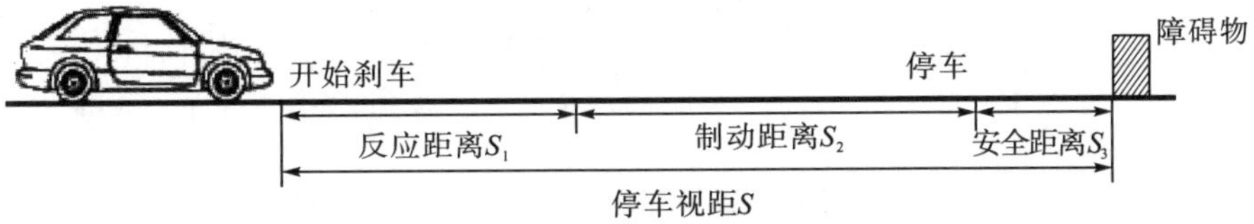

图 6-11　停车视距组成示意图

停车视距计算公式为

$$S = S_1 + S_2 + S_3 \tag{6-1}$$

式中，S——停车视距(m)；

S_1——反应距离(m)；

S_2——制动距离(m)；

S_3——安全距离，一般为 3～5m。

则停车视距的直线平面物理模型为

$$S = \frac{v}{3.6} \times t + \frac{v^2}{254(\phi + i)} + (3 \sim 5) \tag{6-2}$$

式中，v ——行车速度(km/h)；

t——反应时间(一般取 $t=2.5\text{s}$)；

i——道路纵向坡度，上坡为正，下坡为负；

ϕ——轮胎与路面之间的纵向摩阻系数。

由式(6-2)可知，安全停车视距受行车速度、反应时间、纵坡坡度及轮胎与路面之间纵向摩阻系数等因素的影响。

1. 反应时间对安全停车视距的影响

(1)反应时间随海拔变化的修正。

高原地区增加了驾车通过高原隧道驾驶人员的反应时间，当行车速度为 30km/h 时，反应时间每增加 0.1s，汽车就向前驶进 1m。有研究数字表明，有 40%的撞人和撞车事故就是发生在 0.1s 的瞬间。高原地区驾驶人员在缺氧的环境中，反应时间较平原地区大大加长。因此，为保证驾驶人员在隧道内的安全行车，保证高原公路隧道的正常运营，高原隧道应该具有较平原隧道更低的烟雾浓度控制标准及更好的行车环境。

国内外的许多专家已经对驾驶人员的反应时间进行了较多的研究，张展宏研究了不同的脑负荷和年龄下的反应时间，如图 6-12 所示。

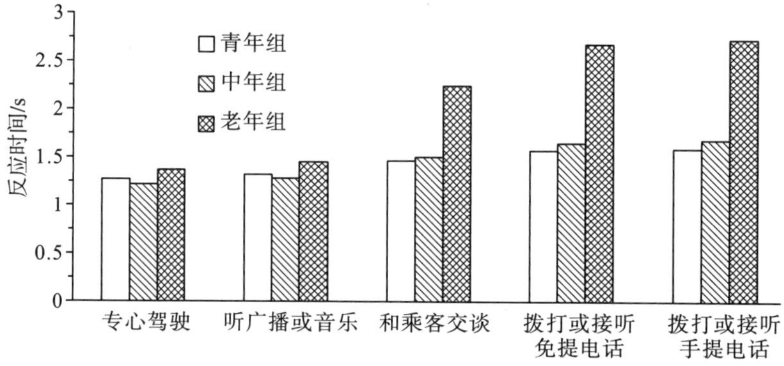

图 6-12 不同年龄测试组平均应急刹车反应时间

由图 6-12 可知，不同年龄段的驾驶人员专心驾驶时的反应时间皆小于 2.5s，仅老年组在行车过程中接打电话才会导致反应时间略大于 2.5s。排除该种极端的情况，并充分考虑富余量，可以将驾驶人员注意到障碍物到踩下刹车的时间取为 2.5s。美国公路和交通工作者及国内较多研究学者也建议反应时间取为该值。

由于受到高原环境的影响，因此应该对该反应时间进行修正。其修正公式为

$$t=2.5+\tau \tag{6-3}$$

式中，t ——经过海拔高度修正之后的时间(s)；

τ——反应时间的修正值(s)。

有学者针对不同海拔高度下，人体对光的选择反应时间进行了测试，测试结果具有统计学意义。对该测试结果进行处理分析，以平原地区反应时间作为对照值，并用 MATLAB 对数据进行拟合，各海拔高度下的反应时间增量与海拔高度之间的关系曲线

如图 6-13 所示，曲线拟合相关性 $R^2=0.9278$，说明拟合程度较好。

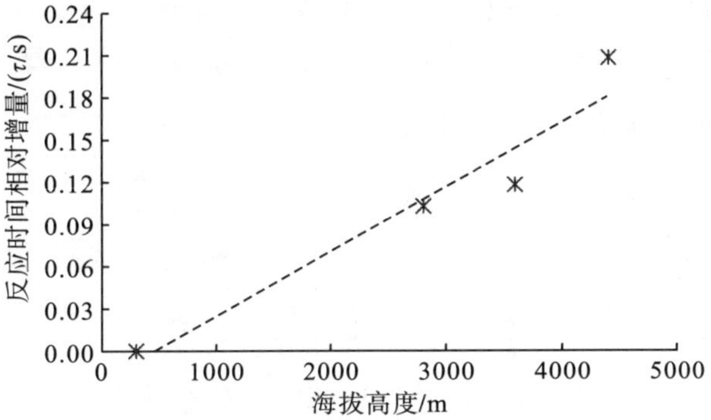

图 6-13　反应时间的增量与海拔高度之间的关系曲线

取反应时间的增量作为修正值对人的反应时间进行修正，得到关系曲线的表达式为

$$\tau = 4.63 \times 10^{-5} H - 0.0217 \tag{6-4}$$

式中，H——海拔高度(m)。

由此可得，不同海拔高度下反应时间的计算公式为

$$t = 4.63 \times 10^{-5} H + 2.4783 \tag{6-5}$$

式(6-5)中的参数含义同式(6-4)。

利用式(6-5)对不同海拔高度下驾驶人员的反应时间进行计算，结果如表 6-3 所示。

表 6-3　不同海拔高度下驾驶人员的反应时间

海拔高度/m	0	500	1000	1500	2000	2500	3000	3500	4000	4500	5000
反应时间/s	2.50	2.50	2.52	2.55	2.57	2.59	2.62	2.64	2.66	2.69	2.71

可得反应时间随海拔高度的变化曲线如图 6-14 所示。

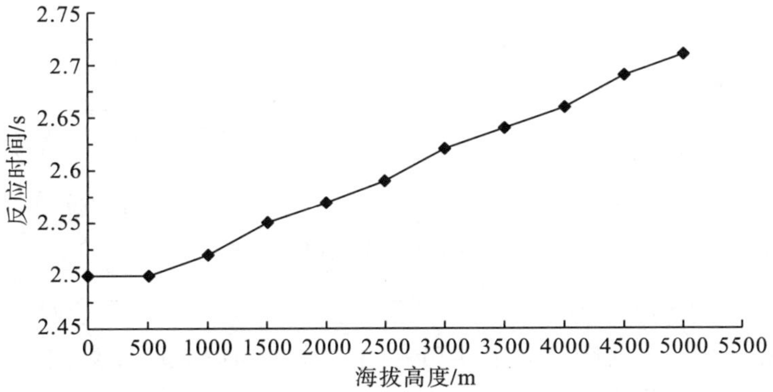

图 6-14　反应时间随海拔高度的变化曲线

由图 6-14 可知，在海拔高度不超过 500m 的平原地区，人的反应时间基本不受海拔变化的影响。随着海拔的不断升高，空气中氧浓度逐渐降低，导致人的反应时间逐渐延长。

(2)安全停车视距随反应时间的变化。

根据停车视距的直线平面物理模型，计算安全停车视距随反应时间的变化情况。车辆与路面之间的摩阻系数按表 6-4 取值，隧道路面坡度按−3%计算。

表 6-4 不同行车速度下车辆与路面之间的摩阻系数

行车速度/(km/h)	120	110	100	90	80	70	60	50	40	30
客车	0.29	0.29	0.30	0.30	0.31	0.32	0.33	0.35	0.38	0.40
货车	0.17	0.17	0.17	0.17	0.17	0.17	0.17	0.17	0.17	0.17

取 40km/h 和 60km/h 两种行车速度，计算同一行车速度在不同反应时间下的安全停车视距，结果如图 6-15 所示。

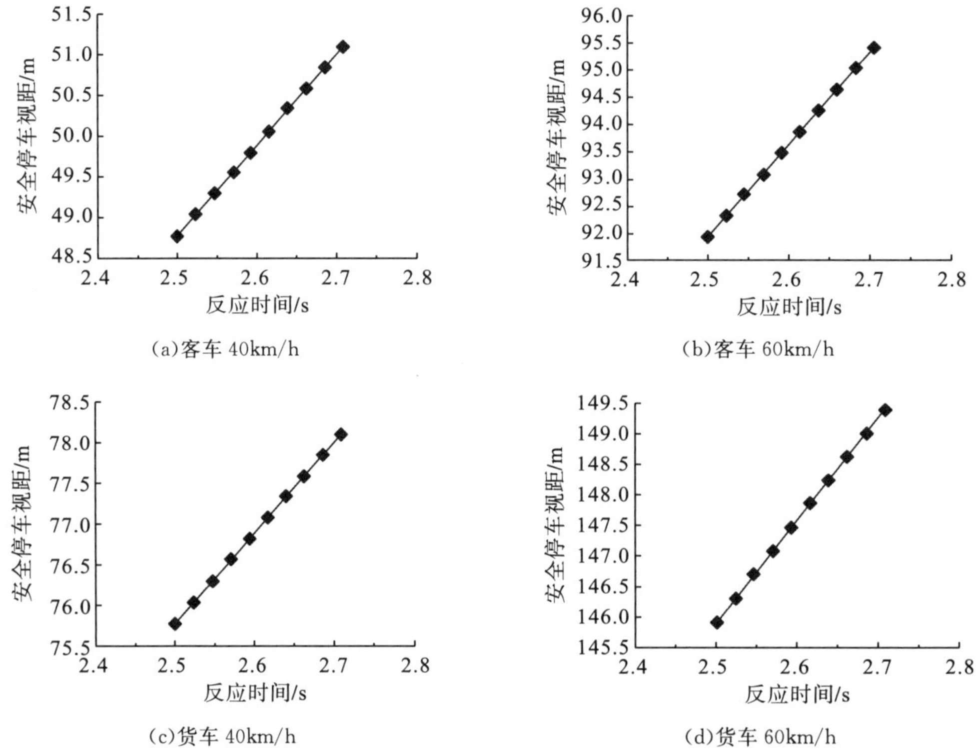

图 6-15 安全停车距离随反应时间的变化规律

由图 6-15 可知，安全停车视距和反应时间之间呈正相关，反应时间在 2.5～2.7s 之间微量的增加对安全停车视距的影响十分显著。在不同海拔高度处的安全停车视距，应该充分考虑对驾驶人员反应时间的影响。

2. 车速对安全停车视距的影响

车辆与路面之间的摩阻系数和路面坡度系数取值与上述相同，计算反应时间为 2.5s 的情况下不同行车速度下的安全停车视距，结果如图 6-16 所示。

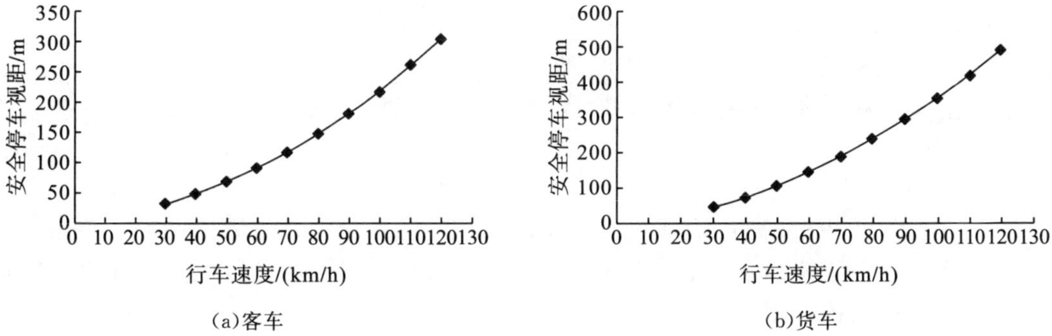

图 6-16　安全停车视距随行车速度的变化规律

由图 6-16 可知，安全停车视距随行车速度的增加呈现出曲线增长的趋势，主要是由于组成安全停车视距的反应距离与车速呈正相关；而制动距离则与车速的二次方呈正相关。

6.2.2　基于安全停车视距的 VI 浓度控制标准

1. 消光系数计算方法

气象能见度是指视力正常的人在当时天气条件下，能够从天空背景中看到和辨认出目标物的最大水平距离。气象能见度最主要的影响因子有 3 个：① 一定厚度大气的光线透过率，它是影响气象能见度的直接因子，用来表征大气的混浊程度；② 目标物和背景的亮度对比，它是区分目标物和背景的主要根据；③ 对比度阈值 ε，是指当亮度对比值减小到目标物不能看见时的亮度对比值。当观察一个足够大视角的目标物时，只有在目标物和背景之间的亮度差异大于观察者的对比度阈值 ε 时，观察者才能把它从背景中识别出来，即应该满足以下公式。

$$C=\left|\frac{B-B_{\mathrm{b}}}{B_{\mathrm{b}}}\right|>\varepsilon \tag{6-6}$$

式中，C——固有对比度；

B——目标物的光亮度($\mathrm{cd/m^2}$)；

B_{b}——背景的光亮度($\mathrm{cd/m^2}$)。

固有对比度 C 只反映目标物和背景固有的亮度、差异，并没有考虑大气的作用。当透过一段大气去观察目标物时，实际看到的是视亮度。大气对视亮度的影响主要体现在两个方面：① 光线透过率的削弱作用使视亮度减小；②大气对光的散射作用。因此，只有在目标物视亮度和背景视亮度之间的差异大于对比度阈值 ε 时，观察者才能把目标物从背景中识别出来，一般用下式表达：

$$C^{*}=\left|\frac{B-B_{\mathrm{b}}}{B_{\mathrm{b}}}\right|\left(1+\frac{D_{\mathrm{R}}}{B_{\mathrm{b}}\tau_{\mathrm{R}}}\right)^{-1}>\varepsilon \tag{6-7}$$

式中，C^{*}——视亮度对比度；

τ_{R}——光线透过率；

D_R——气柱亮度(cd/m^2)；

ε——目标物与背景光亮度对比度阈值。

假设隧道内路面的目标障碍物为黑色，则 $B=0$，所以式(6-7)可以化简为

$$C^* = \left(1 + \frac{D_R}{B_b \tau_R}\right)^{-1} > \varepsilon \tag{6-8}$$

根据 Koschmieder 定律，式(6-8)中的光线透过率 τ_R 是消光系数的函数。假定驾驶人员视线与目标障碍物在同一高度(即观察水平方向的目标物)，且假设大气在水平方向均匀时，光线透过率可以用消光函数表示，即

$$\tau_R = \exp(-kR) \tag{6-9}$$

式中，k——消光系数(m^{-1})；

R——隧道中气体的能见度(m)。

2. 高海拔隧道洞内烟雾浓度控制标准

(1)安全停车视距的计算。

《公路项目安全性评价规范》(JTG B05—2015)中对车辆与路面之间的摩阻系数进行了规定，该规定较为合理且有利于行车安全，国外也对摩阻系数进行了大量的试验研究。

下面分别对同一行车速度在不同海拔高度下及同一海拔高度下不同行车速度所需要的安全距离进行计算。海拔高度依次从 0～5000m 取值，每隔 500m 取一个值。同一行车速度在不同海拔高度下的计算结果如表 6-5 和表 6-6 所示(仅列出行车速度为 40km/h 和 60km/h 两种工况)；同一海拔高度下不同行车速度的安全停车视距的计算结果如表 6-7 和表 6-8 所示(仅列出海拔为 2000m 和 4000m 两种工况)。

表 6-5 行车速度为 40km/h 时在不同海拔高度下的安全停车视距

行车速度/(km/h)	海拔高度/m	安全停车视距/m	
		客车	货车
40	0	48.8	75.8
40	500	48.8	75.8
40	1000	49.0	76.0
40	1500	49.3	76.3
40	2000	49.6	76.6
40	2500	49.8	76.8
40	3000	50.1	77.1
40	3500	50.3	77.3
40	4000	50.6	77.6
40	4500	50.8	77.8
40	5000	51.1	78.1

表 6-6　行车速度为 60km/h 时在不同海拔高度下的安全停车视距

行车速度/(km/h)	海拔高度/m	安全停车视距/m	
		客车	货车
60	0	91.9	145.9
60	500	91.9	145.9
60	1000	92.3	146.3
60	1500	92.7	146.7
60	2000	93.1	147.1
60	2500	93.5	147.5
60	3000	93.9	147.9
60	3500	94.2	148.2
60	4000	94.6	148.6
60	4500	95.0	149.0
60	5000	95.4	149.4

表 6-7　海拔高度为 2000m 时不同行车速度的安全停车视距

行车速度/(km/h)	海拔高度/m	安全停车视距/m	
		客车	货车
30	2000	34.0	49.7
40	2000	49.6	76.6
50	2000	69.5	109.0
60	2000	93.1	147.1
70	2000	119.5	190.8
80	2000	150.1	240.1
90	2000	185.4	295.1
100	2000	220.2	355.6
110	2000	264.8	421.8
120	2000	306.7	493.6

表 6-8 海拔高度为 4000m 时不同行车速度的安全停车视距

行车速度/(km/h)	海拔高度/m	安全停车视距/m	
		客车	货车
30	4000	34.8	50.5
40	4000	50.6	77.6
50	4000	70.8	110.3
60	4000	94.6	148.6
70	4000	121.3	192.6
80	4000	152.2	242.2
90	4000	187.7	297.4
100	4000	222.8	358.2
110	4000	267.6	424.7
120	4000	309.8	496.7

由表 6-5 和表 6-6 可知，相同行车速度下，隧道内安全停车距离在平原地区为一定值，而随海拔高度的升高呈现线性增长趋势。因此，随着海拔高度的升高，需要更长的停车距离(即更远的能见距离)来保证隧道内行车的安全，从而导致平原地区隧道烟雾浓度限值在高原地区隧道中不再适用。另外，在海拔不变的情况下，车辆的安全停车距离随行车速度的增加呈现出曲线增长的趋势。

(2)透光率的确定。

烟雾可以降低能见度，并使汽车头灯和道路照明器发出的光吸收和散射。公路隧道通风设计的安全标准应以稀释机动车排放的烟尘为主，必要时可考虑隧道内机动车带来的粉尘污染。

为满足隧道内安全行车的要求，应该保证隧道内能见度距离大于各种行车环境下的安全停车距离。由于假定隧道内部的气体水平均一，烟尘透光率在水平方向上是均匀的。2001 年，日本《道路隧道技术标准(通风换气篇)》给出了烟尘透光率、行车速度、照度和光源四者之间的关系，如图 6-17 所示。

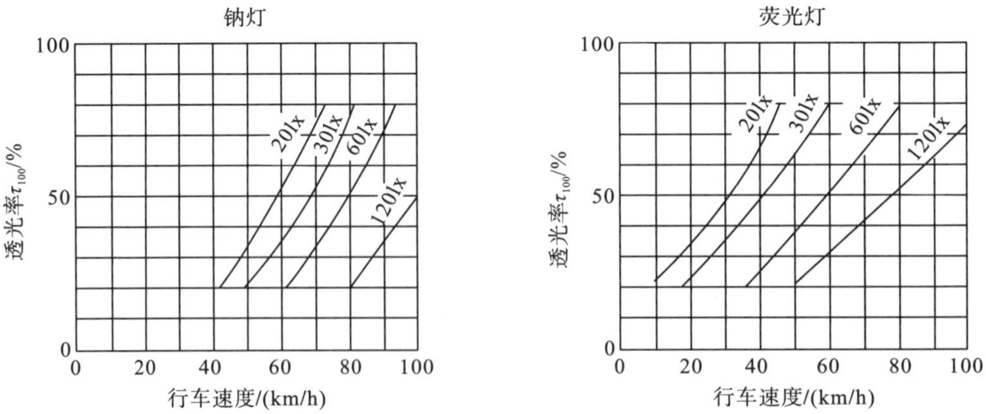

图 6-17 透光率、行车速度、照度和光源的关系图

由图 6-17 可知，不同行车速度、照度下的烟尘 100m 透光率如表 6-9 和表 6-10 所示。

表 6-9　不同行车速度和照度下的烟尘 100m 透光率(钠灯为光源)

行车速度/(km/h) \ 照度/lx	20	30	60	120
10	—	—	—	—
20	—	—	—	—
30	—	—	—	—
40	—	—	—	—
50	34%	21%	—	—
60	53%	35%	20%	—
70	73%	52%	33%	—
80	—	76%	50%	20%
90	—	—	71%	35%
100	—	—	—	50%

表 6-10　不同行车速度和照度下的烟尘 100m 透光率(荧光灯为光源)

行车速度/(km/h) \ 照度/lx	20	30	60	120
10	23%	—	—	—
20	35%	23%	—	—
30	48%	35%	—	—
40	67%	49%	25%	—
50	—	63%	38%	21%
60	—	80%	51%	32%
70	—	—	66%	42%
80	—	—	80%	53%
90	—	—	—	64%
100	—	—	—	74%

说明：计算时，取 100m 作为安全停车距离的透光率。

(3)消光系数的计算。

为保证行车安全，隧道内能见度距离应不小于安全停车距离，将确定的透光率及安全停车视距代入消光系数计算公式[式(6-9)]中，得到不同海拔高度下的烟雾消光系数。若钠灯为光源，则客车的烟雾消光系数计算结果如表 6-11 所示，货车的烟雾消光系数计算结果如表 6-12 所示。若荧光灯为光源，客车的烟雾消光系数计算结果如表 6-13 所示，货车的烟雾消光系数计算结果如表 6-14 所示。

表 6-11　不同海拔高度下的烟雾消光系数(钠灯为光源，客车)

海拔高度/m	照度/lx	行车速度/(km/h)							
		30	40	50	60	70	80	90	100
0	20	—	—	12	6.93	2.67	—	—	—
	30	—	—	12	11.77	5.55	1.85	—	—
	60	—	—	—	12	9.41	4.68	1.87	—
	120	—	—	—	—	—	10.86	5.73	3.18
500	20	—	—	12	6.91	2.66	—	—	—
	30	—	—	12	11.74	5.53	1.85	—	—
	60	—	—	—	12	9.38	4.67	1.87	—
	120	—	—	—	—	—	10.83	5.72	3.18
1000	20	—	—	12	6.88	2.66	—	—	—
	30	—	—	12	11.7	5.52	1.84	—	—
	60	—	—	—	12	9.35	4.65	1.86	—
	120	—	—	—	—	—	10.8	5.7	3.17
1500	20	—	—	12	6.86	2.65	—	—	—
	30	—	—	12	11.66	5.5	1.84	—	—
	60	—	—	—	12	9.33	4.64	1.86	—
	120	—	—	—	—	—	10.77	5.69	3.16
2000	20	—	—	12	6.84	2.64	—	—	—
	30	—	—	12	11.62	5.48	1.83	—	—
	60	—	—	—	12	9.3	4.63	1.85	—
	120	—	—	—	—	—	10.74	5.67	3.15
2500	20	—	—	12	6.81	2.63	—	—	—
	30	—	—	12	11.58	5.47	1.83	—	—
	60	—	—	—	12	9.27	4.61	1.85	—
	120	—	—	—	—	—	10.71	5.66	3.15
3000	20	—	—	12	6.79	2.62	—	—	—
	30	—	—	12	11.54	5.45	1.82	—	—
	60	—	—	—	12	9.24	4.6	1.84	—
	120	—	—	—	—	—	10.68	5.65	3.14
3500	20	—	—	12	6.77	2.62	—	—	—
	30	—	—	12	11.5	5.43	1.82	—	—
	60	—	—	—	12	9.21	4.59	1.84	—
	120	—	—	—	—	—	10.66	5.63	3.13

续表

海拔高度/m	照度/lx	行车速度/(km/h)							
		30	40	50	60	70	80	90	100
4000	20	—	—	12	6.75	2.61	—	—	—
	30	—	—	12	11.47	5.42	1.81	—	—
	60	—	—	—	12	9.19	4.58	1.83	—
	120	—	—	—	—	—	10.63	5.62	3.12
4500	20	—	—	12	6.73	2.6	—	—	—
	30	—	—	12	11.43	5.4	1.81	—	—
	60	—	—	—	12	9.16	4.56	1.83	—
	120	—	—	—	—	—	10.6	5.6	3.12
5000	20	—	—	12	6.7	2.59	—	—	—
	30	—	—	12	11.39	5.39	1.8	—	—
	60	—	—	—	12	9.13	4.55	1.82	—
	120	—	—	—	—	—	10.57	5.59	3.11

表 6-12　不同海拔高度下的烟雾消光系数(钠灯为光源，货车)

海拔高度/m	照度/lx	行车速度/(km/h)							
		30	40	50	60	70	80	90	100
0	20	—	—	10.01	4.36	1.66	—	—	—
	30	—	—	12	7.41	3.46	1.15	—	—
	60	—	—	—	11.05	5.86	2.91	1.17	—
	120	—	—	—	—	—	6.76	3.58	1.96
500	20	—	—	9.99	4.35	1.66	—	—	—
	30	—	—	12	7.39	3.45	1.15	—	—
	60	—	—	—	11.03	5.85	2.91	1.17	—
	120	—	—	—	—	—	6.75	3.58	1.96
1000	20	—	—	9.96	4.34	1.66	—	—	—
	30	—	—	12	7.38	3.45	1.15	—	—
	60	—	—	—	11.01	5.84	2.9	1.17	—
	120	—	—	—	—	—	6.73	3.57	1.96
1500	20	—	—	9.94	4.33	1.66	—	—	—
	30	—	—	12	7.36	3.44	1.15	—	—
	60	—	—	—	10.98	5.83	2.9	1.16	—
	120	—	—	—	—	—	6.72	3.57	1.95

续表

海拔高度/m	照度/lx	行车速度/(km/h)							
		30	40	50	60	70	80	90	100
2000	20	—	—	9.91	4.32	1.65	—	—	—
	30	—	—	12	7.35	3.43	1.14	—	—
	60	—	—	—	10.96	5.82	2.89	1.16	—
	120	—	—	—	—	—	6.71	3.56	1.95
2500	20	—	—	9.89	4.31	1.65	—	—	—
	30	—	—	12	7.33	3.43	1.14	—	—
	60	—	—	—	10.96	5.81	2.89	1.16	—
	120	—	—	—	—	—	6.7	3.56	1.95
3000	20	—	—	9.87	4.31	1.65	—	—	—
	30	—	—	12	7.32	3.42	1.14	—	—
	60	—	—	—	10.91	5.8	2.88	1.16	—
	120	—	—	—	—	—	6.69	3.55	1.95
3500	20	—	—	9.84	4.3	1.64	—	—	—
	30	—	—	12	7.3	3.41	1.14	—	—
	60	—	—	—	10.89	5.79	2.88	1.16	—
	120	—	—	—	—	—	6.68	3.55	1.94
4000	20	—	—	9.82	4.29	1.64	—	—	—
	30	—	—	12	7.28	3.41	1.14	—	—
	60	—	—	—	10.87	5.78	2.87	1.15	—
	120	—	—	—	—	—	6.67	3.54	1.94
4500	20	—	—	9.8	4.28	1.64	—	—	—
	30	—	—	12	7.27	3.4	1.13	—	—
	60	—	—	—	10.85	5.76	2.87	1.15	—
	120	—	—	—	—	—	6.65	3.53	1.94
5000	20	—	—	9.78	4.27	1.63	—	—	—
	30	—	—	12	7.25	3.39	1.13	—	—
	60	—	—	—	10.82	5.75	2.86	1.15	—
	120	—	—	—	—	—	6.64	3.53	1.94

表 6-13　不同海拔高度下的烟雾消光系数(荧光灯为光源，客车)

海拔高度/m	照度/lx	行车速度/(km/h)							
		30	40	50	60	70	80	90	100
0	20	12	8.24	—	—	—	—	—	—
	30	12	12	6.77	2.44	—	—	—	—
	60	—	12	12	7.35	3.53	1.51	—	—
	120	—	—	12	12	7.36	4.29	2.44	1.38
500	20	12	8.21	—	—	—	—	—	—
	30	12	12	6.75	2.43	—	—	—	—
	60	—	12	12	7.32	3.52	1.5	—	—
	120	—	—	12	12	7.34	4.27	2.43	1.38
1000	20	12	8.17	—	—	—	—	—	—
	30	12	12	6.72	2.42	—	—	—	—
	60	—	12	12	7.3	3.51	1.5	—	—
	120	—	—	12	12	7.32	4.26	2.42	1.38
1500	20	12	8.14	—	—	—	—	—	—
	30	12	12	6.7	2.41	—	—	—	—
	60	—	12	12	7.28	3.5	1.49	—	—
	120	—	—	12	12	7.3	4.25	2.42	1.37
2000	20	12	8.11	—	—	—	—	—	—
	30	12	12	6.67	2.4	—	—	—	—
	60	—	12	12	7.25	3.48	1.49	—	—
	120	—	—	12	12	7.28	4.24	2.41	1.37
2500	20	12	8.07	—	—	—	—	—	—
	30	12	12	6.65	2.4	—	—	—	—
	60	—	12	12	7.23	3.47	1.49	—	—
	120	—	—	12	12	7.25	4.23	2.41	1.37
3000	20	12	8.04	—	—	—	—	—	—
	30	12	12	6.62	2.39	—	—	—	—
	60	—	12	12	7.2	3.46	1.48	—	—
	120	—	—	12	12	7.23	4.21	2.4	1.36
3500	20	12	8.01	—	—	—	—	—	—
	30	12	12	6.6	2.38	—	—	—	—
	60	—	12	12	7.18	3.45	1.48	—	—
	120	—	—	12	12	7.21	4.2	2.39	1.36

续表

海拔高度/m	照度/lx	行车速度/(km/h)							
		30	40	50	60	70	80	90	100
4000	20	12	7.97	—	—	—	—	—	—
	30	12	12	6.57	2.37	—	—	—	—
	60	—	12	12	7.16	3.44	1.47	—	—
	120	—	—	12	12	7.19	4.19	2.39	1.36
4500	20	12	7.94	—	—	—	—	—	—
	30	12	12	6.55	2.36	—	—	—	—
	60	—	12	12	7.13	3.43	1.47	—	—
	120	—	—	12	12	7.17	4.18	2.38	1.35
5000	20	12	7.91	—	—	—	—	—	—
	30	12	12	6.52	2.36	—	—	—	—
	60	—	12	12	7.11	3.42	1.47	—	—
	120	—	—	12	12	7.15	4.17	2.38	1.35

表 6-14 不同海拔高度下的烟雾消光系数(荧光灯为光源，货车)

海拔高度/m	照度/lx	行车速度/(km/h)							
		30	40	50	60	70	80	90	100
0	20	12	5.3	—	—	—	—	—	—
	30	12	9.44	4.29	1.53	—	—	—	—
	60	—	12	8.98	4.62	2.2	0.9	—	—
	120	—	—	12	7.83	4.59	2.67	1.52	0.85
500	20	12	5.28	—	—	—	—	—	—
	30	12	9.41	4.28	1.53	—	—	—	—
	60	—	12	8.96	4.61	2.19	0.94	—	—
	120	—	—	12	7.81	4.58	2.66	1.52	0.8
1000	20	12	5.27	—	—	—	—	—	—
	30	12	9.39	4.27	1.53	—	—	—	—
	60	—	12	8.93	4.6	2.19	0.93	—	—
	120	—	—	12	7.79	4.57	2.66	1.52	0.85
1500	20	12	5.26	—	—	—	—	—	—
	30	12	9.36	4.26	1.52	—	—	—	—
	60	—	12	8.91	4.59	2.19	0.93	—	—
	120	—	—	12	7.78	4.56	2.65	1.52	0.85

续表

海拔高度/m	照度/lx	行车速度/(km/h)							
		30	40	50	60	70	80	90	100
2000	20	12	5.24	—	—	—	—	—	—
	30	12	9.34	4.25	1.52	—	—	—	—
	60	—	12	8.89	4.59	2.18	0.93	—	—
	120	—	—	12	7.76	4.55	2.65	1.51	0.85
2500	20	12	5.23	—	—	—	—	—	—
	30	12	9.31	4.24	1.52	—	—	—	—
	60	—	12	8.87	4.58	2.18	0.93	—	—
	120	—	—	12	7.74	4.54	2.64	1.51	0.85
3000	20	12	5.21	—	—	—	—	—	—
	30	12	9.29	4.23	1.51	—	—	—	—
	60	—	12	8.85	4.57	2.17	0.93	—	—
	120	—	—	12	7.73	4.54	2.64	1.51	0.85
3500	20	12	5.2	—	—	—	—	—	—
	30	12	9.26	4.22	1.51	—	—	—	—
	60	—	12	8.83	4.56	2.17	0.93	—	—
	120	—	—	12	7.71	4.53	2.63	1.51	0.84
4000	20	12	5.19	—	—	—	—	—	—
	30	12	9.24	4.21	1.51	—	—	—	—
	60	—	12	8.81	4.55	2.16	0.92	—	—
	120	—	—	12	7.69	4.52	2.63	1.5	0.84
4500	20	12	5.17	—	—	—	—	—	—
	30	12	9.21	4.2	1.5	—	—	—	—
	60	—	12	8.79	4.54	2.16	0.92	—	—
	120	—	—	12	7.68	4.51	2.63	1.5	0.84
5000	20	12	5.16	—	—	—	—	—	—
	30	12	9.19	4.19	1.5	—	—	—	—
	60	—	12	8.77	4.53	2.16	0.92	—	—
	120	—	—	12	7.66	4.5	2.62	1.5	0.84

说明：表格中消光系数单位为 $10^{-3}m^{-1}$。

为了更直观地观察消光系数的变化规律，将以上计算结果整理并得到消光系数在不同光源、不同车型、不同照度及不同海拔高度条件下随行车速度的变化曲线，如图 6-18～图 6-21 所示。

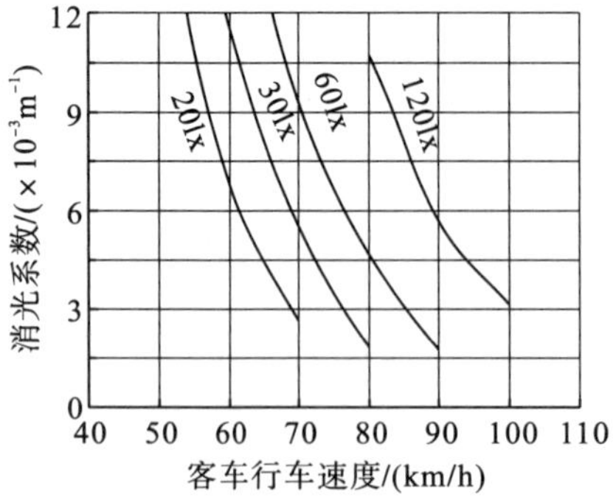

(a)海拔 0m

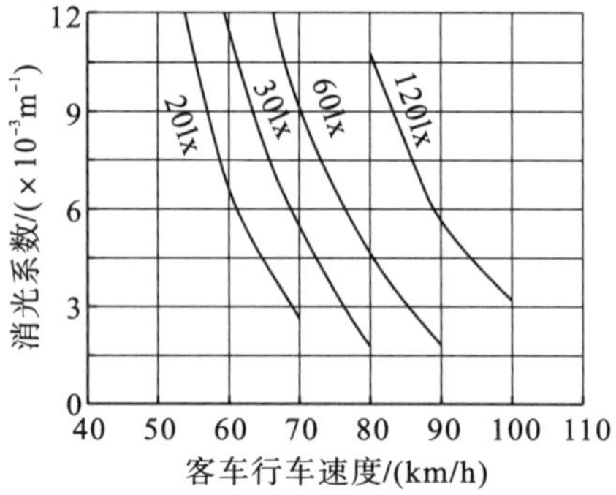

(b)海拔 1000m

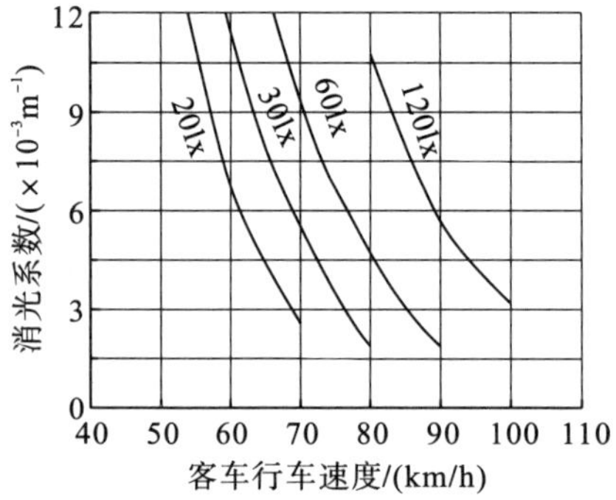

(c)海拔 2000m

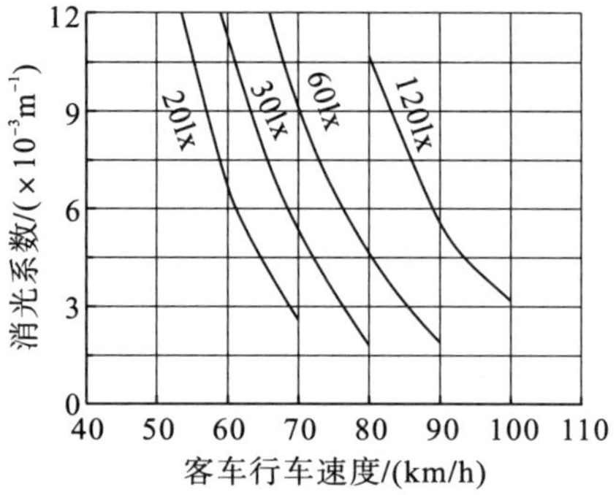

(d)海拔 3000m

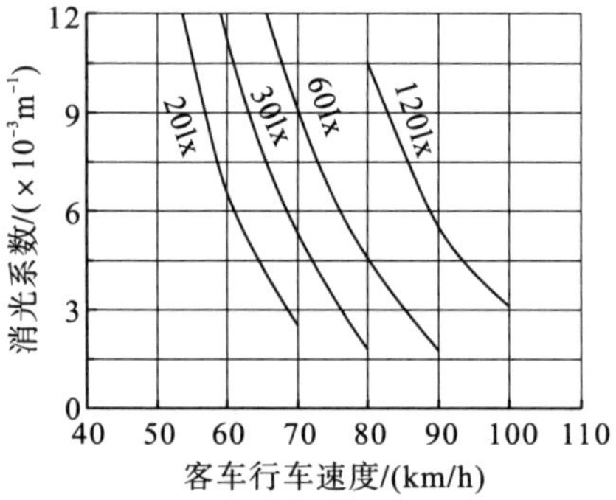

(e)海拔 4000m

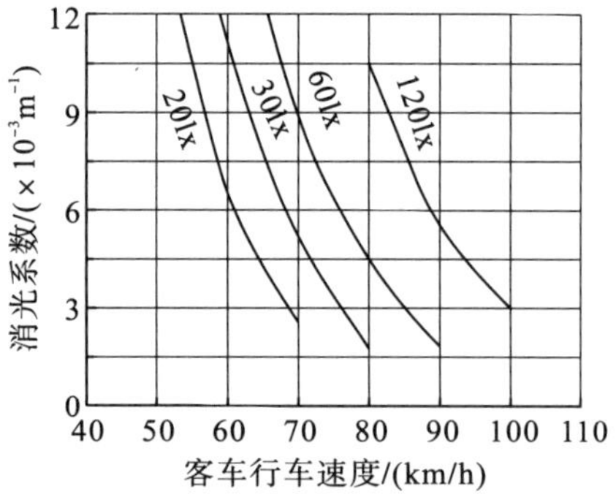

(f)海拔 5000m

图 6-18　钠灯为光源时隧道消光系数限值(客车)

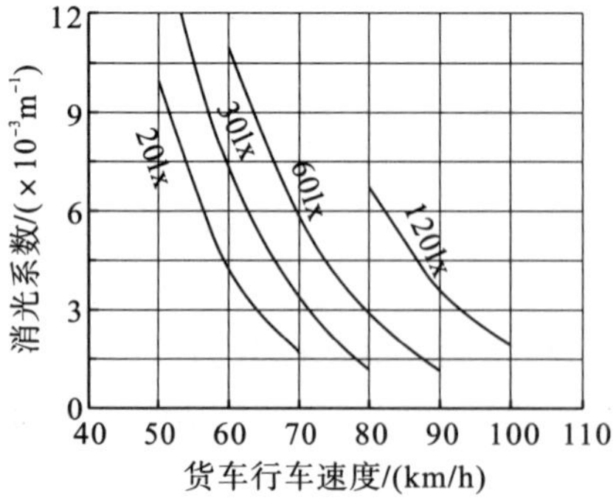

(a)海拔 0m

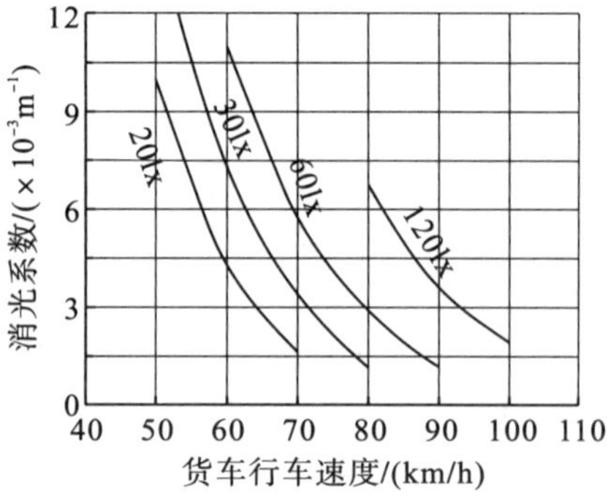

(b)海拔 1000m

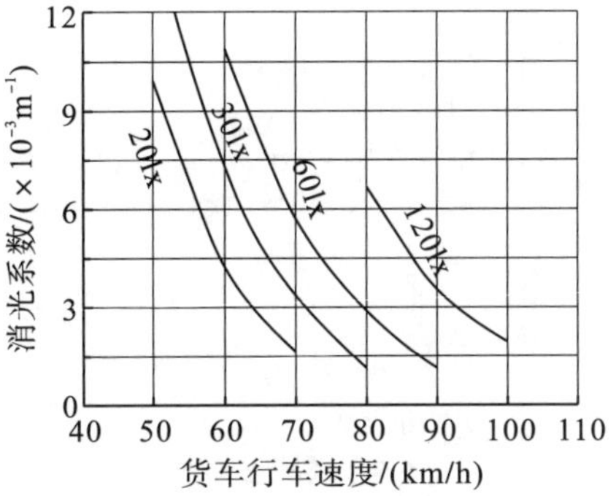

(c)海拔 2000m

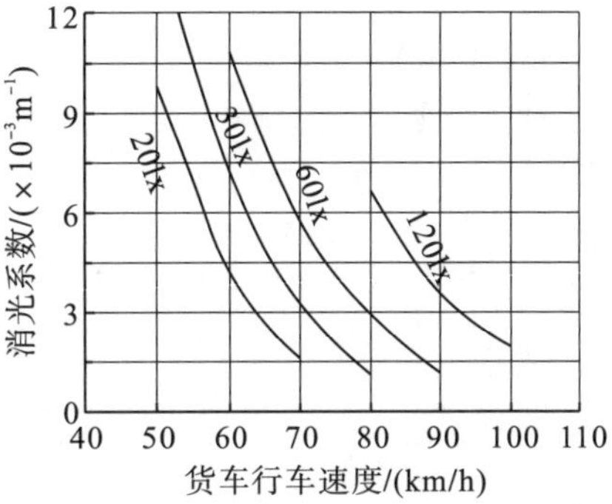

(d)海拔 3000m

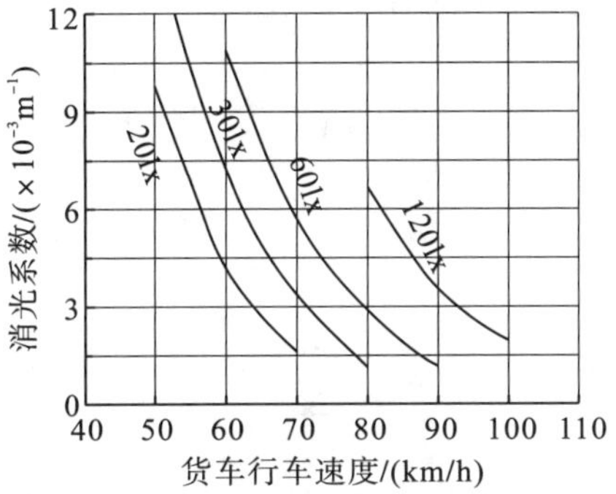

(e)海拔 4000m

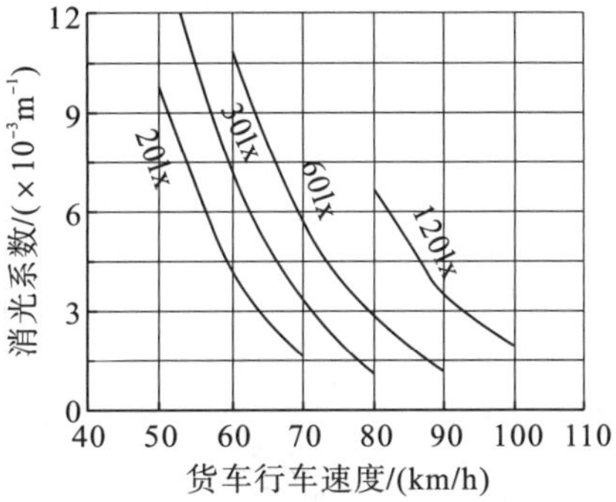

(f)海拔 5000m

图 6-19　钠灯为光源时隧道消光系数限值(货车)

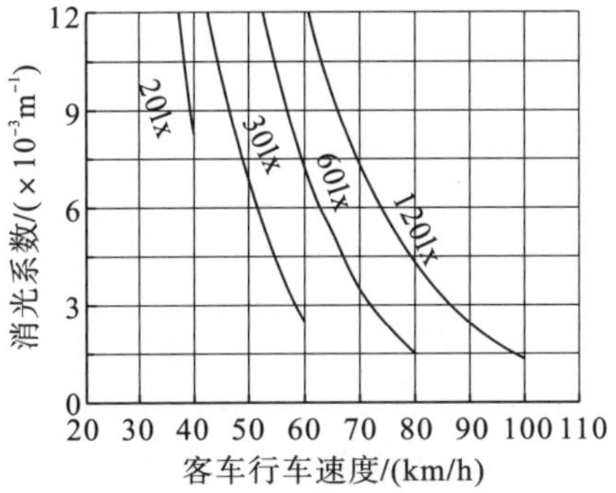

(a)海拔 0m

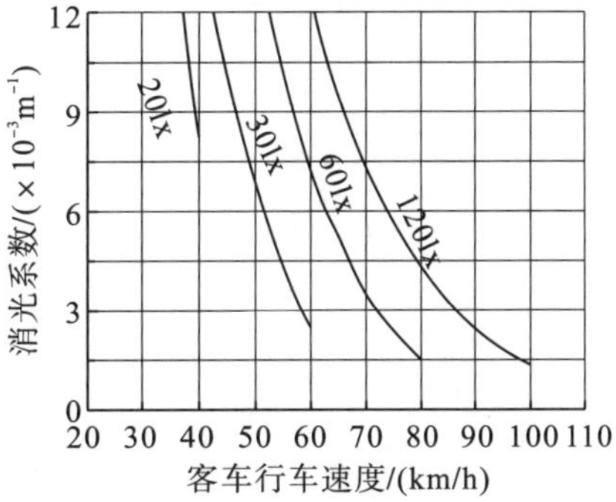

(b)海拔 1000m

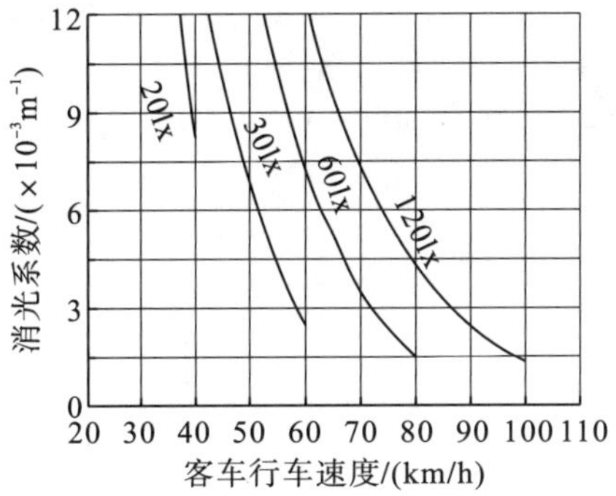

(c)海拔 2000m

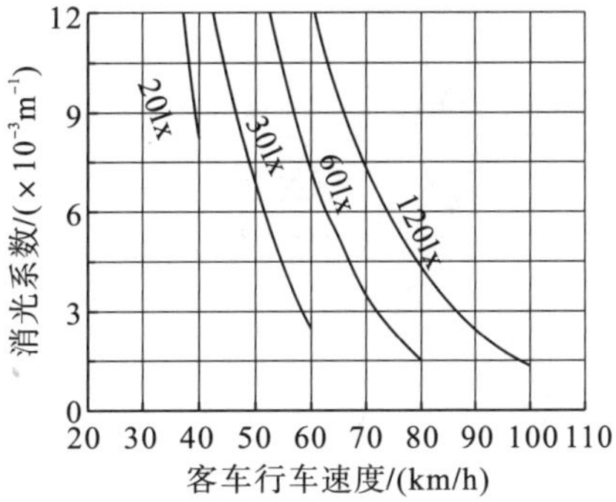

(d)海拔 3000m

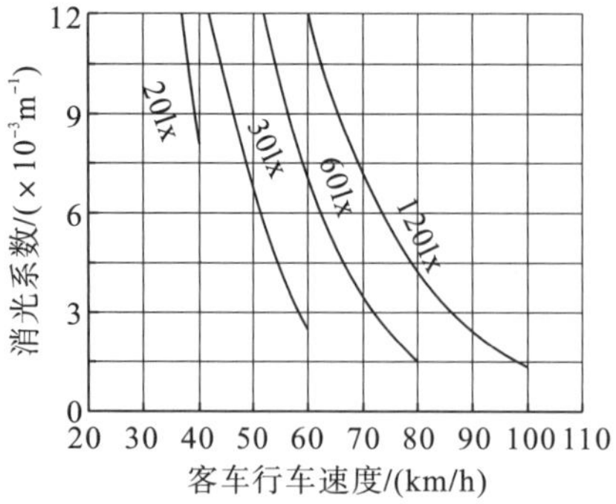

(e)海拔 4000m

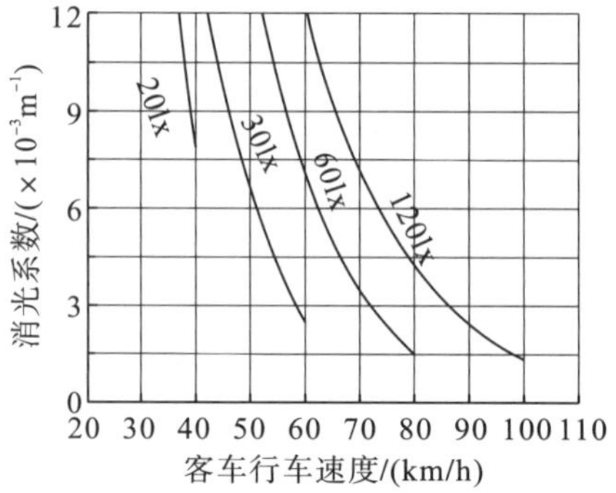

(f)海拔 5000m

图 6-20 荧光灯为光源时隧道消光系数限值(客车)

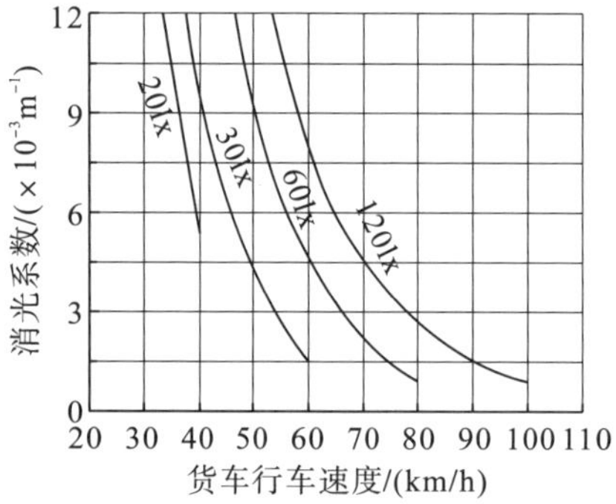

(a)海拔 0m

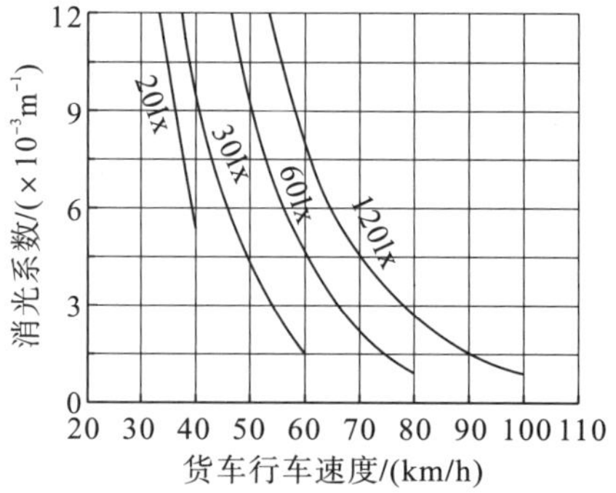

(b)海拔 1000m

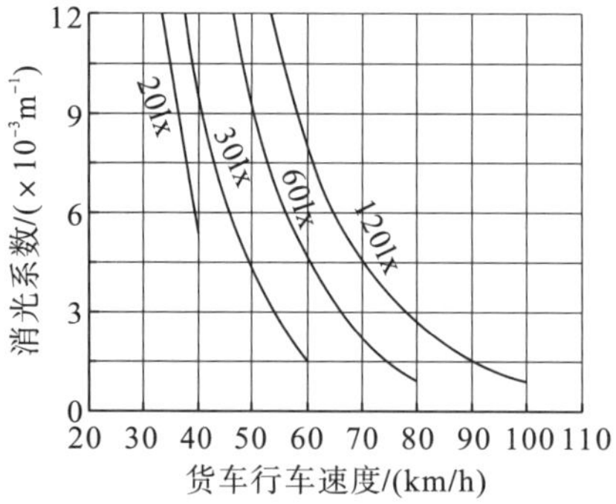

(c)海拔 2000m

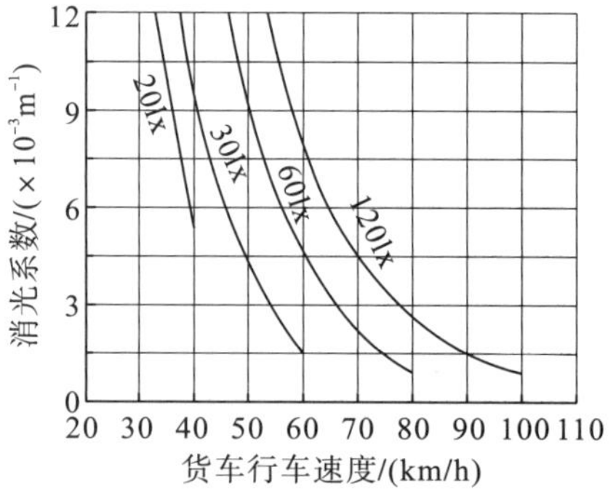

(d)海拔 3000m

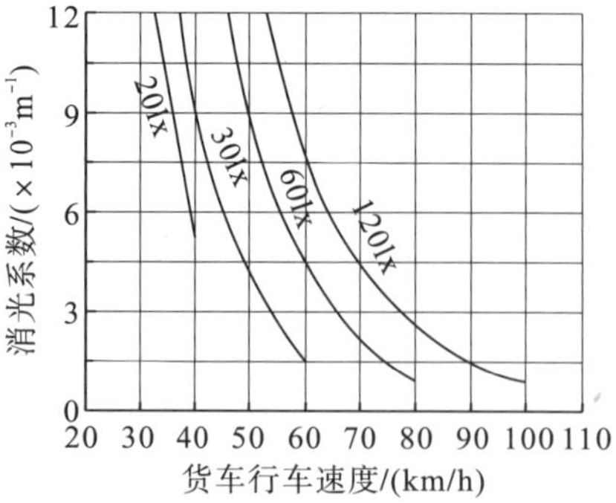

(e)海拔 4000m

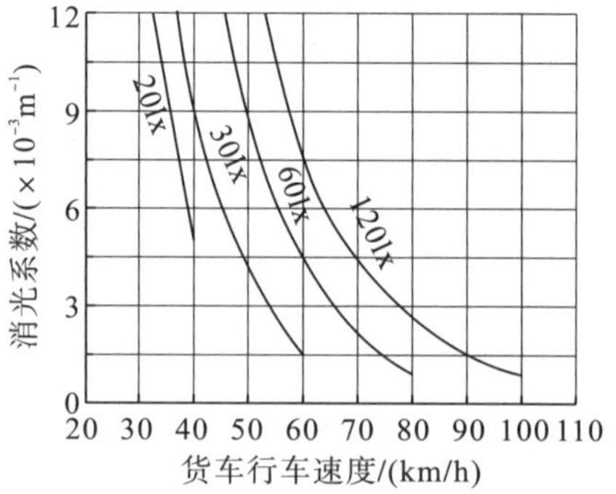

(f)海拔 5000m

图 6-21 荧光灯为光源时隧道消光系数限值(货车)

由计算结果可以看出，在不同的光照条件下，不同的行车速度时，消光系数所呈现出来随海拔变化的规律一致，即消光系数随着海拔的升高逐渐降低，这说明了海拔越高，隧道内的烟雾控制浓度应该越低，让驾驶人员有足够的视距来保证行车安全。

(4)高海拔隧道内烟雾浓度控制标准的确定。

根据高海拔隧道实际情况，高原公路隧道多为二级公路，因此行车速度可以取40km/h，车辆与路面之间的摩阻系数，货车和客车分别取 0.17 和 0.38，隧道路面坡度系数取相对保守的−3%，选择荧光灯作为照明光源。《公路隧道照明设计细则》中规定隧道中间段照明照度在车速为 40km/h 时，照度不应小于 10～15 lx，因此可以取 20lx 照度下的透光率 67%作为设计透光率。

不同海拔高度下的烟雾消光系数如表 6-15 所示。

表 6-15　不同海拔高度下的烟雾消光系数

海拔高度/m	车速/(km/h)	透光率	消光系数/m^{-1}	
			客车	货车
0	40	0.67	0.0082	0.0053
500	40	0.67	0.0082	0.0053
1000	40	0.67	0.0082	0.0053
1500	40	0.67	0.0081	0.0052
2000	40	0.67	0.0081	0.0052
2500	40	0.67	0.0080	0.0052
3000	40	0.67	0.0080	0.0052
3500	40	0.67	0.0080	0.0052
4000	40	0.67	0.0079	0.0052
4500	40	0.67	0.0079	0.0051
5000	40	0.67	0.0078	0.0051

说明：表格中消光系数单位为$\times 10^{-3} m^{-1}$。

现将客车和货车分别作为隧道主要通行车辆的情况下隧道内烟雾浓度控制标准与规范规定值进行对比，并绘制控制标准随海拔高度的变化情况(图 6-22)，以得到高海拔隧道运营烟雾浓度控制标准随海拔高度的变化规律。

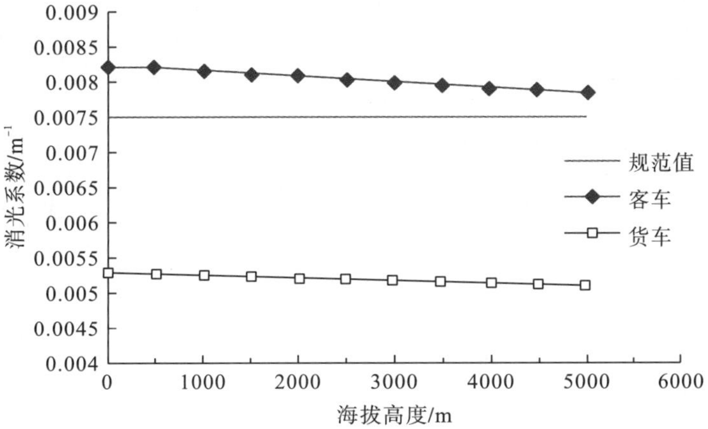

图 6-22　消光系数随海拔高度的变化规律

由表 6-15 和图 6-22 可知，消光系数随着海拔的升高逐渐降低，这说明了海拔越高，隧道内的烟雾控制浓度应该越低，让驾驶人员有足够的视距来保证行车安全。客车计算值相较规范给定的限值 $0.0075m^{-1}$ 大，而货车计算值相较规范限值小。交通车辆以客车为主的隧道可以适当提高控制限值，从而减少运营费用的投入。而在交通车辆以货车为主的隧道则应该从安全的角度考虑，降低控制限值。

6.3 高海拔低交通量隧道通风控制标准

6.3.1 地下空间工程换气控制因素及标准

不同的地下工程，由于其功能、地理位置等不同，其换气的控制因素也不相同。下面主要针对地下商场、地下车库、地铁车站、人防工程、特殊环境隧道及公路隧道等地下工程的换气控制因素及换气标准进行调研。

1. 地下商场换气控制因素及标准

地下商场换气是为了保证人群的安全性和舒适性，确保地下商场的空气的流通，保持商场中环境的温度、湿度满足人群安全舒适要求等。

地下商场的换气系统包括空调系统和排烟系统，一般按照《民用建筑供暖通风与空气调节设计规范附条文说明》(GB50736—2012)进行设计，其中针对空调区的换气次数应符合以下规定。

(1)舒适性空气调节每小时不宜小于 5 次，但高大空间的换气次数应按其冷负荷通过计算确定。

(2)工艺性空气调节不宜小于表 6-16 中所列数值。

表 6-16 地下商场换气频率表

室温允许波动范围/℃	每小时换气次数	附注
±1.0	5	高大空间除外
±0.5	8	—
±0.1～0.2	12	工作时间不送风的除外

2. 地下车库换气控制因素及标准

地下车库换气是为了保证地下车库的环境温度、湿度及异味气体含量均满足人员安全舒适要求，其换气频率可按照下式进行计算。

$$n=\frac{cfqt}{\alpha sh} \tag{6-10}$$

式中，n——换气频率(次/h)；

f——车辆出入频率，出入车辆的数量与设计容量之比，一般取 1～1.5；

q——每台车辆单位时间(小时)CO 排出量，一般取 $1m^3/h$ 计算；

t——车辆在地下车库平均行驶及怠速的时间，一般取 4～7min；

α——CO 的允许浓度，一般取 160mg/m^3；

s——地下车库面积(m^2)；

h——地下车库高度(m)。

3. 地铁车站换气控制因素及标准

地下车站分为公共区、设备用房区及区间隧道等区域，各区域由于功能、结构特点等不同，对于需风量及换气标准要求也不尽相同。

(1)地下车站公共区：地下车站公共区开式运行时新鲜空气量不小于 30m^3/(h·人)，闭式运行时新鲜空气量不小于 12.6m^3/(h·人)，且系统新风量不小于系统总风量的 10%。CO_2浓度应小于 1.5%，可吸入颗粒物的日平均浓度不应大于 0.25mg/m^3。

(2)地下车站设备管理用房区：车站设备管理用房区最小新风运行时，取下面两者最大值：①空调计算人员新风量按 30m^3/(h·人)计；②新风量大于系统总风量的 10%。CO_2浓度应小于 1.0%，可吸入颗粒物的日平均浓度不应大于 0.25mg/m^3。

(3)区间隧道：区间隧道内每个乘客每小时需供应的新鲜空气量不应小于 12.6m^3/(h·人)，可吸入颗粒物的日平均浓度不应大于 0.25mg/m^3。

4. 人防工程换气控制因素及标准

人防工程换气是为了保证地下空间的温度、湿度及除去异味。其单元面积大于 1000m^2，进出口设置应不少于两个，各个进出口距离不低于 15m，高度不低于 2.6m，宽度不低于 2m，风井内风速不高于 6m/s，排烟风速不高于 10m/s。

5. 特殊环境隧道换气控制因素及标准

(1)海底隧道。

海底隧道换气除了保证温度、湿度及异味气体以外，还要考虑环境中的盐酸盐物质对隧道中金属设施的腐蚀性。盐酸盐对隧道中金属设施的腐蚀性主要表现在影响水膜电解质浓度和 H^+ 浓度，从而加速金属的腐蚀。典型的海底隧道有厦门翔安隧道和青岛胶州湾隧道等。

(2)瓦斯隧道。

瓦斯隧道在运营过程中换气的目的是除了要保证隧道中的温度、湿度及去除隧道中的异味气体之外，还要保证隧道中的瓦斯浓度不超过相关规定。根据《铁路瓦斯隧道技术规范》的规定：瓦斯隧道在运营中，瓦斯的浓度在任何时间、任何地点都不得大于 0.5%。

瓦斯隧道运营期间宜采用定时通风：当隧道内瓦斯浓度达到 0.4%时，必须启动风机进行通风，保证瓦斯浓度不大于 0.5%，当隧道内瓦斯浓度降到 0.3%以下时，可停止通风。典型的瓦斯隧道有云顶山瓦斯隧道和天台寺瓦斯隧道等。

(3)硫化氢隧道。

硫化氢隧道主要出现在隧道穿越煤系地层时，隧道围岩渗出硫化氢气体，根据《煤矿安全规程》矿道中硫化氢的极限浓度为 6.6×10^{-6}，根据《工业企业设计卫生标准》(GBZ 1—2010)，硫化氢安全标准浓度为 $10mg/m^3$，舒适性浓度(感觉阈值)为 $0.012\sim0.03mg/m^3$。在隧道运营过程中，取舒适性浓度标准为设计阈值。典型的硫化氢隧道为华蓥山隧道。

地下空间工程如图 6-23～图 6-26 所示。

图 6-23　地下商场

图 6-24　地下车库

图 6-25　瓦斯隧道

图 6-26　硫化氢隧道

6. 公路隧道换气控制因素及标准

地下商场、地下车库、地铁车站和人防工程等地下空间换气的目的主要是保证地下空间的温度、湿度及消除异味气体，保证人体的舒适性。特殊隧道换气的目的主要是消除隧道内的有害气体，以保证人员及结构的安全性。而对于普通公路隧道而言，特别是川西高海拔低交通量隧道，换气的主要目的是除去隧道中的异味气体，以保证驾驶人员的行车舒适性。

6.3.2 隧道异味气体成分组成

公路隧道为一个相对密闭的环境，特别是川西高原公路隧道，由于空气相对稀薄，隧道内异味容易聚集。合理判断异味成分及来源，对于川西高原公路隧道换气频率的研究有着重要的指导作用。研究发现，隧道异味主要有 3 个来源：汽油车尾气、柴油车尾气及隧道围岩自身产生。值得注意的是，汽车尾气的产生和汽车燃料的不完全燃烧有着直接的关系，在川西高原由于氧气稀薄，致使燃料燃烧更加不完全，产生的尾气中，污染物含量相较于低海拔地区更多。汽车尾气排放现场如图 6-27 所示。

图 6-27　汽车尾气排放现场

汽油车产生的污染物成分主要有一氧化碳、氮氧化合物、烃类物质、醛类物质及含铅的物质。柴油车产生的污染物成分主要有一氧化碳、碳氢化合物、氮氧化合物、二氧化硫、烟尘微粒(某些重金属化合物、铅化合物、黑烟及油雾)、臭气(甲醛等)。尾气成分组成如图 6-28 所示。

图 6-28　尾气成分组成

隧道围岩自身产生的异味成分主要有硫化氢、甲烷等。例如，四川省华蓥山隧道围岩有硫化氢气体产生。

通过进一步调研发现，这些污染物中，有异味的气体主要有氮氧化合物、烃类物质、含铅物质、二氧化硫、硫化氢、甲醛。

6.3.3　隧道异味气体对人体健康影响机理

通过调研发现，这些异味气体成分对人体有着不同程度的危害，而这些异味气体对人体危害与气体浓度及人体在该气体环境中滞留的时间有直接或间接的联系。

氮氧化合物：由内燃机气缸内大部分气体生成，其排放量取决于燃烧温度、时间和空燃比等因素。从燃烧过程看，排放的氮氧化合物95%以上可能是一氧化氮，其余的是二氧化氮。人体受一氧化氮毒害的事例尚未发现，但二氧化氮是一种红棕色呼吸道刺激性气体，气味阈值约为空气质量的 1.5 倍，对人体影响很大。由于其在水中溶解度低，不易为上呼吸道吸收，从而深入下呼吸道和肺部，引发支气管炎、肺水肿等疾病。在浓度为 9.4mg/m^3 的空气中暴露 10min 便可造成呼吸系统失调。对于氮氧化合物，世界卫生组织环境健康评价组曾做出这样的结论：短期暴露不受影响的二氧化氮浓度值为 0.94mg/m^3，暴露时间达到 1h 而不受影响的二氧化氮浓度值为0.19～0.32mg/m^3，并且一个月出现不能多于两次才能确保公共健康。

烃类物质：汽车尾气的碳氢化合物来自 3 种排放源。对一般汽油发动机来说，约 60%的碳氢化合物来自内燃机废气排放，而 20%～25%来自曲轴箱(PCV 系统)的泄漏，剩余的 15%～20%则来自燃料系统(碳罐)的蒸发。甲烷是窒息性气体，其感觉阈值为 142.8mg，只有高浓度时才对人体健康造成危害。乙烯、丙烯和乙炔则主要是对植物造成伤害，使路边的树木不能正常生长。苯是无色类似汽油味的气体，可引起食欲不振、体重减轻、易倦、头晕、头痛、呕吐、失眠、黏膜出血等症状，也可引起血液变化，如红细胞减少，出现贫血甚至白血病。其感觉阈值为 16.29mg，对人体健康有影响的阈值为 34.8mg。汽车尾气中还含有多环芳烃，虽然含量很低，但由于多环芳烃含有多种致癌物质(如苯丙芘)而引起人们的关注。HC 和 NO_X 在大气环境中受强烈太阳光紫外线照射后，产生一种复杂的光化学反应，生成一种新的污染物形成光化学烟雾。1952 年 12 月伦敦发生的光化学烟雾 4 天中死亡人数较常年同期约多 4000 人。其中，45 岁以上的最多，约为平时的 3 倍，1 岁以下的约为平时的两倍。事件发生的一周中，因支气管炎、冠心病、肺结核和心脏衰弱而死亡的人数分别为事件前一周同类死亡人数的 9.3 倍、2.4 倍、5.5 倍和 2.8 倍。

甲醛：汽车尾气排放的醛类以甲醛为主，占总排量的 60%～70%。甲醛是有刺激性的气体，对眼睛有刺激性作用，也会刺激呼吸道，感觉阈值为 0.06～1.2mg，高浓度时会引起咳嗽、胸痛、恶心和呕吐。

含铅物质：汽车尾气排放的含铅颗粒大部分来自内燃机的废气排放。一般汽油的含铅量在 0.08%～0.13%之间。铅主要作用于神经系统、造血系统、消化系统和肝、肾等器官。铅不仅能抑制血红蛋白的合成代谢过程，还能直接作用于成熟的红细胞。经由呼吸系统进入人体的铅粒，颗粒较大者能吸附于呼吸道的黏液上，混于痰中而吐出；颗粒较小者，便沉积于肺的深部组织，它们几乎全被吸收了。铅在人体内各器官中积累到一定程度，会对人的心脏、肺等造成损害，使人贫血、行为呆傻、智力下降、注意力不集中，严重的还可能导致不育症及高血压。根据进入身体的方式，约有高达 60%的摄入总铅量永久留在人体内，成年人血液中混入 0.8mg 以上就会铅中毒。

二氧化硫：进入呼吸道后，因其易溶于水，所以大部分被阻滞在上呼吸道，在湿润的黏膜上生成具有腐蚀性的亚硫酸、硫酸和硫酸盐，使刺激作用增强。上呼吸道的平滑肌因有末梢神经感受器，遇刺激就会产生窄缩反应，使气管和支气管的管腔缩小，气道阻力增加。上呼吸道对二氧化硫的这种阻留作用，在一定程度上可减轻二氧化硫对肺部的刺激，但进入血液的二氧化硫仍可通过血液循环抵达肺部产生刺激作用。二氧化硫可被吸收进入血液，对全身产生毒副作用。它能破坏酶的活力，从而明显地影响碳水化合物及蛋白质的代谢，对肝脏有一定的损害。动物试验证明，二氧化硫慢性中毒后，机体的免疫受到明显抑制。二氧化硫浓度为 10～15ppm 时，呼吸道纤毛运动和黏膜的分泌功能均能受到抑制；浓度达到 20ppm 时，易引起咳嗽并刺激眼睛。若每天吸入浓度为 100ppm 的二氧化硫 8h，支气管和肺部将出现明显的刺激症状，使肺组织受损；浓度达到 400ppm 时，可使人产生呼吸困难。

6.3.4　高海拔低交通量隧道异味气体分布影响因素

对一些高海拔隧道进行环境参数测试，结果如表 6-17～表 6-22 所示。

表 6-17　南华隧道测试结果表

测试隧道						南华隧道								
测试日期		2016.9.12			测试时间	11：40								
天气状况		阴												
测试编号	测试断面	测试项目											备注
		CO	O_2	气压	温度	湿度	风速	CH_4	H_2S	NO_X	SO_2	VI	
		ppm	%	kPa	℃	%	m/s	ppm	ppm	ppm	ppm	mg/m³	
1	进口处	3	20.5	95.6	26	55	1.211	0.04	0	1.23	0	1.03	—
2	入口段	3	20.6	95.65	24	58.9	1.723	0.04	0	1.23	0	1.38	—
3	过渡段	4	20.6	95.63	22.6	69.1	1.502	0.04	0	4.34	0	0	—
4	中间段 ①	10	20.5	95.35	21.9	71.6	1.257	0.04	0	6.58	0	1.64	—
	中间段 ②	20	20.4	94.78	21.9	76	0.794	0.05	0	17.43	0	1.9	—
5	出口段	26	20.4	94.01	21.9	71.1	1.019	0.04	0	18.05	0	2.59	—
6	出口处	—	—	93.98	22.6	66.8	1.353	0.04	0	—	0	—	—

表 6-18　盘龙山隧道测试结果表

测试隧道					盘龙山隧道								
测试日期		2016.9.12			测试时间	12：50							
天气状况		阴											
测试编号	测试断面	测试项目											备注
		CO	O_2	气压	温度	湿度	风速	CH_4	H_2S	NO_X	SO_2	VI	
		ppm	%	kPa	℃	%	m/s	ppm	ppm	ppm	ppm	mg/m³	
1	进口处	5	20.4	93.19	24	59.6	1.013	0.04	0	0.94	0	0	—
2	入口段	5	20.4	93.15	23.3	61.8	1.263	0.04	0	0.99	0	0	—
3	出口段	5	20.5	93.09	21.9	65.6	1.271	0.04	0	0	0	0.51	—
4	出口处	—	—	93.06	22.6	63.8	1.025	—	—	—	—	—	—

表 6-19 紫荆隧道测试结果表

测试隧道		紫荆隧道											
测试日期		2016. 9. 12		测试时间	—								
天气状况		阴											
测试编号	测试断面	测试项目											备注
		CO	O_2	气压	温度	湿度	风速	CH_4	H_2S	NO_X	SO_2	VI	
		ppm	%	kPa	℃	%	m/s	ppm	ppm	ppm	ppm	mg/m^3	
1	进口处	3	20. 6	90. 73	21. 2	67	很小	0. 04	0	—	—	—	14:30
2	入口段	5	20. 6	90. 78	23. 3	59. 8	1. 361	0. 04	0	0	0	1. 29	14:25
3	过渡段	4	20. 5	90. 73	23. 3	60. 3	1. 125	0. 04	0	2. 02	0	1. 03	14:40
4	中间段 ①	3	20. 5	91. 11	19. 2	75. 1	2. 026	0. 04	0	0	0	0	14:57
	中间段 ②	5	20. 5	91. 84	20. 5	76	1. 164	0. 04	0	3. 05	0	0. 77	15:06
5	出口段	10	20. 4	92. 44	19. 9	97. 4	1. 505	0. 04	0	7. 3	0. 2	0	15:24
6	出口处	0	20. 4	92. 51	21. 2	72. 2	0	0	0	—	—	—	15:15

表 6-20 花岩子隧道测试结果表

测试隧道		花岩子隧道(隧道长 500m，海拔高度为 3490m)											
测试日期		2016. 9. 12		测试时间	—								
天气状况		阴(雾)											
测试编号	测试断面	测试项目											备注
		CO	O_2	气压	温度	湿度	风速	CH_4	H_2S	NO_X	SO_2	VI	
		ppm	%	kPa	℃	%	m/s	ppm	ppm	ppm	ppm	mg/m^3	
1	进口处	0	20	71. 97	13	63. 8	1. 113	0. 08	0	0. 67	0	—	16:55
2	入口段	0	19. 9	71. 97	11. 6	67. 2	0. 114	0. 08	0	0. 74	0	0. 17	17:03
3	中间段	3	19. 9	71. 87	11. 6	67. 2	1. 157	0. 07	0	0	0	0. 77	17:15
4	出口段	0	19. 9	71. 76	10. 2	73. 5	1. 041	0. 07	0	0. 66	0	0	17:23
5	出口处	0	19. 8	71. 69	8. 9	79. 6	很小	0. 08	0	0. 68	0	—	17:30

表 6-21 焦子坪隧道测试结果表

测试隧道		焦子坪隧道(隧道长 1570m)											
测试日期		2016. 9. 13		测试时间	—								
天气状况		阴											
测试编号	测试断面	测试项目											备注
		CO	O_2	气压	温度	湿度	风速	CH_4	H_2S	NO_X	SO_2	VI	
		ppm	%	kPa	℃	%	m/s	ppm	ppm	ppm	ppm	mg/m^3	
1	进口处	0	20. 2	81. 98	21. 2	51. 1	1. 358	0. 07	0	0. 74	0	0	15:50
2	入口段	6	20. 1	82. 01	20. 5	55	1. 451	0. 06	0	3. 77	0	0. 86	16:00
3	过渡段	6	20. 2	81. 99	19. 2	57. 9	1. 146	0. 06	0	4. 27	0	0. 08	16:10
4	中间段	9	20. 2	82. 03	21. 2	53. 5	0	0. 05	0	6. 21	0. 15	0. 34	16:15
5	出口段	0	20. 2	82. 15	21. 9	53. 3	1. 144	0. 05	0	0	0	0	16:20
6	出口处	7	20. 2	82. 11	21. 2	52. 9	0	0. 05	0	2. 69	0	0. 43	16:25

表 6-22　鹧鸪山隧道测试结果表

测试隧道			鹧鸪山隧道									
测试日期		2016.9.14	测试时间	—								
天气状况		阴(小雨)										
测试编号	测试断面	测试项目										备注
		CO	O_2	气压	温度	湿度	风速	CH_4	H_2S	NO_X	SO_2	VI	
		ppm	%	kPa	℃	%	m/s	ppm	ppm	ppm	ppm	mg/m³	
1	进口处	0	19.8	72.9	15.1	63.9	0	0.08	0	0	0	0	9:36
2	入口段	16	19.7	72.92	17.1	72.5	1.425	0.09	0	10.27	0	2.5	9:45
3	过渡段	28	19.7	72.94	17.8	70.6	2.547	0.09	0	14.89	0	2.26	9:53
4	中间段 ①	28	19.7	72.92	17.8	70.1	1.451	0.09	0	12.95	0	0.69	10:05
	中间段 ②	33	19.7	72.94	17.8	66.2	1.216	0.08	0	13.9	0	0	10:12
5	出口段	19	19.9	73.16	15.3	66.7	无	0.07	0	6.09	0.67	2.85	10:25
6	出口处	8	19.9	73.21	19.2	54	1.057	0.07	0	0	0	0	10:19

由表 6-17～表 6-22 可知，川西高原隧道存在的异味气体主要是 NO_2，而 SO_2 含量极少，因此，后期针对隧道中的异味气体将主要研究 NO_2 气体。盘龙山隧道和花岩子隧道有害气压测试结果对比如图 6-29 和图 6-30 所示。

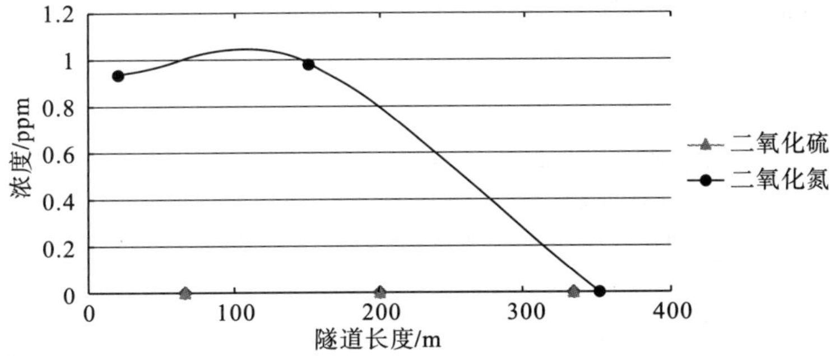

图 6-29　盘龙山隧道测试结果

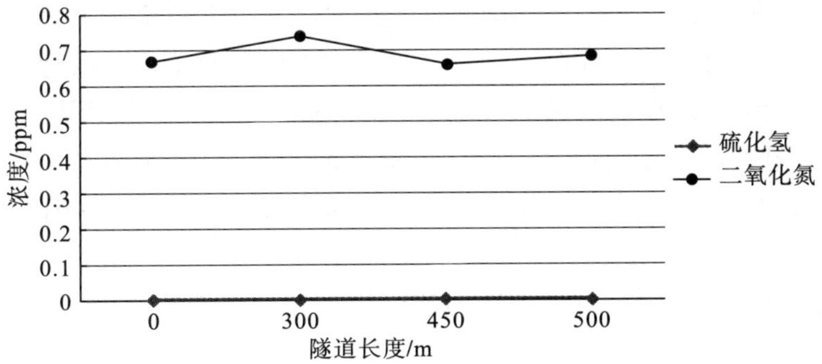

图 6-30　花岩子隧道测试结果

由图 6-29 和图 6-30，盘龙山隧道(长度为 381m，海拔高度为 1350m)和花岩子隧道(长度为 500m，海拔高度为 3490m)的测试结果可以看出，对于短隧道而言，虽然两座隧道都不设机械通风设备且海拔高度不同(盘龙山位于山地，花岩子位于高原)，车流量不同(平原地区车流量高于高原地区车流量)，但由于隧道长度短，通风效果良好，CO、NO_2实测浓度均小于规范要求浓度值。因此，对于短隧道而言，利用自然风和交通风即可达到良好的通风效果，无须机械通风。

南华隧道和鹧鸪山隧道有害气压测试结果如图 6-31 和图 6-32 所示。

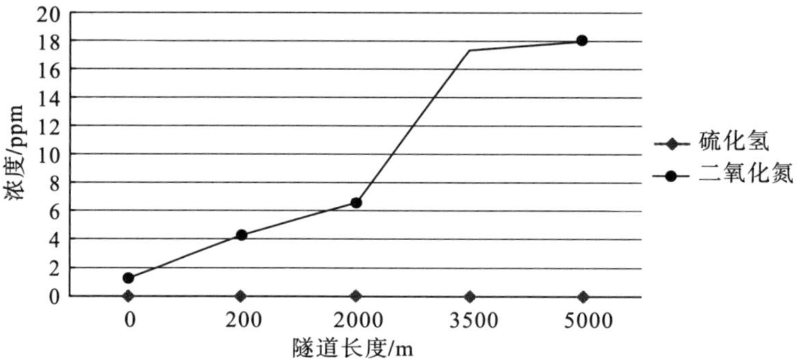

图 6-31　南华隧道测试结果

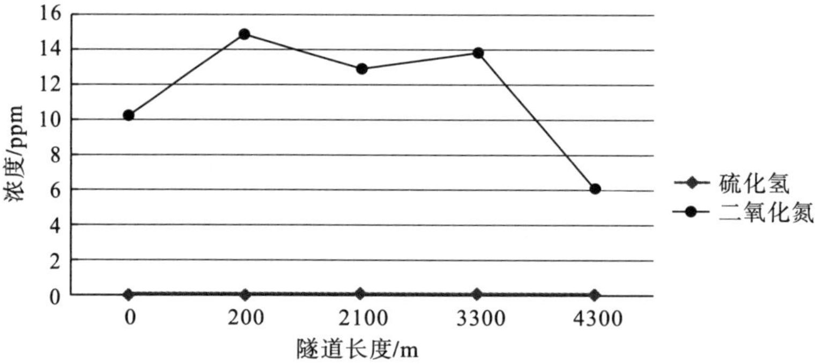

图 6-32　鹧鸪山隧道测试结果

由图 6-31 和图 6-32，南华隧道(长度为 4977m，海拔高度为 1020m)和鹧鸪山隧道(长度为 4448m，海拔高度为 3400m)的测试结果可以看出，对于特长公路隧道而言，由于南华隧道交通量相对较大，且在进行测试时段，该路段处于单向放行状态，交通风对污染物浓度分布影响大。在交通风的影响下，CO 和 NO_2从入口处开始随着长度的增加而累积，在出口附近达到最大值(CO 为 26ppm，NO_2为 18.05ppm)，CO 浓度符合规范要求值，但 NO_2浓度值远远大于规范要求值(1.0ppm)，这是由于现场机电设施不完备，通风设备并未完全启用，因此导致 NO_2浓度严重超标。对于鹧鸪山隧道而言，由于海拔高，车流量相对较少，交通风对污染物的浓度影响小，污染物浓度扩散类似自由扩散，因此在整个隧道中，污染物分布相对均匀(CO 为 30ppm，NO_2为 13ppm)，CO 浓度符合规范要求值，但 NO_2浓度值远远大于规范要求值(1.0ppm)。通过分析，隧道现场机电设施完备，但由于鹧鸪山隧道地处高海拔，隧道管理困难，很难达到及时通风，因此导致 NO_2 浓度超标。所以，在通风不良的状况下，车流量的大小对 NO_2 的分布影响很大。

南华隧道和紫荆隧道有害气压测试结果如图 6-33 和图 6-34 所示。

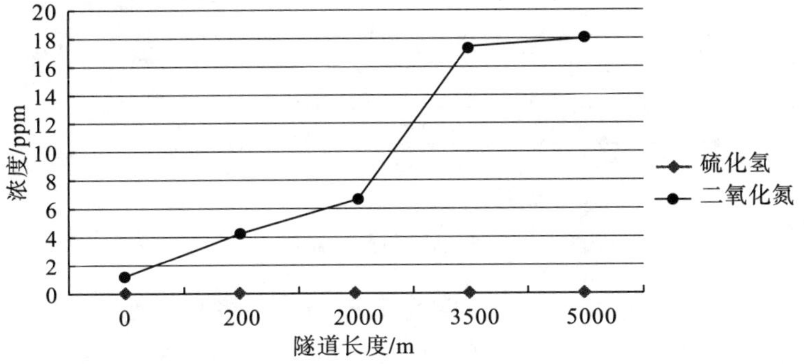

图 6-33　南华隧道测试结果

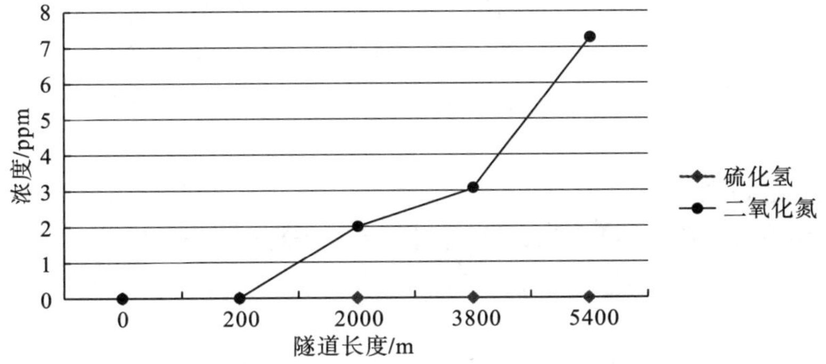

图 6-34　紫荆隧道测试结果

由图 6-29 和图 6-30，南华隧道(长度为 4977m，海拔高度为 1020m)和紫荆隧道(长度为 5567m，海拔高度为 2520m)的测试结果可以看出，两条隧道同位于省道 303 线，相距 9.4km，都为特长公路隧道，车流量几乎相同，两者海拔不同，但污染物浓度分布规律相似。因此，NO_2 浓度分布与隧道海拔关系不大。

焦子坪隧道和紫荆隧道有害气压测试结果如图 6-35 和图 6-36 所示。

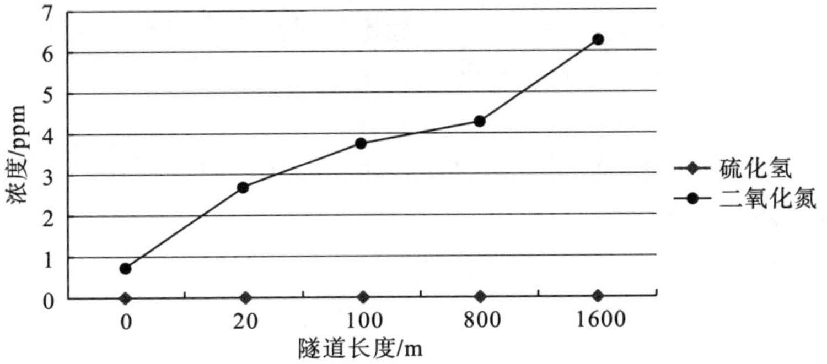

图 6-35　焦子坪隧道测试结果

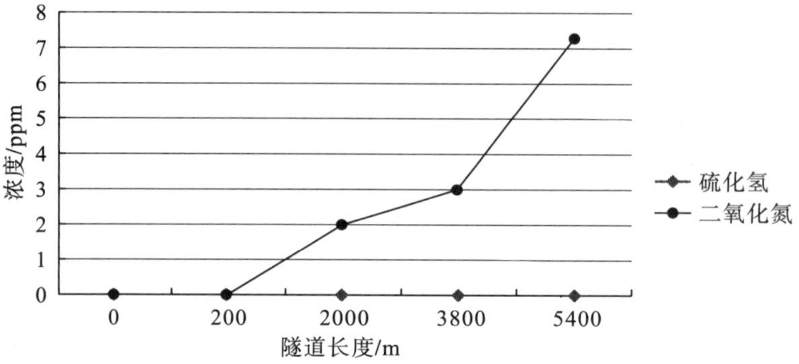

图 6-36 紫荆隧道测试结果

由图 6-35 和图 6-36，焦子坪隧道(长度为 1565m，海拔高度为 2760m)和紫荆隧道(长度为 5567m，海拔高度为 2520m)的测试结果可以看出，两条隧道海拔高度相近，但长度不同。焦子坪隧道由于地处高原，通风机电设备虽然完备，但由于管理不当等因素，造成现场通风不及时，因此导致 NO_2 浓度超标，但 NO_2 在整个隧道中浓度分布较均匀；紫荆隧道由于现场机电设备不完善，造成通风不及时，因此导致 NO_2 浓度超标，且 NO_2 浓度随隧道长度的增加而累积。因此，在相同情况下，隧道长度对 NO_2 浓度分布影响较大。

综上所述，通过对 6 条隧道(南华隧道、盘龙山隧道、紫荆隧道、花岩子隧道、焦子坪隧道和鹧鸪山隧道)NO_2 浓度分布的现场测试结果进行分析得知，隧道内 NO_2 浓度大小及分布的影响因素主要为车流量和隧道长度。

6.4 高海拔低交通量隧道运营通风换气临界条件

6.4.1 隧道异味气体浓度计算方法

1. NO_2 基准排放量确定

通过调研汽车尾气排放物，其中 CO 和 N_xO_x 的排放质量比为 10∶1 左右，而 N_xO_x 中以 NO 和 NO_2 为主，由于 NO 在空气中不稳定，极易发生氧化反应，生成 NO_2，因此隧道中主要的异味气体为 NO_2。NO 氧化过程为

$$2NO+O_2 = 2NO_2 \tag{6-11}$$

根据《公路隧道通风设计细则》(JTG/T D70/2—02—2014)，2000 年机动车有害气体中 CO 的排放基准：正常交通 0.007m^3/(veh·km)。

据此可以得到汽车尾气中 NO_2 的排放量为

$$q_{NO_2} = \frac{1}{10} \cdot \frac{M_{CO}}{M_{NO_2}} \cdot q_{CO} \tag{6-12}$$

式中，q_{NO_2}——NO_2的排放量[$m^3/(veh \cdot km)$]；

M_{CO}——一氧化碳的相对分子质量，一般取 28；

M_{NO_2}——二氧化氮的相对分子质量，一般取 46；

q_{CO}——CO 的排放量[$m^3/(veh \cdot km)$]。

计算可以得到，正常交通情况下，NO_2基准排放量为 $4.261\times10^{-4}m^3/(veh \cdot km)$。

2. NO_2浓度分布计算方法

《公路隧道通风设计细则》（JTG/T D70/2－02—2014）规定，设计小时交通量系数宜采用项目可行性研究报告提供的数据，当可行性研究报告没有明确提出该数据时，山岭重丘隧道可取 12%，平原微丘区隧道可取 10%，城镇附近隧道可取 9%。这里川西高原隧道取 12%，按照川西高原二级、三级公路隧道设计时速为 40km/h 计算，那么在长为 L 隧道的高峰小时交通量为

$$W = D \times 12\% \tag{6-13}$$

式中，W——隧道高峰小时交通量车辆数(pcu/h)；

D——隧道日交通量(pcu/d)。

则长为 L(m)的隧道 NO_2排放量 q 可由下式计算得到

$$q = W \times q_{NO_2} \times L \times 10^{-3} \tag{6-14}$$

式中，q_{NO_2}——NO_2排放量(m^3/h)；

L——隧道长度(m)。

针对川西高原隧道，在设计选线阶段为了达到隧道运营节能通风的效果，自然风的利用已作为重要的参考因素（如巴朗山隧道、雀儿山隧道等，经过现场长期监测，洞内年平均风速均大于 2m/s，且可以作为通风动力考虑），因此本次研究将隧址区的自然风作为通风动力考虑（对隧道中的 NO_2有稀释作用）。再假设车辆排出的二氧化氮自由扩散，充满整个隧道，那么 NO_2在隧道中的浓度为

$$\delta = \frac{q}{S \times L + v_n \times S \times 3600} \times 10^6 \tag{6-15}$$

式中，δ——1h 内隧道中 NO_2的累积浓度(ppm/h)；

S——隧道断面面积(m^2)；

L——隧道长度(m)；

v_n——自然风速(m/s)。

可以得到

$$\delta = \frac{12\% \times D \times q_{NO_2}}{S \times L + v_n \times S \times 3600} \times 10^3 \tag{6-16}$$

根据调研资料可知，川西高原典型二级、三级公路隧道为单洞双向交通，断面面积为 60.68m^2，根据《公路隧道通风设计细则》（JTG/T D70/2－02—2014）规定，自然风速取 2.0m/s。

通过理论计算得到 NO_2浓度与交通量和隧道长度的关系表，如表 6-23 所示。

表 6-23　不同交通量、不同隧道长度内 1h 的累积 NO_2 浓度(ppm/h)

车流量/(pcu/d) \ 隧道长度/m	500	1000	1500	2000	2500	3000	3500	4000	4500	5000	5500	6000	6500	7000	7500	8000	8500	9000	9500	10000
500	0.03	0.05	0.07	0.09	0.11	0.12	0.14	0.15	0.16	0.17	0.18	0.19	0.20	0.21	0.22	0.22	0.23	0.23	0.24	0.25
1000	0.05	0.10	0.15	0.18	0.22	0.25	0.28	0.30	0.32	0.35	0.36	0.38	0.40	0.42	0.43	0.44	0.46	0.47	0.48	0.49
1500	0.08	0.15	0.22	0.27	0.33	0.37	0.41	0.45	0.49	0.52	0.55	0.57	0.60	0.62	0.64	0.67	0.68	0.70	0.72	0.73
2000	0.11	0.21	0.29	0.37	0.43	0.50	0.55	0.60	0.65	0.69	0.73	0.77	0.80	0.83	0.86	0.89	0.91	0.94	0.96	0.98
2500	0.14	0.26	0.36	0.46	0.54	0.62	0.69	0.75	0.81	0.86	0.91	0.96	1.00	1.04	1.07	1.11	1.14	1.17	1.20	1.22
3000	0.16	0.31	0.44	0.55	0.65	0.74	0.83	0.90	0.97	1.04	1.09	1.15	1.20	1.25	1.29	1.33	1.37	1.40	1.44	1.47
3500	0.19	0.36	0.51	0.64	0.76	0.87	0.96	1.05	1.13	1.21	1.28	1.34	1.40	1.45	1.50	1.55	1.60	1.64	1.68	1.71
4000	0.22	0.41	0.58	0.73	0.87	0.99	1.10	1.20	1.30	1.38	1.46	1.53	1.60	1.66	1.72	1.77	1.82	1.87	1.92	1.96
4500	0.25	0.46	0.65	0.82	0.98	1.12	1.24	1.35	1.46	1.55	1.64	1.72	1.80	1.87	1.93	2.00	2.05	2.11	2.16	2.20
5000	0.27	0.51	0.73	0.92	1.09	1.24	1.38	1.50	1.62	1.73	1.82	1.92	2.00	2.08	2.15	2.22	2.28	2.34	2.40	2.45
5500	0.30	0.57	0.80	1.01	1.19	1.36	1.52	1.66	1.78	1.90	2.01	2.11	2.20	2.28	2.36	2.44	2.51	2.57	2.64	2.69
6000	0.33	0.62	0.87	1.10	1.30	1.49	1.65	1.81	1.94	2.07	2.19	2.30	2.40	2.49	2.58	2.66	2.74	2.81	2.88	2.94
6500	0.36	0.67	0.94	1.19	1.41	1.61	1.79	1.96	2.11	2.24	2.37	2.49	2.60	2.70	2.79	2.88	2.97	3.04	3.12	3.18
7000	0.38	0.72	1.02	1.28	1.52	1.73	1.93	2.11	2.27	2.42	2.55	2.68	2.80	2.91	3.01	3.10	3.19	3.28	3.36	3.43
7500	0.41	0.77	1.09	1.37	1.63	1.86	2.07	2.26	2.43	2.59	2.74	2.87	3.00	3.12	3.22	3.33	3.42	3.51	3.60	3.67
8000	0.44	0.82	1.16	1.47	1.74	1.98	2.21	2.41	2.59	2.76	2.92	3.06	3.20	3.32	3.44	3.55	3.65	3.75	3.83	3.92

6.4.2　基于异味气体浓度控制标准的换气频率

根据不同车流量、不同隧道长度内 1h 累积的 NO_2 浓度，可以得到各隧道每小时的换气频率，计算公式为

$$n = \frac{\delta}{\delta_s} \tag{6-17}$$

式中，n——隧道换气频率(次/h)；

δ_s——隧道中 NO_2 控制浓度，一般取 1.0ppm；

根据隧道内 NO_2 浓度与隧道长度及车流量的关系表，结合式(6-17)换算成换气频率可以得到不同交通量、不同隧道长度的换气频率，如表 6-24 所示。

不同交通量、不同隧道长度与换气频率关系的三维柱状图如图 6-37 所示。

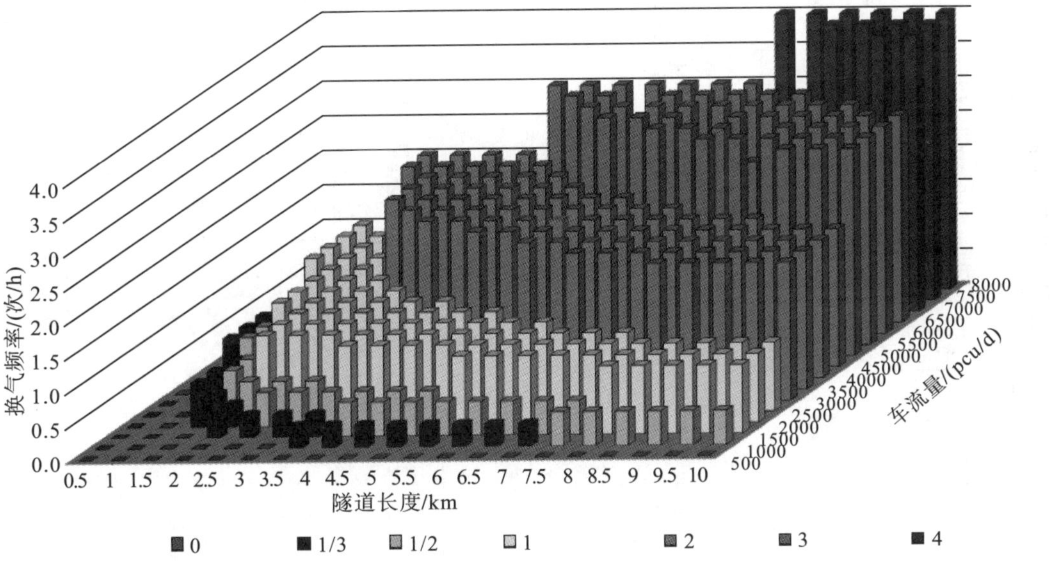

图 6-37　不同交通量、不同隧道长度与换气频率关系的三维柱状图

6.4.3　基于异味气体浓度控制标准的换气临界条件

根据《公路隧道通风设计细则》(JTG/T D70/2－02—2014)规定，隧道内 20min 内的平均 NO_2 设计浓度可取 1.0cm^3/m^3(ppm)。

隧道中 NO_2 设计浓度临界值为 1.0ppm，根据表 6-24 可以得到换气的临界条件，其与隧道长度 L 和日交通量 D 的乘积有关系。正常交通情况下，基于 NO_2 设计浓度，当隧道车流量小于 1000 pcu/d 时，不需要换气。当隧道车流量大于 1000pcu/d 时，开启风机进行换气的临界条件为

$$L \times D \geqslant 2.25 \times 10^6 \tag{6-18}$$

式中，L——隧道长度(m)；

D——隧道日交通量(pcu/d)。

表 6-24 正常情况下不同交通量、不同隧道长度的换气频率(*n* 次/h)

车流量/(pcu/d) \ 隧道长度/m	500	1000	1500	2000	2500	3000	3500	4000	4500	5000	5500	6000	6500	7000	7500	8000	8500	9000	9500	10000
500	0	0	0	0	0	0	0	0	0	0	0	0	0	0	0	0	0	0	0	0
1000	0	0	0	0	0	0	1/3	1/3	1/3	1/3	1/3	1/3	1/3	1/3	1/2	1/2	1/2	1/2	1/2	1/2
1500	0	0	0	1/3	1/3	1/3	1/3	1/2	1/2	1/2	1/2	1/2	1/2	1/2	1/2	1	1	1	1	1
2000	0	0	1/3	1/3	1/2	1/2	1/2	1/2	1/2	1/2	1	1	1	1	1	1	1	1	1	1
2500	0	0	1/3	1/2	1/2	1/2	1	1	1	1	1	1	1	1	1	1	1	1	1	1
3000	0	1/3	1/2	1	1	1	1	1	1	1	1	1	1	1	1	2	2	2	2	2
3500	0	1/3	1/2	1	1	1	1	1	1	1	1	1	2	2	2	2	2	2	2	2
4000	0	1/3	1/2	1	1	1	1	1	1	1	2	2	2	2	2	2	2	2	2	2
4500	0	1/2	1	1	1	1	1	1	2	2	2	2	2	2	2	2	2	2	2	2
5000	1/3	1/2	1	1	1	1	2	2	2	2	2	2	2	2	2	2	2	3	3	3
5500	1/3	1/2	1	1	1	2	2	2	2	2	2	2	2	2	3	3	3	3	3	3
6000	1/3	1/2	1	1	2	2	2	2	2	2	2	2	3	3	3	3	3	3	3	3
6500	1/3	1	1	1	2	2	2	2	2	2	3	3	3	3	3	3	3	3	3	3
7000	1/3	1	1	1	2	2	2	2	2	3	3	3	3	3	3	3	3	3	4	4
7500	1/2	1	1	2	2	2	2	2	3	3	3	3	3	3	3	3	4	4	4	4
8000	1/2	1	1	2	2	2	2	3	3	3	3	3	3	3	4	4	4	4	4	4

6.5　高海拔低交通量隧道运营换气频率控制技术

PIARC(国际道路会议常设协会)在 1995 年技术报告中提出，隧道空间不断换气频率不宜低于 5 次/h，交通量较小或特长隧道，可采用 3~4 次/h，采用纵向通风的隧道，隧道内换气风速不应低于 2.5m/s。我国《公路隧道通风设计细则》(JTG/T D70/2－02—2014)中第 5.4 条指出，隧道空间最小换气频率不应低于 3 次/h，采用纵向通风的隧道，隧道换气风速不应低于 1.5m/s。一些国家推荐换气频率至少 3 次/h，或者洞内最小纵向风速为 1.5m/s。

川西高原隧道由于海拔高、人烟稀少，交通量相对比平原隧道小，下面以巴朗山隧道(川西高原隧道)与紫之隧道(平原隧道)交通量进行对比，如表 6-25 所示。

表 6-25　高原隧道与平原隧道交通量对比

年份/年	2015	2020	2029	2034
紫之隧道/(pcu/d)	38216	45608	49536	55200
巴朗山隧道/(pcu/d)	1913	2983	4701	5814
比值	19.98	15.30	10.54	9.50

由表 6-25 可知，川西高原隧道交通量极低，若川西高原隧道按照平原隧道通风设计，那么势必造成通风能源及设备的浪费。下面以巴朗山隧道为例，对川西高原隧道风机换气频率控制技术进行研究。

6.5.1　高海拔低交通量隧道交通流分布特征

巴朗山隧道位于省道 303 线，海拔高度为 3850m，全长 7954m，该隧道为单洞双向交通，结构形式为行车主隧道+平行导坑。计算行车时速为 40km/h，主隧道衬砌内轮廓净宽为 9.8m，高为 7.05m，横断面面积为 57.94m^2；平导内轮廓净宽为 5.32m，高为 6.38m，横断面面积为 29.28 m^2，是连接成都和四姑娘山景区的重要通道，是典型的川西高原低交通量隧道。交通量主要由趋势交通量、诱增交通量、旅游交通量组成。根据交通分析及预测结果，该路段各设计年份交通量预测结果如表 6-26 所示。

表 6-26　该路段各设计年份交通量预测结果

年份/年	2015	2020	2029	2034
趋势交通量/(pcu/d)	1366	2012	3366	4285
诱增交通量/(pcu/d)	1476	2253	3703	4628
旅游交通量/(pcu/d)	438	729	999	1186
合计/(pcu/d)	1913	2983	4701	5814

川西高原地区具有“夏凉冬冷”的气候特点。夏季气候较为凉爽，道路行驶条件较好，路面交通量较大；而冬季常年积雪，且冬季期较长，一般从第一年的 11 月一直持续

到次年 4 月，道路暗冰较多，此段时间除进藏运输队等必须开车外，出于安全考虑，自驾、旅游大巴等车辆较少。因而，冬季车辆总数较少。

因此，从总体交通量调查规律可知，夏季旅游旺季时，交通量较大，最大达到交通量预测结果的最大值；反观冬季，由于路面积雪，驾驶危险性较大，路面行车极少。根据上述交通量分布特点，将各个设计年份的交通量划分为几个区间值，在各个区间上运营通风控制模式可以有不同的选择，最终达到运营节能的目的。不同设计年份的交通量分布区间表如表 6-27 所示。

表 6-27 不同设计年份的交通量分布区间表

设计年份/年	交通量/(pcu/d)	设计年份/年	交通量/(pcu/d)	设计年份/年	交通量/(pcu/d)	设计年份/年	交通量/(pcu/d)
2015	0～500	2020	0～500	2029	0～500	2034	0～500
	500～1000		500～1000		500～1000		500～1000
	1000～1913		1000～1913		1000～1913		1000～1913
			1913～2500		1913～2500		1913～2500
			2500～2983		2500～2983		2500～2983
					2983～4000		2983～4000
					4000～4701		4000～4701
							4701～5814

通过对交通量的研究，得到了各个年份的最大交通量，并依据该最大交通量进行通风设计，但未能研究得到各个月份的交通量分布规律。巴朗山隧道贯通后，应进行交通量按月份分布的规律研究。但是根据类似通车高原交通量调查统计得到，交通量的分布具有明显的季节特征，即夏季旅游旺季时，道路行驶条件较好，交通量较多，可以达到最大设计交通量值；当冬季大雪封山时，道路行驶条件恶劣，除物质运输队伍外，私家车辆较少，此时的交通量均是设计的极小值。因此，将交通量最多和最少月份分别规定为 4 个月，剩下的 4 个月交通量介于最大值与最小值之间。为了定量分析精细化风机控制模式的经济性，对于不同交通量分布的时间做表 6-28 所示的规定。在隧道通车后应对每年每月的实际交通量做跟踪调查，以期得到符合现场实际的交通量分布规律。

表 6-28 不同交通量条件下月份数规定

设计年份/年	交通量/(pcu/d)	月份数
2015	0～500	4
	500～1000	4
	1000～1913	4
2020	0～500	4
	500～1000	4
	1000～1913	
	1913～2500	
	2500～2983	4

续表

设计年份/年	交通量/(pcu/d)	月份数
2029	0～500	4
	500～1000	4
	1000～1913	
	1913～2500	
	2500～2983	
	2983～4000	4
2034	0～500	4
	500～1000	4
	1000～1913	
	1913～2500	
	2500～2983	
	2983～4000	
	4000～4701	
	4701～5814	4

由于巴朗山是成都到四姑娘山景区的重要通道，靠近四姑娘山端，根据实地调研，巴朗山隧道交通流特点如下。

从四姑娘山往成都方向的车流主要集中在 9：00～12：00，从成都往四姑娘山方向的车流主要集中在 13：00～17：00。其他时段车流量极少，特别是在夜间，几乎没有车流经过。

综上所述，巴朗山隧道交通量季节差异明显，可以将交通量最多和最少月份分别规定为 4 个月，剩下的 4 个月交通量介于最大值与最小值之间；每天交通量时段差异明显，主要集中在 9:00～12:00 和 13:00～17:00。

6.5.2 川西高原低交通量隧道运营通风换气标准

1. 通风量计算

根据《公路隧道通风设计细则》(JTG/T D70/2－02—2014)计算巴朗山隧道需风量。

(1)计算稀释 CO 所需的新风量。

CO 排放量 Q_{CO}为

$$Q_{CO}=\frac{1}{3.6\times10^6}\cdot q_{CO}\cdot f_a\cdot f_d\cdot f_h\cdot f_{iv}\cdot L\cdot\sum_{m=1}^{n}(N_m\cdot f_m)\tag{6-19}$$

式中，Q_{CO}——隧道 CO 排放量(m^3/h)；

q_{CO}——设计目标年份的 CO 基准排放量[m^3/(veh.　km)]；

f_a——考虑 CO 的车况系数；

f_d——车密度系数；

f_h——考虑 CO 的海拔高度系数；

f_{iv}——考虑 CO 的纵坡车速系数；

L——隧道长度(m)；

f_m——考虑 CO 的纵坡车速系数；

n——车型类别数；

N_m——相应车型的交通量(veh/h)。

稀释 CO 所需的新风量 $Q_{req(CO)}$ 为

$$Q_{req(CO)} = \frac{Q_{CO}}{\delta} \cdot \frac{p_0}{p} \cdot \frac{T}{T_0} \times 10^6 \tag{6-20}$$

式中，$Q_{req(CO)}$——隧道稀释 CO 的需风量(m^3/s)；

Q_{CO}——隧道 CO 排放量(m^3/s)；

δ——CO 浓度(ppm)；

p_0——标准大气压(kN/m^2)，一般取 101.325 kN/m^2；

p——隧址大气压(kN/m^2)；

T_0——标准气温(K)，一般取 273K；

T——隧址夏季气温(K)。

(2)计算稀释烟雾所需新风量。

烟雾排放量 Q_{VI} 为

$$Q_{VI} = \frac{1}{3.6 \times 10^6} \cdot q_{VI} \cdot f_{a(VI)} \cdot f_d \cdot f_{h(VI)} \cdot f_{iv(VI)} \cdot L \cdot \sum_{m=1}^{n_D}(N_m \cdot f_{m(VI)}) \tag{6-21}$$

式中，Q_{VI}——隧道烟雾排放量(m^2/s)；

q_{VI}——设计目标年份的烟雾基准排放量[$m^2/(veh \cdot km)$]；

$f_{a(VI)}$——考虑烟雾的车况系数；

f_d——车密度系数；

$f_{h(VI)}$——考虑烟雾的海拔高度系数；

$f_{iv(VI)}$——考虑烟雾的纵坡车速系数；

L——隧道长度(m)；

$f_{m(VI)}$——考虑烟雾的柴油车车型系数；

n_D——柴油车车型类别数；

N_m——相应车型的交通量(veh/h)。

稀释烟雾的需风量 $Q_{req(VI)}$ 为

$$Q_{req(VI)} = \frac{Q_{VI}}{K} \tag{6-22}$$

式中，$Q_{req(VI)}$——隧道稀释烟雾的需风量(m^3/s)；

K——烟雾设计浓度(m^{-1})；

Q_{VI}——隧道烟雾排放量(m^2/s)。

(3)计算换气所需新风量。

换气需风量为

$$Q_{req(ac)}=\frac{A_r \cdot L \cdot n_s}{3600} \tag{6-23}$$

式中，$Q_{req(ac)}$——隧道换气需风量(m^3/s)；

A_r——隧道净空断面积(m^2)；

n_s——隧道最小换气频率(次/h)，一般取 3。

采用纵向式通风时还应满足

$$Q_{req(ac)}=v_{ac} \cdot A_r \tag{6-24}$$

式中，v_{ac}——隧道换气风速(m/s)，不应低于 1.5m/s；

A_r——隧道净空断面积(m^2)。

按规范设计巴朗山隧道需风量，如表 6-29 所示。

表 6-29　规范设计巴朗山隧道需风量

设计年限/年	全隧道/(m^3/s)			
	CO	烟雾	异味	需风量
2015	274.9	159.3	384.05	384.05
2020	324.7	188.2	384.05	384.05
2029	433.1	251.1	384.05	433.1
2034	617.0	357.6	384.05	617.0

由表 6-29 可知，按照《公路隧道通风设计细则》(JTG/T D70/2－02—2014)，巴朗山隧道通风设计近期(2020 年以前)控制因素为换气频率，远期(2020 年以后)为 CO。

2. 换气模式

巴朗山隧道通风方式采用平导压入式主洞全射流纵向通风，各段长度分别为 2284m、1736m、1742m 和 2192m，通风方案示意图如图 6-38 所示。

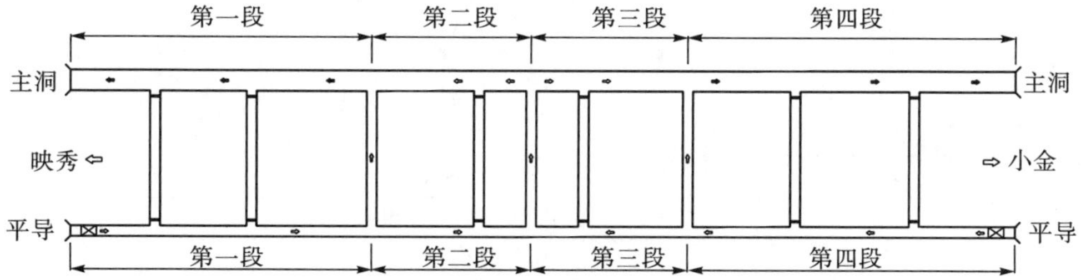

图 6-38　通风方案示意图

(1)传统风机控制模式(模式一)。

按每天通风 12h 计算，风机功率取 22kW，电费按照 1.5 元/度计算，可以得到不同年份每年通风运营费用，如表 6-30 所示。

表 6-30　不分季节换气不同年份运营费用计算表

设计年份/年	交通量/(pcu/d)	风机配置控制工况	需风量/(m^3/s)	全纵向射流通风射流风机/台	年耗电量/(kW·h)	运营电费/(万元/年)
2015	1913	换气	384.0	22	3136320	313.63
2020	2983	换气	384.0	22	3136320	313.63
2029	4000	CO	433.1	25	3564000	356.40
2034	5814	CO	617.0	41	5844960	584.50

(2)分季节+新换气标准的风机控制模式(模式二)。

在模式一的基础上，对车流量分布月份进行规定后，按照该月份的车流量进行风机精细化控制，并结合 5.2 节中的研究成果，考虑换气风机的临界条件(按照巴朗山隧道长度为 8000m 计算，交通量在 500pcu/d 以下，不需要考虑换气)及新的换气标准。计算隧道需风量之后可以发现，考虑 CO、烟雾及新的换气标准，所有工况需风量均由 CO 控制，而不是由换气控制的。相较于传统的通风设计，这种设计方式更加经济合理。根据优化后平导压入式主洞全纵通风向射流风机配置结果可知，在不同交通量下风机控制模式如表 6-31 所示。

表 6-31　不同交通量、不同月份风机控制模式

设计年份/年	交通量/(pcu/d)	风机配置控制工况	需风量/(m^3/s)	射流风机/台	月份数/月
2015	0～500	CO	71.8	12	4
	500～1000	CO	143.7	14	4
	1000～1913	CO	274.9	17	4
2020	0～500	CO	64.9	12	4
	500～1000	CO	129.9	14	4
	1000～1913	CO	248.4	16	
	1913～2500	CO	324.7	19	
	2500～2983	CO	387.4	22	4
2029	0～500	CO	54.1	12	4
	500～1000	CO	108.3	13	4
	1000～1913	CO	207.1	15	
	1913～2500	CO	270.7	17	
	2500～2983	CO	323.0	19	
	2983～4000	CO	433.1	25	4
2034	0～500	CO	53.1	12	4
	500～1000	CO	106.1	13	4
	1000～1913	CO	203.0	15	
	1913～2500	CO	265.3	17	
	2500～2983	CO	316.5	19	
	2983～4000	CO	424.5	24	
	4000～4701	CO	498.8	31	
	4701～5814	CO	617.0	41	4

按每天通风 12h 计算，风机功率取 22kW，电费按照 1.5 元/度计算，可以得到不同年份每年通风运营费用，如表 6-32 所示。

表 6-32　不同年份运营费用计算表

设计年份/年	交通量/(pcu/d)	全纵向射流通风射流风机/台	月份数	耗电量/(kW·h)	运营电费/(万元/年)
2015	0～500	12	4	380160	204.3
	500～1000	14	4	443520	
	1000～1913	17	4	538560	
2020	0～500	12	4	380160	239.4
	500～1000	14	4	517440	
	1000～1913	16			
	1913～2500	19			
	2500～2983	22	4	696960	
2029	0～500	12	4	380160	251.9
	500～1000	13	4	506880	
	1000～1913	15			
	1913～2500	17			
	2500～2983	19			
	2983～4000	25	4	792000	
2034	0～500	12	4	380160	346.1
	500～1000	13	4	628320	
	1000～1913	15			
	1913～2500	17			
	2500～2983	19			
	2983～4000	24			
	4000～4701	31			
	4701～5814	41	4	1298880	

(3)分季节+新换气标准的风机控制模式+分时段风机控制模式(模式三)。

在模式二的基础上，每天只在车流量集中的时段开启风机。那么按照巴朗山的交通流特征，风机配置和模式二相同，但考虑到车流量每天主要集中时段为 9:00～12:00 和 13:00～17:00，故每天开启风机通风的时间共计 7h，风机功率为 22kW，电费按 1.5 元/度计算，可以得到新的运营电费，如表 6-33 所示。

表 6-33 不同年份运营电费表

<table>
<tr><th>设计年份
/年</th><th>交通量
/(pcu/d)</th><th>全纵向射流通风
射流风机/台</th><th>月份数</th><th>耗电量
/(kW・h)</th><th>运营电费
/(万元/年)</th></tr>
<tr><td rowspan="3">2015</td><td>0~500</td><td>12</td><td>4</td><td>221760</td><td rowspan="3">119.2</td></tr>
<tr><td>500~1000</td><td>14</td><td>4</td><td>258720</td></tr>
<tr><td>1000~1913</td><td>17</td><td>4</td><td>314160</td></tr>
<tr><td rowspan="5">2020</td><td>0~500</td><td>12</td><td>4</td><td>221760</td><td rowspan="5">139.7</td></tr>
<tr><td>500~1000</td><td>14</td><td rowspan="3">4</td><td rowspan="3">301840</td></tr>
<tr><td>1000~1913</td><td>16</td></tr>
<tr><td>1913~2500</td><td>19</td></tr>
<tr><td>2500~2983</td><td>22</td><td>4</td><td>406560</td></tr>
<tr><td rowspan="6">2029</td><td>0~500</td><td>12</td><td>4</td><td>221760</td><td rowspan="6">146.9</td></tr>
<tr><td>500~1000</td><td>13</td><td rowspan="4">4</td><td rowspan="4">295680</td></tr>
<tr><td>1000~1913</td><td>15</td></tr>
<tr><td>1913~2500</td><td>17</td></tr>
<tr><td>2500~2983</td><td>19</td></tr>
<tr><td>2983~4000</td><td>25</td><td>4</td><td>462000</td></tr>
<tr><td rowspan="8">2034</td><td>0~500</td><td>12</td><td>4</td><td>221760</td><td rowspan="8">201.9</td></tr>
<tr><td>500~1000</td><td>13</td><td rowspan="6">4</td><td rowspan="6">366520</td></tr>
<tr><td>1000~1913</td><td>15</td></tr>
<tr><td>1913~2500</td><td>17</td></tr>
<tr><td>2500~2983</td><td>19</td></tr>
<tr><td>2983~4000</td><td>24</td></tr>
<tr><td>4000~4701</td><td>31</td></tr>
<tr><td>4701~5814</td><td>41</td><td>4</td><td>757680</td></tr>
</table>

将巴朗山隧道通风换气系统，按照 3 种不同模式进行控制，运营的能耗和费用差异巨大。

3 种不同换气模式下，将风机配置的运营电费进行对比，可得到节约电费的情况，如表 6-34 所示。

表 6-34 不同控制模式经济性对比

模式 设计年份/年	模式一 /(万元/年)	模式二 /(万元/年)	模式三 /(万元/年)	节约电费 /(万元/年)
2015	313.63	204.3	119.2	194.43
2020	313.63	239.4	139.7	173.93
2029	356.40	251.9	146.9	209.5
2034	584.50	346.1	201.9	382.6

采用最新的换气调控模式，相较于传统风机换气调控模式，巴朗山隧道近期(2020年)每年通风系统运营电费将节省 173.93 万元，节能达 55.5%；远期(2034 年)每年通风系统运营电费将节省 382.6 万元，节能达 65.5%。

第 7 章　高海拔低交通量隧道运营照明设计方法及控制技术

隧道在运营期，除了隧道通风外，隧道照明也是运营期经济支出的主要部分。如果隧道的交通量较低，则可以通过合理设计隧道照明方法、改变其控制技术来实现节能。本章将以川西高海拔低交通量隧道为例，进行隧道照明设计及控制技术的研究。

7.1　汽车灯发光照度计算方法

7.1.1　汽车灯具照明效果

为了探明汽车灯光的照明效果，进行了汽车灯的照射长度、照度及均匀度的测试。测试的仪器如表 7-1 所示。

表 7-1　车灯照明效果试验仪器表

序号	设备名称	型号	数量	备注
1	汽车	哈弗	一辆	被测车辆
2	照度计	ST520	一台	量程 0～9999lx，精度 0.1lx
3	卷尺	——	一副	量程 50m

测试车辆及仪器图如图 7-1 所示。

(a)照度计　(b)车辆　(c)卷尺

图 7-1　测试车辆及仪器图

试验现场图如图 7-2 所示。

通过试验，变换汽车近光灯和远光灯，来测量近光灯和远光灯的影响范围(以照度小于 1lx 为边界点)。在测得的照明影响范围内，进行照明效果的测试，以 5m×5m 的网格对该区域进行网格划分，在每个网格的节点处设置照度测点，对每个测点分别测试 3 次，取平均值为该点的照度值。测点示意图如图 7-3 所示。

图 7-2　汽车灯照明效果测试现场图

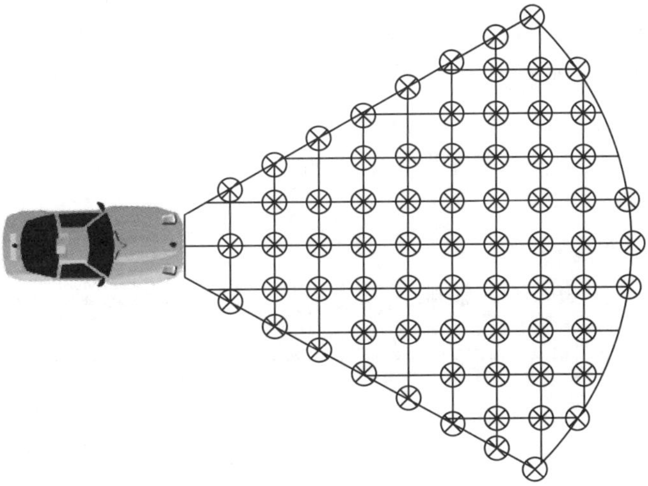

图 7-3　测点示意图

测试得到汽车近光灯和远光灯的照射长度、照度及均匀度的结果如下。

1. 近光灯

近光灯的照射长度为 51.3m，影响区域为扇形，最大范围为 29.04m，如图 7-4 所示。

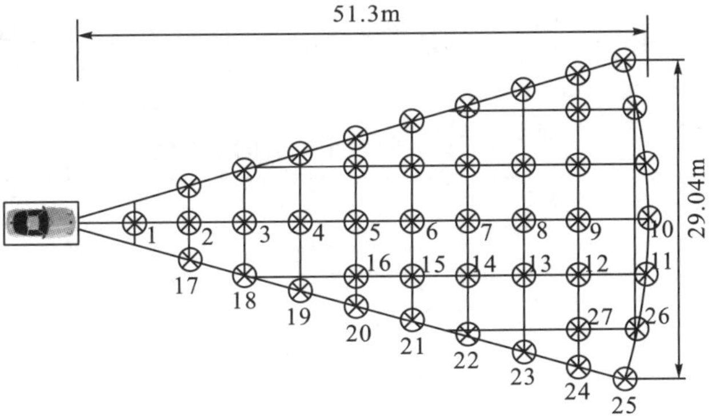

图 7-4　近光灯测点示意图

区域内共计 44 个测点，考虑到对称性，只进行了 27 个测点的照度测试。各个测点的照度值如表 7-2 所示。

表 7-2 近光灯各个测点的照度值

测点编号	1	2	3	4	5	6	7	8	9
照度值/lx	143	118	101	62	39	18	8	3	2
测点编号	10	11	12	13	14	15	16	17	18
照度值/lx	1	1	2	3	6	11	24	4	3
测点编号	19	20	21	22	23	24	25	26	27
照度值/lx	3	2	1	1	1	1	1	1	3

在计算近光灯影响范围内的平均照度值时，根据测点分布及照度值，计算得到整个范围的照度平均值为 14.34lx。根据《公路隧道照明设计细则》（JTG/TD70/2－01—2014）中的说明，沥青路面的平均照度一般是亮度的 15～22 倍，水泥路面的平均照度一般是亮度的 10～13 倍。试验场地为水泥路面，这里取 1cd/m^2＝13lx 进行换算。得到只有在近光灯的情况下，环境照明亮度为 1.1cd/m^2，整个区域的亮度分布极不均匀。

2. 远光灯

远光灯照射长度为 89.5m，影响区域为扇形，最大范围为 33.6m，如图 7-5 所示。

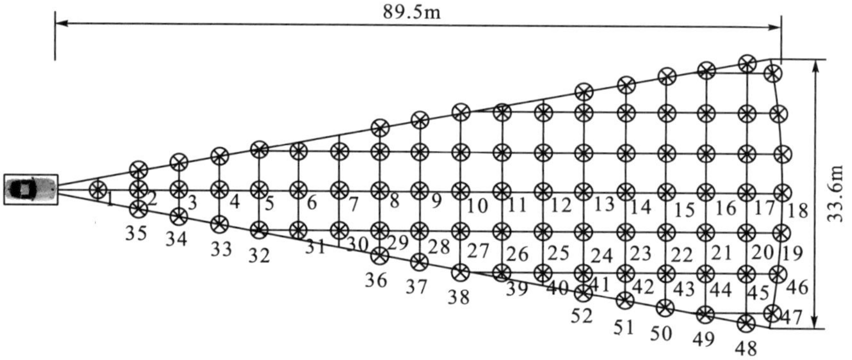

图 7-5 远光灯测点示意图

区域内共计 86 个测点，考虑到对称性，只进行了 52 个测点的照度测试。各个测点的照度值如表 7-3 所示。

表 7-3 远光灯各个测点的照度值

测点编号	1	2	3	4	5	6	7	8	9
照度值/lx	295	275	185	113	76	45	38	31	24
测点编号	10	11	12	13	14	15	16	17	18
照度值/lx	17	14	11	6	3	2	2	2	1
测点编号	19	20	21	22	23	24	25	26	27
照度值/lx	1	1	2	2	2	5	10	11	13

续表

测点编号	28	29	30	31	32	33	34	35	36
照度值/lx	19	23	24	4	3	2	2	1	1
测点编号	37	38	39	40	41	42	43	44	45
照度值/lx	1	1	2	7	5	4	3	3	2
测点编号	46	47	48	49	50	51	52		
照度值/lx	1	2	2	1	1	1	1		

在计算远光灯影响范围内的平均照度值时，根据测点分布及照度值，计算得到整个范围的照度平均值为 17.72lx。根据《公路隧道照明设计细则》(JTG/TD70/2－01—2014)中的说明，沥青路面的平均照度一般是亮度的 15～22 倍，水泥路面的平均照度一般是亮度的 10～13 倍。试验场地为水泥路面，这里取 $1cd/m^2=13lx$ 进行换算。得到只有在远光灯的情况下，环境照明亮度为 $1.36cd/m^2$，整个区域的亮度分布极不均匀。

通过对近光灯和远光灯环境照明数据的分析，可以得到以下结论。

(1)近光灯与远光灯的亮度值在车灯影响区域范围均大于 $1.0cd/m^2$，近光灯相较于远光灯亮度值变化不明显。其中，近光灯亮度为 $1.1cd/m^2$，远光灯亮度为 $1.36cd/m^2$。

(2)远光灯相较于近光灯，照射长度更远。其中，近光灯照射长度为 51.3m，远光灯照射长度为 89.5m。

(3)近光灯和远光灯在影响区域内的亮度分布都极不均匀。

7.1.2　汽车灯具照明与隧道灯具照明效果对比

利用室内试验，测试得到人眼在车灯和隧道模拟灯情况下的反应时间结果，如表 7-4 所示。

表 7-4　测试人员反应时间表(ms)

编号＼灯光	车灯		模拟灯	
	近光灯($1.1cd/m^2$)	远光灯($1.36cd/m^2$)	近光灯($1.0\ cd/m^2$)	远光灯($1.5\ cd/m^2$)
1	386	384	394.25	376.56
2	373	382.8	354.75	327.36
3	440	374.3	350	335
4	359.6	483.8	345	362
5	355	433.3	304.75	315.64
平均值	382.72	411.64	349.75	343.31

近光灯与模拟灯反应时间变化如图 7-6 所示，远光灯与模拟灯反应时间变化如图 7-7 所示。

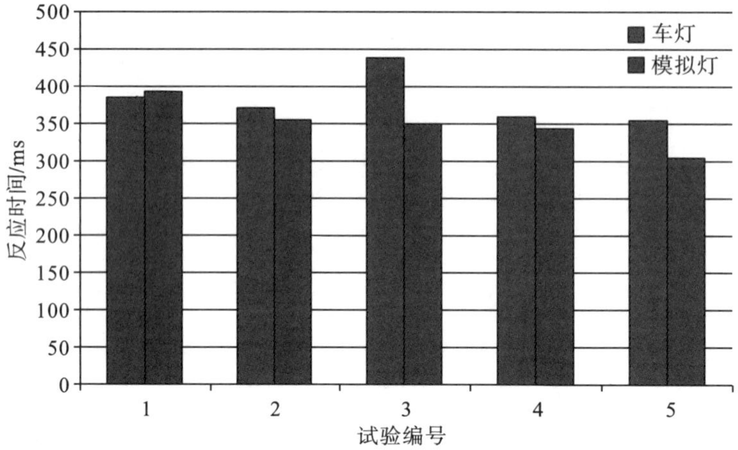

图 7-6 近光灯与模拟灯反应时间变化图

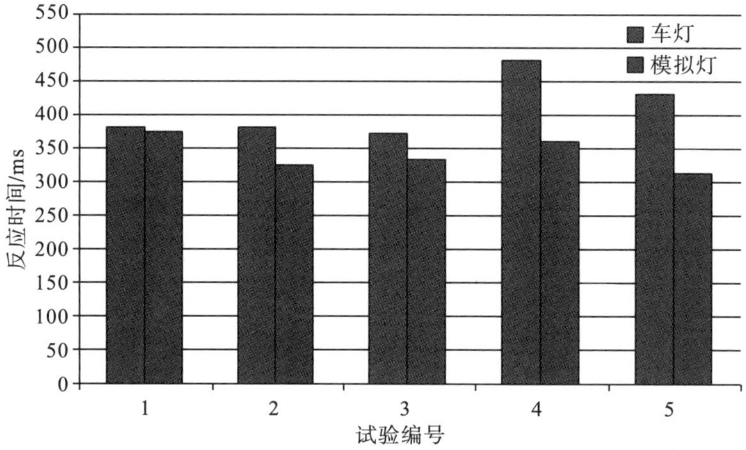

图 7-7 远光灯与模拟灯反应时间变化图

由图 7-6 和图 7-7 可知，5 名被测试人员在近光灯的照明环境中，平均反应时间为 382.72ms；在模拟近光灯的照明环境中，平均反应时间为 349.75ms；在远光灯的照明环境中，平均反应时间为 411.64ms；在模拟远光灯的照明环境中，平均反应时间为 343.31ms。分析原因可以得到以下结论。

(1)在模拟近光灯的试验中，被测试人员在车灯照明环境中的反应时间比模拟近光灯照明环境中的反应时间长 32.97ms；在模拟远光灯的试验中，被测试人员在车灯照明环境中的反应时间比模拟远光灯照明环境中的反应时间长 68.33ms。

(2)汽车灯光和隧道模拟灯光的主要差别在于亮度的均匀度，汽车灯光照明分布极不均匀，而隧道模拟灯光照明相对均匀，可以知道亮度均匀度对人眼反应时间影响较大，亮度分布越均匀，人眼反应时间越快。

7.1.3 中间段仅车灯照明条件下行车安全性分析

调研得知，驾驶员反应时间与海拔高度的关系为

$$\tau = 0.0463H - 0.00217 \tag{7-1}$$

式中，τ——反应时间海拔修正量(s)；

H——隧道海拔高度(m)。

在不同海拔不同亮度情况下，安全停车距离可按照下式计算。

$$S = S_1 + S_2 + S_3 \tag{7-2}$$

式中，S——停车距离(m)；

S_1——车辆刹车距离(m)；

S_2——安全距离(m)；

S_3——反应距离(m)，$S_3=(T+\tau)\cdot v$，其中 T 为驾驶员反应时间(s)。

对不同海拔条件下的人眼反应时间进行修正，可以得到不同海拔与仅开车灯条件下人眼反应时间，进而得到不同工况条件下驾驶员停车距离，并与《公路隧道照明设计细则》(JTG/TD70/2−01—2014)中给出的照明安全停车距离对比，得到不同车速行车的安全性，如表 7-5 所示。

表 7-5　不同海拔与仅开车灯条件下停车距离

海拔高度/m 车速/(km/h)	平原		2000		3000		4000		5000		安全停车距离
	近光灯	远光灯	近光灯	远光灯	近光灯	远光灯	近光灯	远光灯	近光灯	远光灯	
20	12.7	12.9	13.2	13.4	13.5	13.7	13.7	13.9	14	14.16	20
30	18.9	19.1	19.6	19.9	20.0	20.3	20.4	20.7	20.8	21.04	20
40	24.8	25.1	25.8	26.1	26.3	26.6	26.8	27.1	27.3	27.62	26
50	34.5	34.9	35.8	36.2	36.4	36.8	37.1	37.5	37.7	38.1	41
60	43.8	44.3	45.3	45.8	46.1	46.5	46.8	47.3	47.6	48.08	56
70	53.9	54.5	55.7	56.3	56.6	57.2	57.5	58.1	58.4	58.96	78
80	65.2	65.9	67.2	67.9	68.2	68.9	69.3	69.9	70.3	70.94	100

由表 7-5 可知，在仅开车灯条件下，对于川西高原低交通量低等级公路隧道(海拔高度大于 2000m，设计时速为 40km/h)而言，无法满足行车安全性要求，需要对该类隧道中间段照明安全性进行进一步的研究。

7.2　隧道内照度规律计算方法

7.2.1　高海拔隧道中间段布灯形式

DIALux 是由德国 DIAL 公司基于多年对照明技术和照明市场的观察，针对以往所使用的照明计算软件多局限于支持某单一厂商的灯具，而绝大多数照明设计方案是多家厂商的照明灯具的综合应用这一现实矛盾，联合了世界多家著名灯具厂商如 Philips、BEGA、THORN、ERCO、OSRAM、BJB、Meyer 等，共同投资具有普遍应用性的新照明软件的开发成果。该软件于1992年成功推出，现已得到了各界的认可。鉴于DIALux软件的专业性、开放性及应用的广泛性，因此，川西高原低交通量隧道中间段照明标准经济性分析采用DIALux进行三维仿真计算分析。

利用DIALux软件对川西高原低交通量隧道中间段照明进行三维仿真计算，得到中间段灯具布置形式及数量。

1. 计算条件

通过对川西高原二级、三级公路隧道的实地调查，得出隧道照明仿真模型长300m，高7.2m，路面宽10.4m。灯具采用的是DIAL 11 R2600型LED灯(54W，5200lm)，边墙反射系数取58%(瓷砖)，穹顶反射系数取10%，路面反射系数取27%(标准水泥路面)。灯具布置形式采用中间布置、两侧对称布置和两侧交错布置3种形式，如图7-8～图7-10所示。

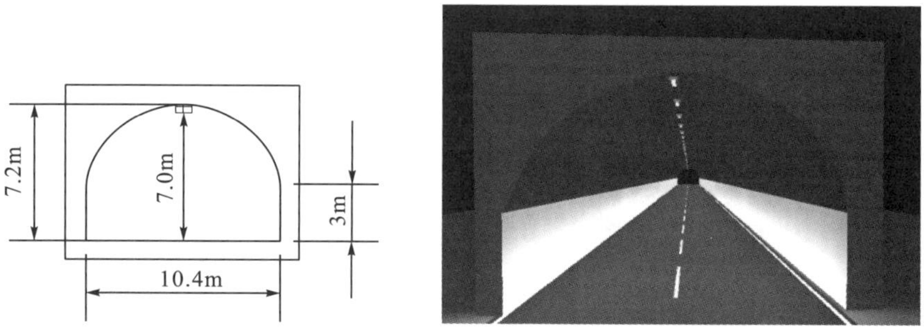

图7-8 灯具中间布置

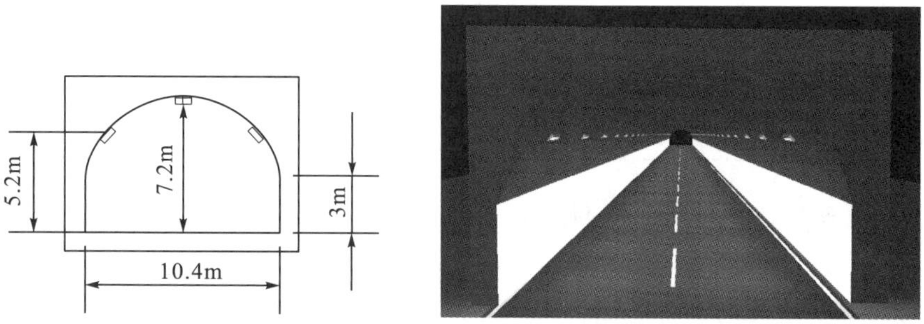

图7-9 灯具两侧对称布置

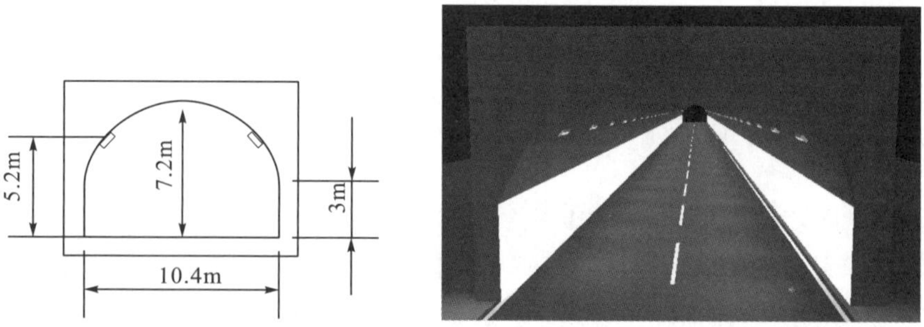

图7-10 灯具两侧交错布置

计算点按照 1m×1m 在整个路面进行布置。每种灯具布置形式采用 11 种不同的布灯间距进行模拟，共计 33 种工况。布置方式如图 7-11 所示。

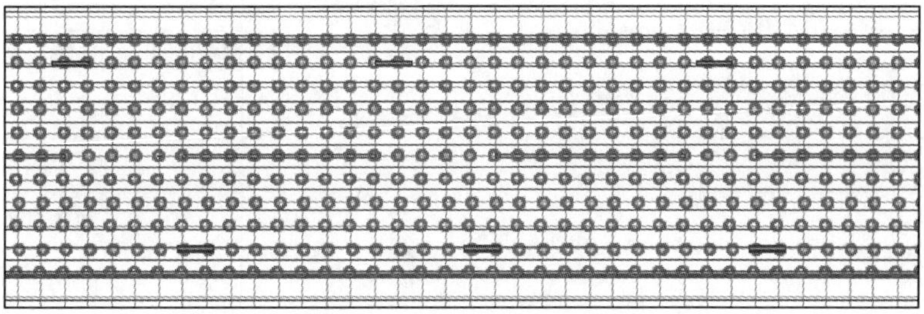

图 7-11　计算点布置方式

2. 模拟工况

改变中间段照明灯具的布置形式和布灯间距，得到在不同布灯形式和布灯间距的情况下，隧道路面的亮度分布。具体工况如表 7-6 所示。

表 7-6　数值模拟工况表

工况编号	布灯间距/m	布灯形式
1	4	中间布置
2		两侧对称布置
3		两侧交错布置
4	6	中间布置
5		两侧对称布置
6		两侧交错布置
7	7.5	中间布置
8		两侧对称布置
9		两侧交错布置
10	10	中间布置
11		两侧对称布置
12		两侧交错布置
13	12	中间布置
14		两侧对称布置
15		两侧交错布置
16	15	中间布置
17		两侧对称布置
18		两侧交错布置

续表

工况编号	布灯间距/m	布灯形式
19	18	中间布置
20		两侧对称布置
21		两侧交错布置
22	20	中间布置
23		两侧对称布置
24		两侧交错布置
25	25	中间布置
26		两侧对称布置
27		两侧交错布置
28	30	中间布置
29		两侧对称布置
30		两侧交错布置
31	40	中间布置
32		两侧对称布置
33		两侧交错布置

3. 计算结果

利用 DIALux 软件对各工况进行数值计算，计算结果如表 7-7 所示。

表 7-7 各工况数值计算结果

工况编号	平均照度/lx	最大照度/lx	最小照度/lx
1	54	64	13
2	45	70	6.35
3	45	69	4.8
4	36	43	4.32
5	30	63	4.86
6	30	59	1.75
7	29	35	4.18
8	24	62	3.56
9	24	55	0.81
10	22	29	2.88
11	18	62	2.05
12	18	51	0.24
13	18	27	2.24
14	15	62	0.67

续表

工况编号	平均照度/lx	最大照度/lx	最小照度/lx
15	15	50	0.18
16	14	26	1.31
17	12	62	0.2
18	12	49	0.13
19	12	26	1.07
20	9.74	62	0.12
21	9.72	49	0.08
22	11	26	0.8
23	9.06	62	0.08
24	8.77	49	0.05
25	8.69	26	0.18
26	7.27	62	0.04
27	6.98	48	0.02
28	7.24	26	0.05
29	6.09	62	0.02
30	5.77	48	0.01
31	5.42	26	0.03
32	4.86	62	0.01
33	4.25	48	0

各工况计算结果云图如图 7-12 所示。

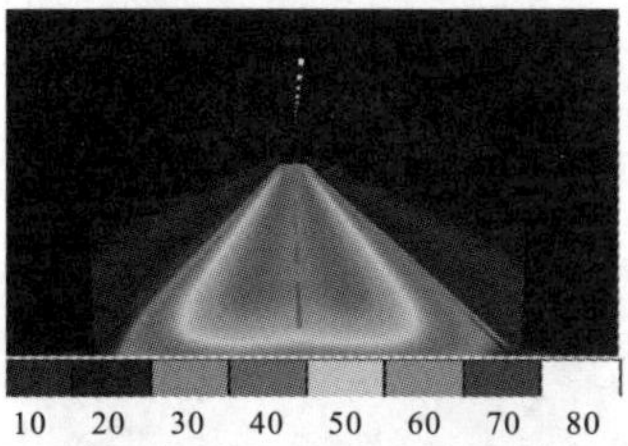

工况 1

工况 2

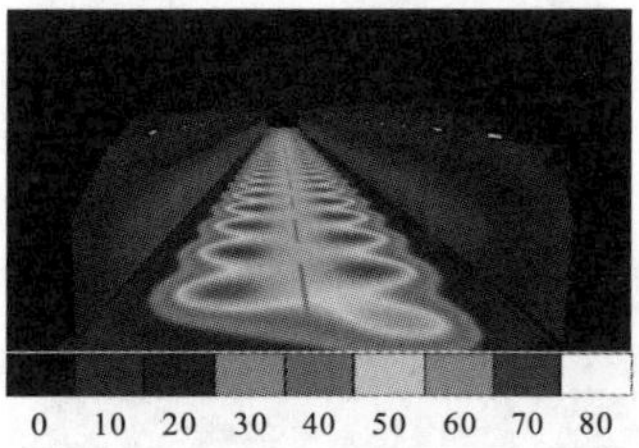

工况 3

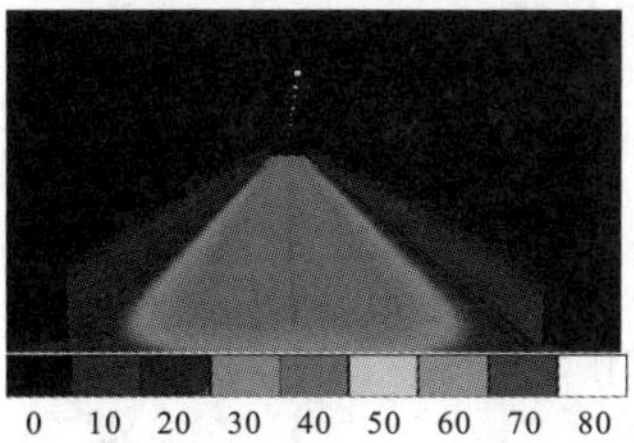

工况 4

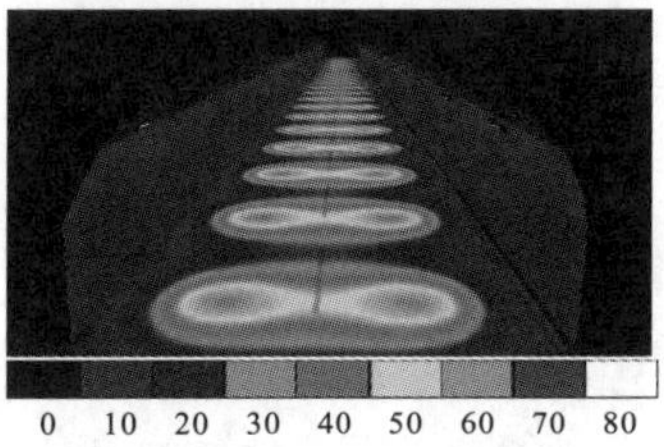

工况 5

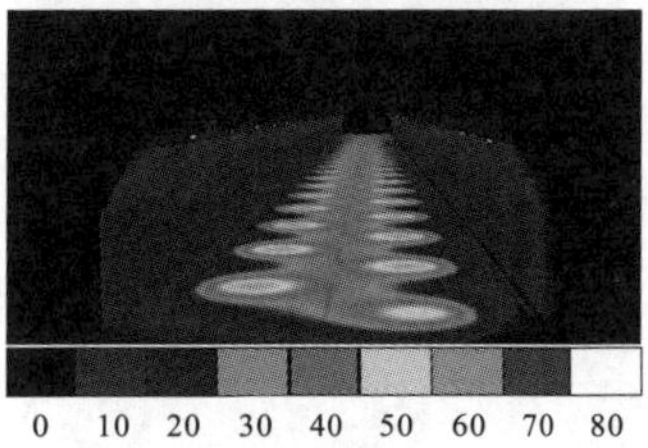

工况 6

工况 7

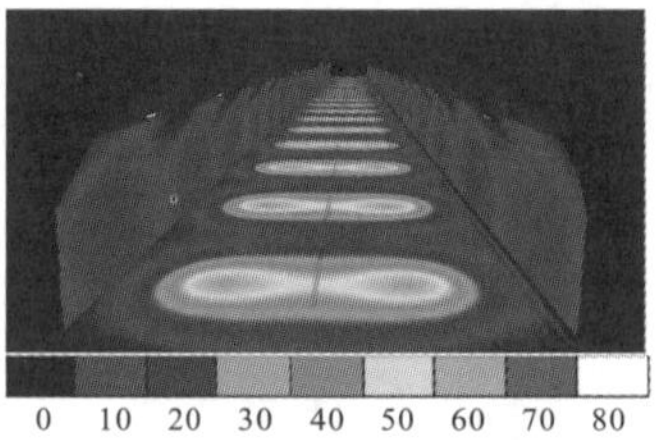

工况 8

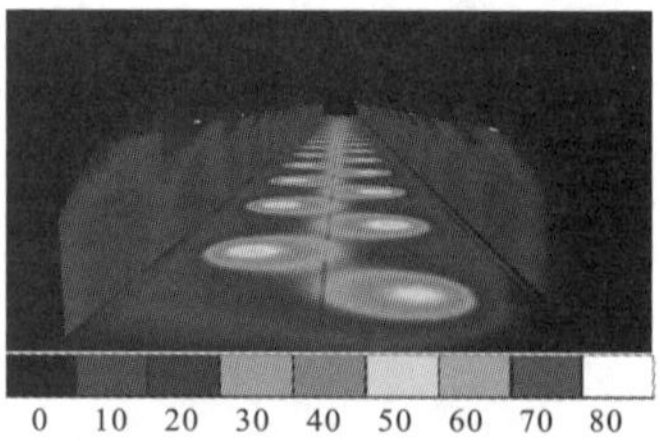

工况 9

工况 10

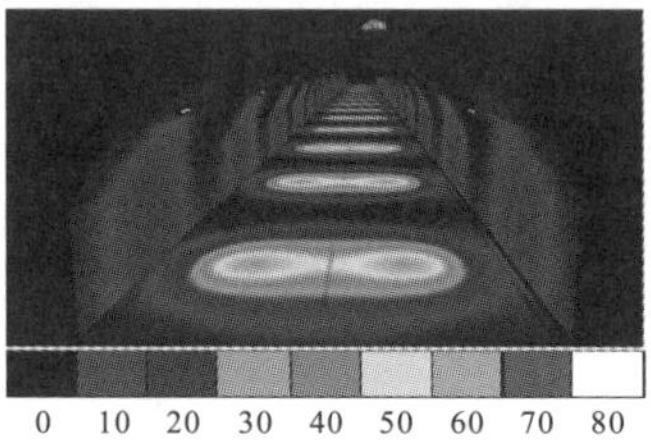

工况 11

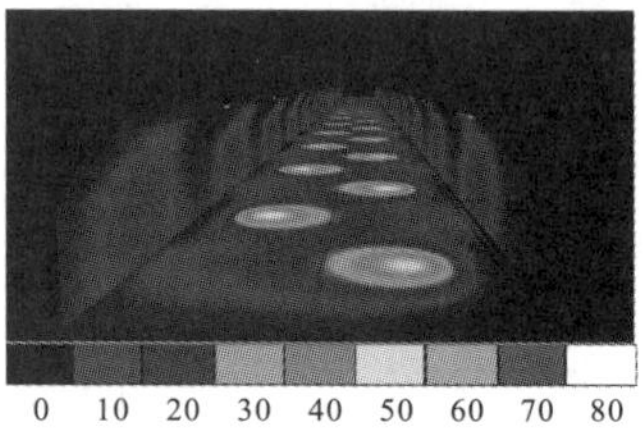

工况 12

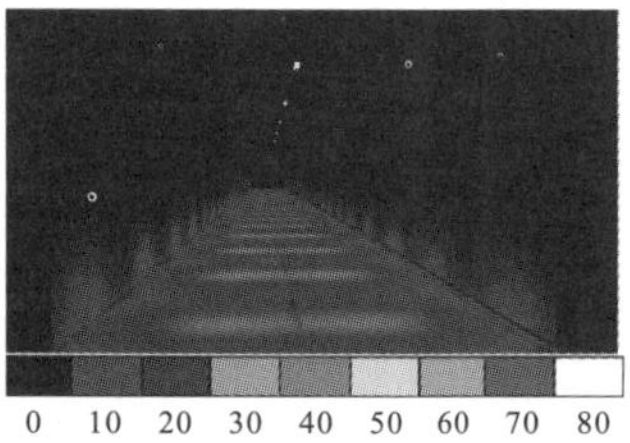

工况 13

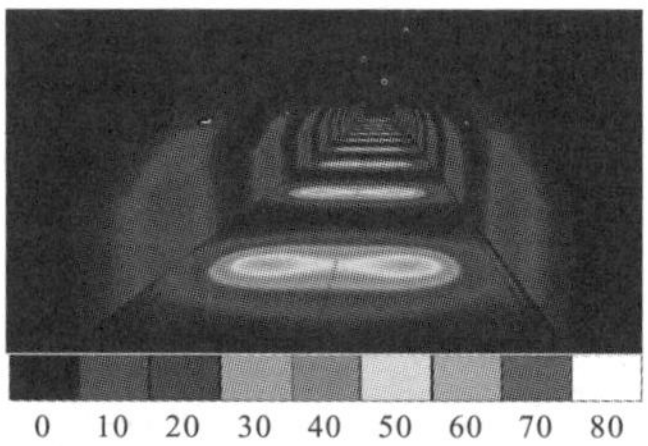

工况 14

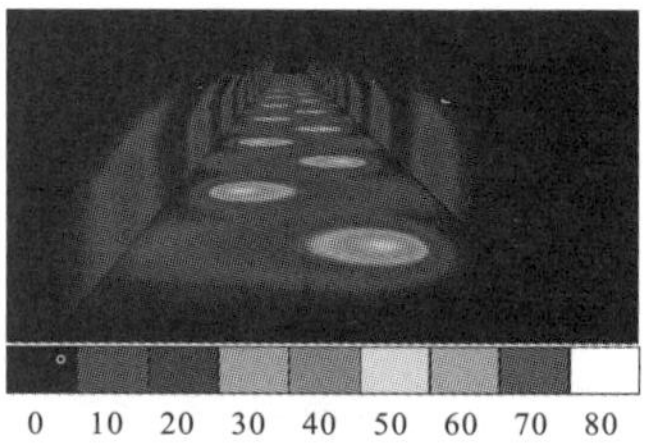

工况 15

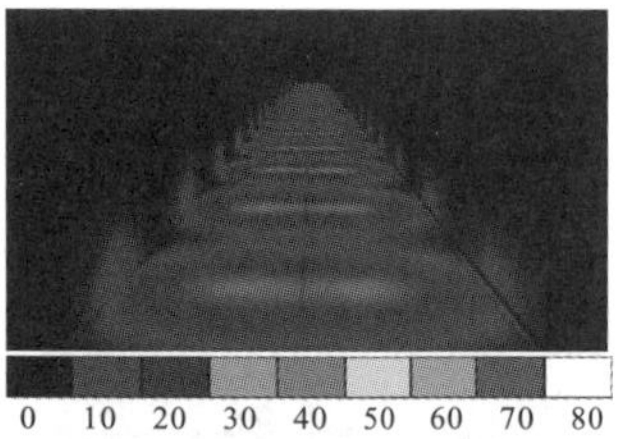

工况 16

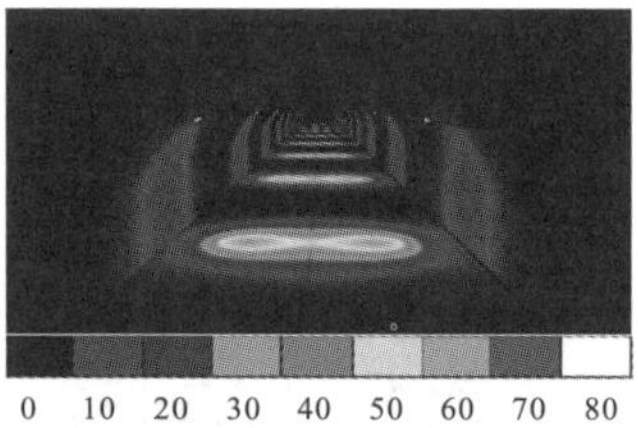

工况 17

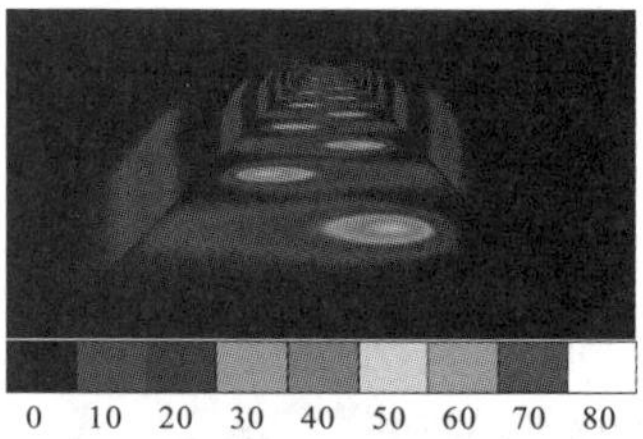

工况 18

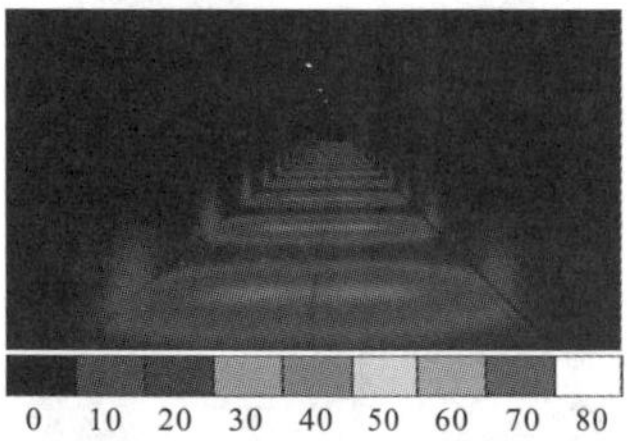

工况 19

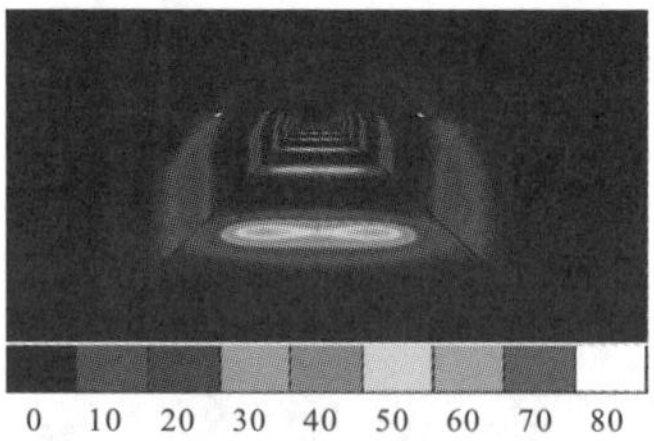

工况 20

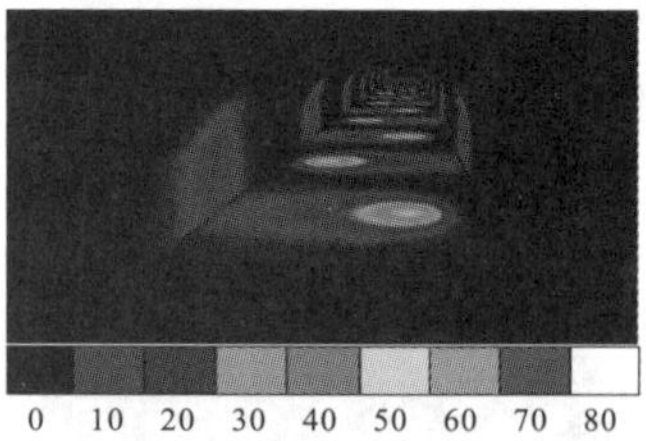

工况 21

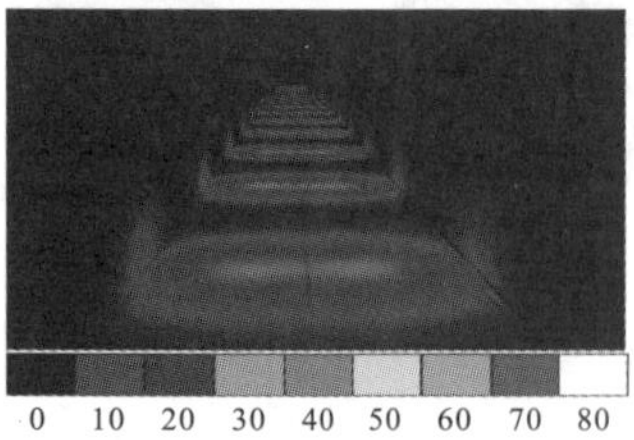

工况 22

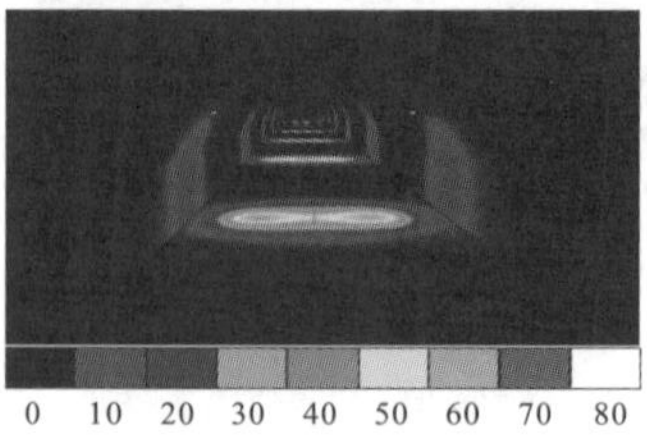

工况 23

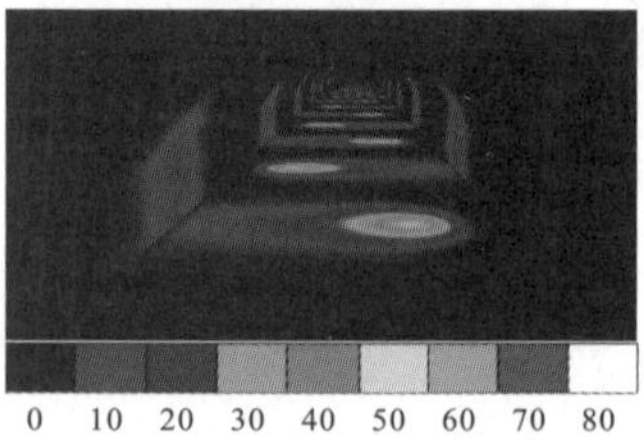

工况 24

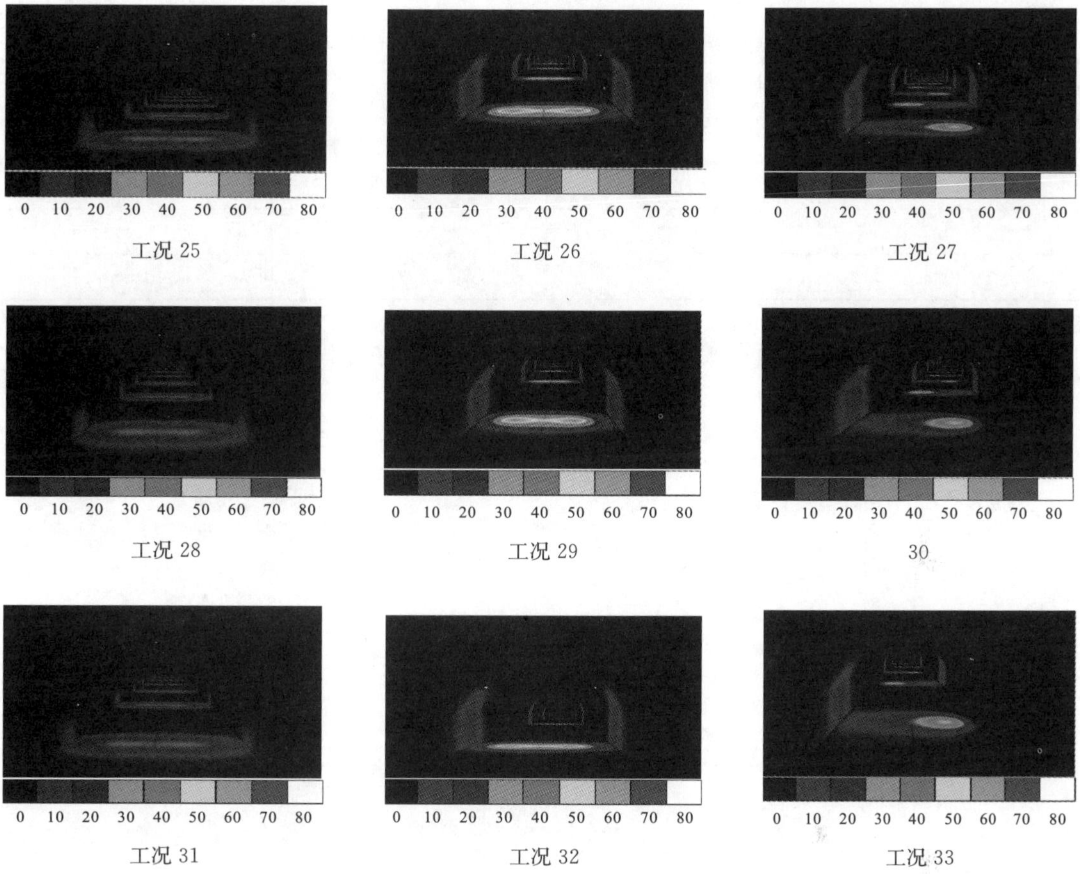

图 7-12　各工况计算结果云图

通过对高原隧道中间段布灯形式及布灯间距模拟结果进行整理，根据《公路隧道照明设计细则》(JTG/T D70/2－01—2014)中的说明，沥青路面的平均照度一般是亮度的 15～22 倍，水泥路面的平均照度一般是亮度的 10～13 倍。所以，当路面为水泥路面的隧道取平均照度为亮度的 13 倍时，可以得到不同布灯形式、不同布灯间距平均亮度表，如表 7-8 所示。

表 7-8　不同布灯形式、不同布灯间距平均亮度表

布灯形式 布灯间距/m	中间布置/(cd/m²)	两侧对称布置/(cd/m²)	两侧交错布置/(cd/m²)
4	4.15	3.54	3.46
6	2.77	2.31	2.31
7.5	2.23	1.85	1.85
10	1.69	1.38	1.38
12	1.38	1.15	1.15
15	1.08	0.92	0.92
18	0.92	0.75	0.75

续表

布灯形式 布灯间距/m	中间布置/(cd/m²)	两侧对称布置/(cd/m²)	两侧交错布置/(cd/m²)
20	0.85	0.70	0.67
25	0.67	0.56	0.54
30	0.56	0.47	0.44
40	0.44	0.37	0.33

不同布灯形式、不同布灯间距下，隧道路面的平均照度曲线图如图 7-13 所示。

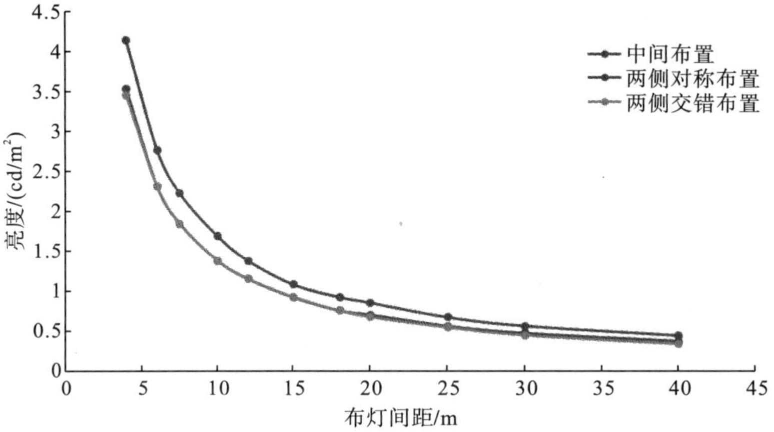

图 7-13 隧道路面的平均照度曲线图

由图 7-13 可知，在布灯间距相同的情况下，两侧对称布置和两侧交错布置的平均亮度几乎无差别；而中间布置比两侧布置的路面平均亮度值分别大 $0.61cd/m^2$、$0.46cd/m^2$、$0.38cd/m^2$、$0.31cd/m^2$、$0.23cd/m^2$、$0.16cd/m^2$、$0.17cd/m^2$、$0.15cd/m^2$、$0.11cd/m^2$、$0.09cd/m^2$、$0.07cd/m^2$，亮度增加幅度近 20%。

7.2.2 高海拔隧道中间段灯具间距

1. 灯具布置形式标准

从节能的角度考虑，在川西高原二级、三级公路隧道中间段照明灯具应采用中间布置的形式。虽然中间布灯方式的等间距布灯占据了隧道净空的一部分，隧道行车界限高度被降低，灯具在白天维修时必须关闭一条车道。由于川西高原交通量低，若是白天养护维修，关闭一条车道并不会造成交通的堵塞，因此采用中间布灯形式完全可行。

2. 照明亮度标准

根据上述照明环境下行车安全性及舒适性的研究成果，可以将川西高原二级、三级公路隧道中间段照明亮度标准定为低于 $1.0cd/m^2$ 且高于 $0.5cd/m^2$。

3. 布灯间距

为了避免布灯产生的“闪烁现象”，以时速为40km/h进行考虑，布灯间距应大于16m，则数值模拟结果如图7-14所示。

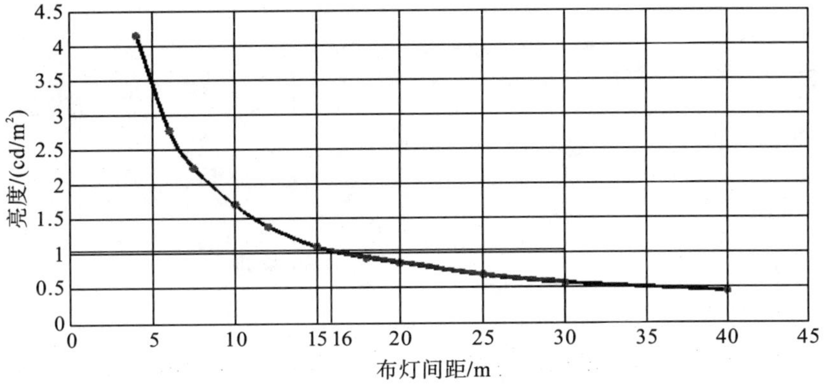

图7-14　布灯间距与路面亮度数值模拟结果

从图7-14中可以看出，川西高原二级、三级公路隧道中间段照明布灯间距应大于16m且小于30m。

7.2.3　高海拔隧道中间段工程经济性分析

工程经济性分析主要包括前期投资分析和后期运营成本分析两部分。若将川西高原二级、三级公路隧道中间段照明采用0.5～1cd/m^{2}的设计，不仅能够减少前期灯具成本的投资，还能够降低后期运营电费成本。本节以巴朗山为例进行其照明的工程经济性分析。

1. 前期投资分析

经过市场调研发现，DIAL 11 R2600型LED灯市场价为800元/盏，在不同布灯间距情况下，每千米灯具成本费用如表7-9所示。

表7-9　每千米灯具成本费用表

灯间距/m	8	12	15	18	20	25	30
亮度/(cd/m^2)	2.1	1.2	1	0.9	0.8	0.6	0.5
灯具数/(盏/km)	125	83.3	66.7	55.5	50	40	33.3
灯具费用/(元/km)	100000	66640	53360	44400	40000	32000	26640

从表7-9中可以看出，若以巴朗山现有设计的中间段照明来看，中间段布灯间距为8m时，每千米灯具成本为10万元；若采用0.5cd/m^{2}的照明标准，布灯间距为30m时，每千米灯具成本为2.664万元，每千米灯具前期投资将减少7.336万元。以巴朗山隧道为例，中间段长度为7830m，则前期投资将减少57.4万元。

2. 后期运营成本分析

后期运营成本主要是后期照明电费，DIAL 11 R2600 型 LED 灯实际功率为 54W，按照工业用电 1.2 元/kW·h 计算，在不同布灯间距情况下，每千米隧道的运营费用如表 7-10所示。

表 7-10 每千米隧道的运营费用表

灯间距/m	8	12	15	18	20	25	30
亮度/(cd/m²)	2.1	1.2	1	0.9	0.8	0.6	0.5
灯具数/(盏/km)	125	83.3	66.7	55.5	50	40	33.3
功率/(kW·h/km)	6750	4498.2	3601.8	2997	2700	2160	1798.2
耗电量/[kW·h/(km·年)]	59130	39404.2	31551.8	26253.7	23652.0	18921.6	15752.2
运营电费/[万元/(km·年)]	7.1	4.7	3.8	3.2	2.8	2.3	1.9

从表 7-10 中可以看出，若以巴朗山现有设计的中间段照明来看，中间段布灯间距为 8m 时，每千米每年运营耗电成本为 7.1 万元，若采用 0.5cd/m² 的照明标准，布灯间距为 30m 时，每千米每年运营耗电成本为 1.9 万元，每千米每年运营耗电成本将减少 5.2 万元。根据川西高原低交通量二级、三级公路隧道车流量特点，夜间车流量极小，若在 22 点至凌晨 6 点将隧道中间段照明关闭，将进一步降低隧道照明运营成本，每千米每年运营耗电成本为 1.27 万元，每千米每年运营耗电成本将减少 5.83 万元。以巴朗山隧道为例，中间段长度为 7830m，则每年中间段运营耗电成本将减少 45.65 万元。

按照隧道设计使用年限为 100 年进行分析，每千米隧道在设计使用年限内，能够节约照明费用为 583 万元。同样以巴朗山隧道为例，在设计使用年限内，中间段照明运营耗电成本将降低 4564.89 万元。

7.3 高海拔隧道照明控制标准

7.3.1 高海拔隧道安全停车视距确定

根据《公路隧道通风设计细则》(JTG/T D70/2－02—2014)提出：设计小时交通量系数宜采用项目可行性研究报告提供的数据。当项目可行性研究报告没有明确提出该数据时，山岭重丘隧道可取 12%，平原微丘区隧道可取 10%，城镇附近的隧道可取 9%。单向交通隧道的方向分布系数宜根据项目可行性研究报告取值，当项目可行性研究报告没有明确提出该值时，可取 55%；双向交通隧道行车上坡较长方向的方向分布系数可取 60%。

根据巴朗山的地形及交通情况，这里设计小时交通量系数取 12%，方向系数取 60%。则同时经过巴朗山最大交通量为

$$N = \frac{\alpha\beta p L_s}{V} \tag{7-3}$$

式中，N——同时经过隧道的最大交通量(辆)；

α——设计小时交通量系数，一般取 12%；

β——交通量方向分布系数，一般取 60%；

p——隧址区设计日交通量(pcu/d)；

L_s——隧道长度(m)；

V——隧道设计时速(km/h)。

当隧道内交通量为 N 辆时，车辆的平均行车间距为

$$S = \frac{L_s - NL_v}{N} \tag{7-4}$$

式中，S——车辆平均行车间距(m)；

L_s——隧道长度(m)；

N——同时经过隧道的最大交通量(辆)；

L_v——每辆车平均长度(m)。

根据巴朗山不同年份交通量预测值，可以得出不同年份，在高峰小时交通流情况下，隧道内车辆的平均行车间距，如表 7-11 所示。

表 7-11　巴朗山隧道交通量预测表

年份/年	2015	2020	2029	2034
预测车流量/(pcu/d)	1913	2983	4701	5814
隧道最大车辆数/辆	27.3888	42.70821	67.30516	83.2402
行车间距/m	282.4106	178.2405	110.1782	87.55479

隧道内车辆不同年份最小平均行车间距如图 7-15 所示。

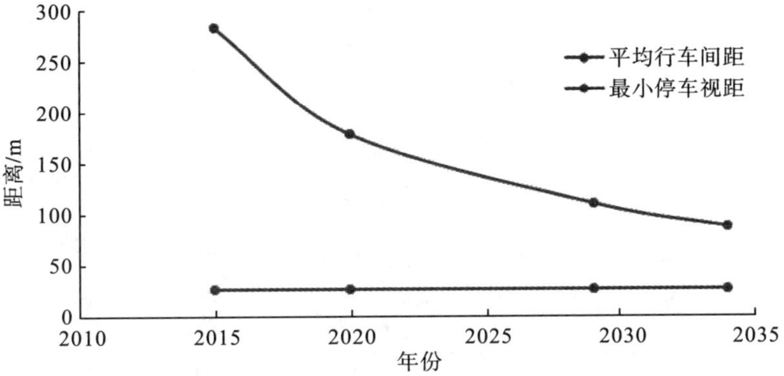

图 7-15　不同年份最小平均行车间距

由于川西高原交通量小，以巴朗山隧道为例，通过计算其近期和远期高峰小时交通量情况下，隧道的平均行车间距为 87.5～282.4m，远大于规范要求的 26m。

安全停车视距与驾驶员的反应时间有关，调研得知，驾驶员反应时间与环境亮度的关系符合以下公式。

$$T = 0727 + 0.275e^{(0.306-L)/2.153} \tag{7-5}$$

式中，T——驾驶员反应时间(s)；

L——环境亮度(cd/m²)。

反应时间海拔修正公式为

$$\tau = 4.63 \times 10^{-5} H - 0.00217 \tag{7-6}$$

式中，τ——反应时间海拔修正量(s)；

H——隧道海拔高度(m)。

在不同海拔高度、不同亮度情况下，安全停车距离可按照下式计算。

$$S = (T + \tau) \cdot v + S_1 + S_2 \tag{7-7}$$

以川西高原隧道设计时速 40km/h 为例，得到所驾驶车辆的制动距离 S_1 为 17.8m，安全距离 S_2 为 5m，因此可以得到巴朗山隧道不同海拔高度、不同亮度情况下，安全停车距离如表 7-12 所示。

表 7-12 不同海拔高度、不同亮度情况下安全停车距离

亮度/(cd/m²) \ 海拔高度/m	0	2000	3000	4000	5000
0.1	34.24002	35.02779	35.54223	36.05667	36.57111
0.2	34.08742	34.87519	35.38963	35.90407	36.41851
0.3	33.94175	34.72952	35.24396	35.7584	36.27284
0.4	33.80269	34.59046	35.1049	35.61934	36.13378
0.5	33.66994	34.45771	34.97215	35.48659	36.00103
0.6	33.54321	34.33098	34.84542	35.35986	35.8743
0.7	33.42224	34.21001	34.72445	35.23889	35.75333
0.8	33.30676	34.09453	34.60897	35.1234	35.63784
0.9	33.19651	33.98428	34.49872	35.01316	35.5276
1	33.09128	33.87905	34.39348	34.90792	35.42236
1.1	32.99081	33.77858	34.29302	34.80746	35.3219
1.2	32.89491	33.68268	34.19712	34.71156	35.226
1.3	32.80336	33.59113	34.10557	34.62001	35.13445
1.4	32.71596	33.50373	34.01817	34.53261	35.04705
1.5	32.63253	33.4203	33.93474	34.44918	34.96362
1.6	32.55289	33.34066	33.8551	34.36954	34.88398
1.7	32.47686	33.26463	33.77907	34.29351	34.80795
1.8	32.40429	33.19206	33.7065	34.22093	34.73537
1.9	32.335	33.12277	33.63721	34.15165	34.66609
2	32.26886	33.05663	33.57107	34.08551	34.59995
2.1	32.20573	32.9935	33.50793	34.02237	34.53681
2.2	32.14545	32.93322	33.44766	33.9621	34.47654
2.3	32.08792	32.87569	33.39013	33.90457	34.419
2.4	32.03299	32.82076	33.3352	33.84964	34.36408
2.5	31.98056	32.76833	33.28277	33.79721	34.31165
2.6	31.93051	32.71828	33.23271	33.74715	34.26159
2.7	31.88272	32.67049	33.18493	33.69937	34.21381

各海拔高度下的安全停车视距变化曲线如图 7-16 所示。

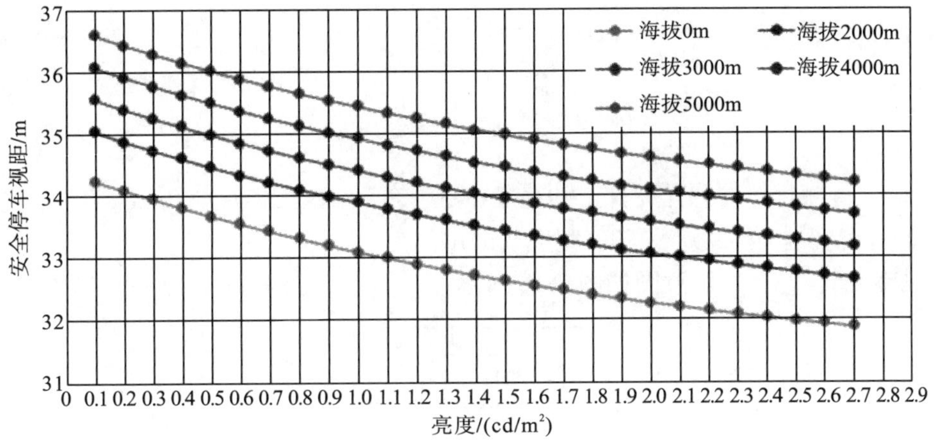

图 7-16　各海拔高度下的安全停车视距变化曲线

7.3.2　高海拔隧道停车视距确定

高原隧道中间段照明标准的制定，首先采用眼动仪技术，获得驾驶员在不同亮度条件下的行车安全性，从而明确隧道中间段的照明控制标准。

1. 停车视距理论计算方法

利用单反相机对相机拍照时与被拍物体的距离进行测定，以便后期驾驶员在佩戴眼动仪进行测试时，确定驾驶员发现障碍物时与障碍物的距离。

根据高斯成像原理，结合相机的相关参数，在已知相机 CCD 感光元件尺寸及相片焦距的情况下，使用图片处理工具，得到停车视距的计算公式。相机成像原理示意图如图 7-17所示。

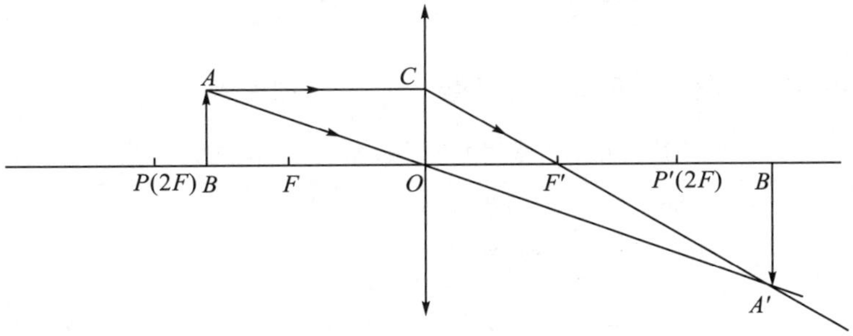

图 7-17　相机成像原理示意图

高斯成像原理公式为

$$\frac{1}{f}=\frac{1}{u}+\frac{1}{v} \tag{7-8}$$

式中，f——相机的焦距(mm)；

u——所求的物距(凸正凹负)(mm)；

v——像距(实正虚负)(mm)。

像距的公式为

$$v=\frac{q+Q}{Q}f \tag{7-9}$$

式中，q——待测物体在感光元件上的高度(宽度)(mm)；

Q——待测物体的实际高度(宽度)(mm)。

相机感光元件CCD示意图如图7-18所示。

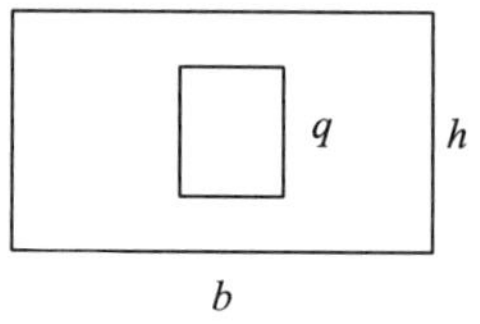

图7-18　相机感光元件CCD示意图

在图7-18中，b为感光元件的长度(mm)，相机的固有参数；h为感光元件的高度(mm)，相机的固有参数。

将相机所拍照片导入计算机中，利用CAD中的测量功能，测出照片中像高(h_1)与照片高度(h_2)。根据相似原理，照片只是显示的比例增大或减小，而照片中各物体的大小之比并不会发生变化。计算公式为

$$\frac{h_1}{h_2}=\frac{q}{h}\Rightarrow q=\frac{hh_1}{h_2} \tag{7-10}$$

在已知待测物体的高度Q情况下，便可求得物距u，将式(7-10)和式(7-9)代入式(7-8)可以推出物距u的公式为

$$u=\left(\frac{Qh_2}{hh_1}+1\right)f \tag{7-11}$$

为了验证停车视距计算方法的正确性，在西南交通大学九里堤校区，选取一块空地，进行校内实验。

测试所采用的仪器设备名称、型号及数量如表7-13所示。

表7-13　测试所采用的仪器设备名称、型号及数量

序号	设备名称	型号	数量	备注
1	单反相机	尼康D7000	一台	——
2	卷尺	——	一副	量程50m
3	粉笔	——	一盒	标记测试点

停车视距实验步骤如下。

(1)用卷尺在同一直线上量取3m、5m、8m、10 m、12m、15m、18m、20m、22m、25m、28m、30m、32m、35m、38m、40m、42m、45m、48m、50m共20个距离，并做好标记。

(2)让已知身高Q为1700mm的被试人员站在起点处，测试人员利用已知CCD高h

为 15.6mm 的相机分别站在各标记点，对被试人员进行拍照。

(3)将照片导入计算机进行编号，在 Photoshop 中对各组照片的焦距 f 进行读取。

(4)将照片导入 CAD 中，读取像高(h_1)与照片高度(h_2)。

(5)将各组试验的参数 f、Q、h、h_1、h_2代入式(7-11)，即可求出各组试验的停车视距 u。

试验现场测试图如图 7-19 所示。

图 7-19　校内试验现场测试图

数据处理软件界面如图 7-20 和图 7-21 所示。

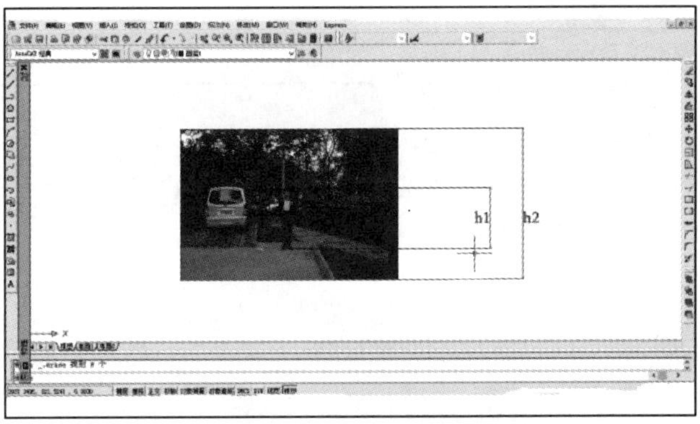

图 7-20　校内试验用 CAD 处理图

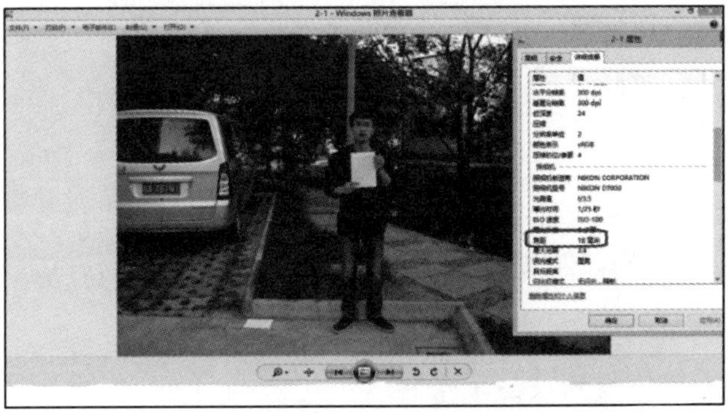

图 7-21　利用 Photoshop 读取相片的焦距

根据停车视距计算理论的试验验证，计算距离与实际距离结果及对比如表 7-14 所示。

表 7-14 计算距离与实际距离结果及对比

焦距 f/mm	h_1/mm	h_2/mm	物高 Q/mm	h/mm	计算距离/m	实际距离/m	误差
18	258	408	1700	15.6	3.12	3	4.00%
18	187	465	1700	15.6	4.90	5	2.09%
18	271	1083	1700	15.6	7.86	8	1.79%
48	276	507	1700	15.6	9.66	10	3.43%
55	369	769	1700	15.6	12.55	12	4.55%
40	289	974	1700	15.6	14.73	15	1.79%
40	28	113	1700	15.6	17.63	18	2.05%
55	57	197	1700	15.6	20.77	20	3.85%
55	74	277	1700	15.6	22.49	22	2.23%
55	86	369	1700	15.6	25.77	25	3.09%
55	78	375	1700	15.6	28.87	28	3.11%
55	75	388	1700	15.6	31.06	30	3.54%
55	46	256	1700	15.6	33.41	32	4.41%
55	41	251	1700	15.6	36.75	35	4.99%
55	27	181	1700	15.6	40.23	38	5.88%
55	16.261	111.890	1700	15.6	41.30	40	3.24%
55	9.430	68.201	1700	15.6	43.40	42	3.34%
55	2.298	17.908	1700	15.6	46.76	45	3.91%
55	4.724	38.955	1700	15.6	49.48	48	3.08%
55	6.040	53.082	1700	15.6	52.73	50	5.45%

由表 7-14 可知，计算误差最大在 5%左右，满足实验的要求，所以在已知物体高度的情况下，利用相机的相关参数和高斯成像公式，得到的停车视距计算理论公式是准确有效的。计算停车视距与实际距离对比图如图 7-22 所示。

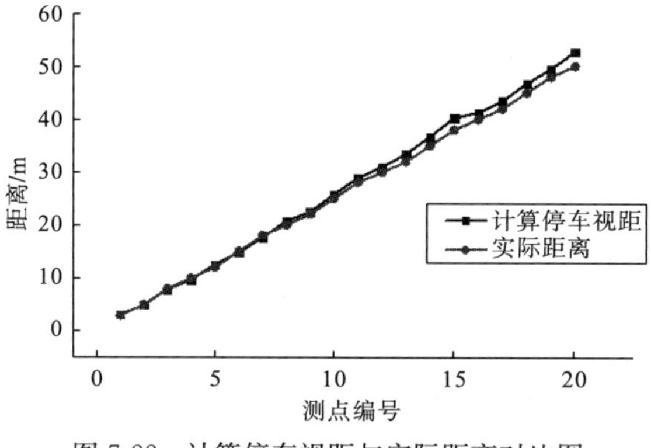

图 7-22 计算停车视距与实际距离对比图

由此可知，理论计算的停车视距结果与实验测得的结果吻合度较好，可以较精确计算实际停车视距。

2. 高海拔隧道中间段照明参数确定

对川西高原二级、三级公路隧道不同亮度环境下行车安全性进行研究，首先需要标定隧道内不同照明环境下的亮度。对高尔寺山隧道和巴朗山隧道中间段照明亮度进行了现场测试，隧道分段照度现场测试记录结果如表 7-15～表 7-18 所示。

表 7-15　隧道分段照度测试原始记录表(1)

隧道名称	高尔寺山隧道	测试日期	2015.12.04	测试时间	15：30	天气状况	晴
测试位置	□入口段 1　□入口段 2　□过渡段 1　□过渡段 2 □过渡段 3 ☑中间段 1　□中间段 2　□出口段 1　□出口段 2					车流量 /[veh/(h·ln)]	
路面情况	☑水泥路面/□沥青路面		基本照明灯具布设间距/m			16.25	

灯具布置情况：
☑对称布置
□交错布置
□中线侧偏布置

备注：内部正在进行墙面的装饰及电缆槽的修建，隧道内有一定浓度的粉尘，对隧道照明有一定的影响

实测照度值/lx

列＼行	1	2	3	4	5	6	7	8	9
1	3	5	6	8	10	11	12	12	11
2	3	4	5	7	8	9	10	9	9
3	3	4	4	5	6	6	6	6	6
4	2	3	3	3	4	4	5	4	4
5	2	3	3	3	3	4	4	3	3
6	2	2	2	3	3	4	4	3	3
7	2	2	3	3	3	3	4	4	4
8	2	3	4	4	5	5	6	5	5
9	2	2	3	3	4	5	6	5	5
10	3	3	4	4	5	6	7	8	7
11	3	3	4	5	7	7	8	8	8
12	3	3	4	5	6	7	8	8	8

路面平均照度：4.89

表 7-16　隧道分段照度测试原始记录表(2)

隧道名称	巴朗山隧道	测试日期	2016.9.13	测试时间	12：36	天气状况	阴
测试位置	□入口段 1　□入口段 2　□过渡段 1　□过渡段 2　□过渡段 3 ☑中间段 1　□中间段 2　□出口段 1　□出口段 2					车流量 /[veh/(h·ln)]	
路面情况	☑水泥路面/□沥青路面		基本照明灯具布设间距/m			8	

灯具布置情况：
□对称布置
□交错布置
☑中线侧偏布置

实测照度值/lx

列＼行	1	2	3	4	5	6	7	8	9			
1	22	30	31	27	20	15						
2	26	30	31	28	21	16						
3	24	29	30	27	21	16						
4	25	29	30	27	20	15						
5	25	30	31	26	20	16						
6	20	29	30	25	18	16						
7	24	28	28	24	18	15						

续表

隧道名称	巴朗山隧道	测试日期	2016.9.13	测试时间	12：36	天气状况	阴
测试位置	□入口段 1　□入口段 2　□过渡段 1　□过渡段 2　□过渡段 3 ☑中间段 1　□中间段 2　□出口段 1　□出口段 2					车流量 /[veh/(h・ln)]	
路面情况	☑水泥路面/□沥青路面		基本照明灯具布设间距/m			8	

备注：测点布置横向 1.5m，纵向 2m；灯间距 8m	8	25	26	27	25	20	17						
	9	27	26	27	24	18	17						
	10	27	26	27	24	19	16						
	11	26	26	27	25	20	16						
	12	27	26	29	26	20	17						
	13	25	25	24	21	16	17						
	路面平均照度：23.64103												

表 7-17　隧道分段照度测试原始记录表（3）

隧道名称	巴朗山隧道	测试日期	2016.9.13	测试时间	10：40	天气状况	阴
测试位置	□入口段 1 □入口段 2 □过渡段 1 □过渡段 2 □过渡段 3 ☑中间段 1　□中间段 2　□出口段 1　□出口段 2					车流量 /[veh/(h・ln)]	
路面情况	☑水泥路面/□沥青路面		基本照明灯具布设间距/m			24	

	实测照度值/lx												
	行 / 列	1	2	3	4	5	6	7	8	9			
灯具布置情况： □对称布置 □交错布置 ☑中线侧偏布置	1	12	15	18	16	12	9						
	2	12	14	15	14	11	9						
	3	9	11	12	11	9	7						
	4	8	9	8	7	6	5						
	5	5	6	7	5	4	4						
	6	3	6	5	5	4	3						
	7	3	5	5	4	3	4						
备注：测点布置横向 1.5m，纵向 2m；灯间距 24m	8	5	5	5	4	3	4						
	9	6	6	5	5	4	2						
	10	8	8	7	6	4	3						
	11	10	11	11	8	5	3						
	12	12	13	12	9	5	5						
	13	13	15	14	10	5	6						
	路面平均照度：7.653846												

表 7-18　隧道分段照度测试原始记录表

隧道名称	巴朗山隧道	测试日期	2016.9.13	测试时间	13：25	天气状况	阴
测试位置	□入口段 1 □入口段 2 □过渡段 1 □过渡段 2 □过渡段 3 ☑中间段 1 □中间段 2 □出口段 1 □出口段 2					车流量/[veh/(h·ln)]	
路面情况	☑水泥路面/□沥青路面	基本照明灯具布设间距/m				灯光全关	

	实测照度值/lx												
	行/列	1	2	3	4	5	6	7	8	9			
灯具布置情况：□对称布置 □交错布置 ☑中线侧偏布置	1	0	0	1	0	0	0						
	2	0	0	0	0	0	0						
	3	0	0	0	0	0	0						
	4	0	0	0	0	0	0						
	5	0	0	0	0	0	0						
	6	0	0	0	0	0	0						
	7	0	0	0	0	0	0						
备注：测点布置横向 1.5m，纵向 2m；无灯	8	0	0	0	0	0	0						
	9	0	0	0	0	0	0						
	10	0	0	0	0	0	0						
	11	0	0	0	0	0	0						
	12	0	0	0	0	0	0						
	13	0	0	0	0	0	0						
	路面平均照度：0												

根据《公路隧道照明设计细则》(JTG/T D70/2－01—2014)中的说明，沥青路面的平均照度一般是亮度的 15～22 倍，水泥路面的平均照度一般是亮度的 10～13 倍。因为高尔寺山隧道的路面为水泥路面，所以这里取平均照度为亮度的 13 倍，则高尔寺山隧道的路面平均亮度为 0.3762cd/m^2。亮度均匀度 $U_0 = L_{min}/L_{av}$，即 0.61。

巴朗山隧道的路面为水泥路面，这里取平均照度为亮度的 13 倍，则巴朗山隧道的路面平均亮度及亮度均匀度如表 7-19 所示。

表 7-19　平均亮度及亮度均匀度表

项目	平均照度/lx	平均亮度/(cd/m^2)	规范要求值	亮度均匀度	规范要求值
照明全开	23.64	1.82	1.00	0.63	0.40
照明开 1/3	7.65	0.59	1.00	0.39	0.40
照明全关	0	0	1.00	—	0.40

根据《公路隧道照明设计细则》(JTG/T D70/2－01—2014)中规定双向交通隧道中间段亮度不能低于 1.0cd/m^2，亮度均匀度不低于 0.4。在测试的 4 种工况中，只有巴朗山隧道在照明灯具全开的情况下能够满足规范要求，其余 3 种工况均低于规范要求的最小亮度值。

3. 高海拔公路隧道停车视距确定

在上述的各照明条件下，让被试者佩戴 Tobii Glasses2 型眼动仪，在隧道中间段约600m 的区段进行驾驶行为的测试，为保证试验安全，此处选取障碍物的尺寸为 20cm×20cm×20cm 的灰色立方体，被试者测试前不知道障碍物的位置和尺寸，并且每组试验完成后会变换障碍物的位置。

在进行眼动仪测试的同时，被试车辆前部安装了一部尼康 D7000 型相机，对测试过程进行记录，为保证眼动仪 Tobii Glasses 2 与相机的视频同步，在录制开始时，有一名测试人员发布“开始”口令，视频以开始口令之后的影像为准。在摄像之前，把相机的焦距固定为 24mm。根据眼动仪分析软件，找到被试人员首次发现障碍物的时刻，以及被试人员辨认清楚障碍物的时刻(以被试人员注视点离开障碍物，并且之后连续数个注视点都没有再回到障碍物上，则认为被试人员已经辨认清楚障碍物)。在眼动仪分析软件中找到被试人员发现障碍物的时刻(注视点第一次落在障碍物上)，将眼动仪视频的时刻转换为相机所对应的时刻。利用相机测距的方法，截取相机视频在发现障碍物时刻的图片，计算该时刻被试人员与障碍物的距离。根据《公路隧道照明设计细则》(JTG/T D70/2—01—2014)给出的停车视距与车速之间的关系表，判断在该照明条件下能否满足行车安全。

测试所采用的仪器设备名称、型号及数量如表 7-20 所示。

表 7-20 测试所采用的仪器设备名称、型号及数量

序号	设备名称	型号	数量
1	眼动仪	Tobii Glasses 2	一套
2	汽车	—	两辆
3	笔记本电脑	—	一台
4	卷尺	—	一副
5	移动硬盘	—	一个
6	单反相机	尼康(D 7000)	一部
7	视认目标物	20cm×20cm×20cm	两块

试验仪器设备如图 7-23 所示。

实验步骤如下。

(1)试验开始前，先联系中控室将隧道的照明全打开；再由专人在测试区段中部随意摆放障碍物；最后通知被试车辆准备就绪，车辆上有测试样本(司机)、专职摄像人员及眼动仪控制软件操作人员。

(2)先由控制软件人员对眼动仪进行对中校准；然后启用眼动仪及摄像机；最后由眼动仪控制人员发出开始指令后，测试样本启动车辆。

(3)被试样本迅速加速至指定车速(30km/h、40km/h 及 60km/h)，控制车速不变的情况下，在被试区间内行驶，并搜索障碍物，直到行驶至被试区间末端。

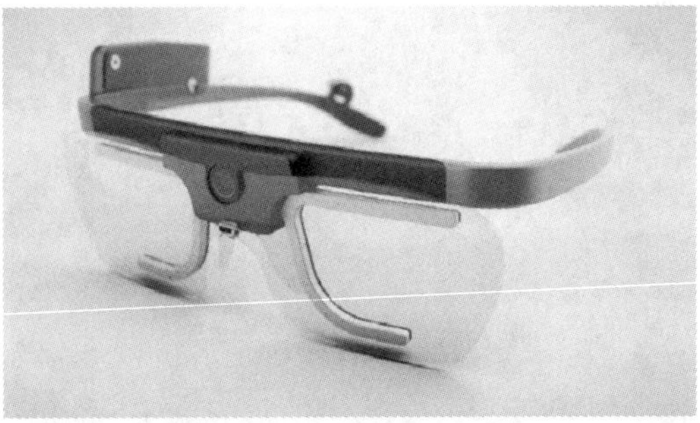

(a)Tobii Glasses 2 型眼动仪

(b)尼康 D7000 相机

(c)被试车辆

(d)卷尺

(e)目标障碍物

图 7-23　试验仪器设备

(4)改变隧道的照明，重复以上操作。

注意：为了避免驾驶员在隧道内驾驶的疲劳感对试验效果产生影响，同一驾驶员不宜连续进行两个车速的测试，如甲进行了 60km/h 的测试，换乙进行 60km/h 的测试。值得注意的是，眼动仪控制人员应注意眼动仪电池的电量情况，当设备提示电量过低时，应及时更换电池。

实车试验现场测试图如图 7-24 所示。

根据相关交通安全驾驶条例，在隧道中行车时，必须开启大灯，在巴朗山隧道实车试验过程中，测试了隧道照明加测试车辆开启大灯时，两者叠加情况下，路面亮度情况，如表 7-21 所示。

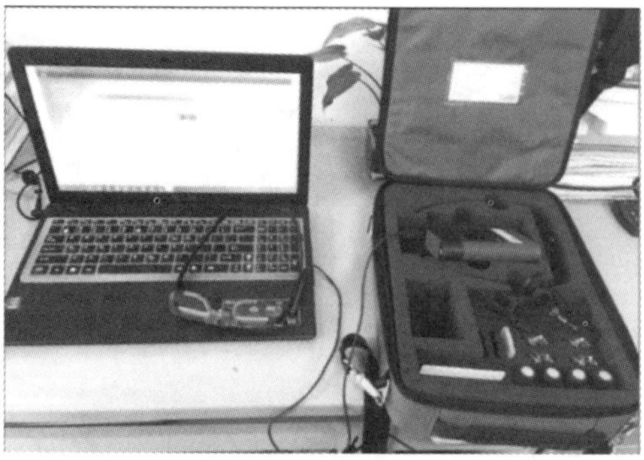

(a)眼动仪

(b)测试对象

(c)驾驶

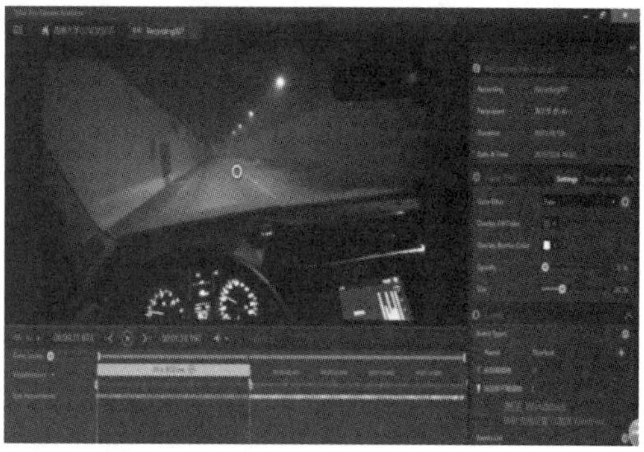

(d)眼动仪软件界面

(e)眼动仪试验现场

图 7-24 实车试验现场测试图

表 7-21 开启车灯情况下隧道路面亮度表

项目	平均亮度/(cd/m²)	规范要求值	亮度均匀度	规范要求值
照明全开	1.1	1.00	0.63	0.40
照明开 1/3	1.3	1.00	0.39	0.40
照明全关	1.9	1.00	—	0.40

由于巴朗山隧道机电设施比较完备，因此选择 3 名驾驶员在 3 种照明工况下，分别进行了 30km/h、40km/h 和 60km/h 3 种车速的试验，共计 27 组试验。试验测试工况表如表 7-22 所示。

表 7-22　试验测试工况表

工况编号	驾驶员编号	车速/(km/h)	环境亮度/(cd/m²)
1	甲	30	1.9
2			1.3
3			1.1
4		40	1.9
5			1.3
6			1.1
7		60	1.9
8			1.3
9			1.1
10	乙	30	1.9
11			1.3
12			1.1
13		40	1.9
14			1.3
15			1.1
16		60	1.9
17			1.3
18			1.1
19	丙	30	1.9
20			1.3
21			1.1
22		40	1.9
23			1.3
24			1.1
25		60	1.9
26			1.3
27			1.1

通过眼动仪实车试验，可以测得各工况条件下的人眼反应时间及驾驶员停车视距。根据眼动仪分析软件读取各组试验中被试人员发现障碍物的时刻及转化为相机视频中所对应的时刻，如表 7-23 所示。

表 7-23 发现障碍物的时刻及转化为相机视频中所对应的时刻

时刻 分组	Tobii 开始时刻/s	Tobii 辨认完成时刻/s	相机开始时刻/s	相机对应辨认完成时刻/s
甲—30—全	8.558	78.551	7.140	77.13
甲—40—全	3.739	18.225	5.100	19.24
甲—60—全	4.179	52.567	4.060	52.17
乙—30—全	2.559	57.206	2.270	57.16
乙—40—全	4.079	34.371	5.010	35.09
乙—60—全	4.179	33.832	1.180	31.07
丙—30—全	6.958	40.830	5.090	39.05
丙—40—全	6.978	50.547	2.170	46.04
丙—60—全	4.259	33.591	30.160	59.26
甲—30—1/3	3.873	49.822	2.510	48.46
甲—40—1/3	2.573	46.425	2.190	46.81
甲—60—1/3	3.939	43.349	3.000	42.12
乙—30—1/3	24.634	65.064	24.160	64.29
乙—40—1/3	10.657	61.444	9.230	60.16
乙—60—1/3	4.859	31.992	6.160	33.20
丙—30—1/3	2.539	47.847	8.110	53.20
丙—40—1/3	2.839	57.085	3.160	57.23
丙—60—1/3	3.459	31.872	31.150	59.27
甲—30—无	7.838	58.526	6.220	57.12
甲—40—无	4.899	48.128	2.080	45.15
甲—60—无	3.839	41.969	3.080	41.12
乙—30—无	8.778	63.764	6.150	61.14
乙—40—无	4.639	42.869	3.040	41.11
乙—60—无	7.158	52.047	2.160	47.12
丙—30—无	3.819	54.386	3.020	53.19
丙—40—无	6.678	49.667	1.170	44.16
丙—60—无	7.598	37.170	10.220	40.09

根据室内试验研究得到相机测距的功能，已知相机的焦距 $f=24$mm，障碍物高 $Q=250$mm，相机感光元件(CCD)$h=15.6$mm，CAD 中障碍物相对高度 $h_1=10.3$mm，CAD 中照片相对高度 $h_2=1179.93$mm。由高斯成像原理转化得出物距 $u=44.08$m。

在时速为 30km/h 时，停车视距在 20m 以上，所以在路面平均亮度为 0.59cd/m^2(照明设计细则中的规定不得低于 1.0cd/m^2)、亮度均匀度为 0.39(照明设计细则中规定不得低于 0.4)的状况下能够满足行车安全需求。

各组测得发现障碍物时离障碍物的距离 u，如表 7-24 所示。

表 7-24　发现障碍物时离障碍物的距离 u

工况编号	工况描述	物距 u/m	照明设计细则规定值/m
1	甲—30—全	55.84	20
2	甲—40—全	37.66	26
3	甲—60—全	53.54	56
4	乙—30—全	53.40	20
5	乙—40—全	65.08	26
6	乙—60—全	68.84	56
7	丙—30—全	53.68	20
8	丙—40—全	61.33	26
9	丙—60—全	65.62	56
10	甲—30—1/3	未发现障碍物	20
11	甲—40—1/3	未发现障碍物	26
12	甲—60—1/3	78.69	56
13	乙—30—1/3	35.48	20
14	乙—40—1/3	49.46	26
15	乙—60—1/3	40.79	56
16	丙—30—1/3	44.08	20
17	丙—40—1/3	33.12	26
18	丙—60—1/3	80.65	56
19	甲—30—无	56.87	20
20	甲—40—无	48.08	26
21	甲—60—无	64.58	56
22	乙—30—无	30.99	20
23	乙—40—无	48.07	26
24	乙—60—无	41.64	56
25	丙—30—无	28.21	20
26	丙—40—无	33.42	26
27	丙—60—无	40.45	56

实车试验测得的停车视距变化曲线如图 7-25 所示。

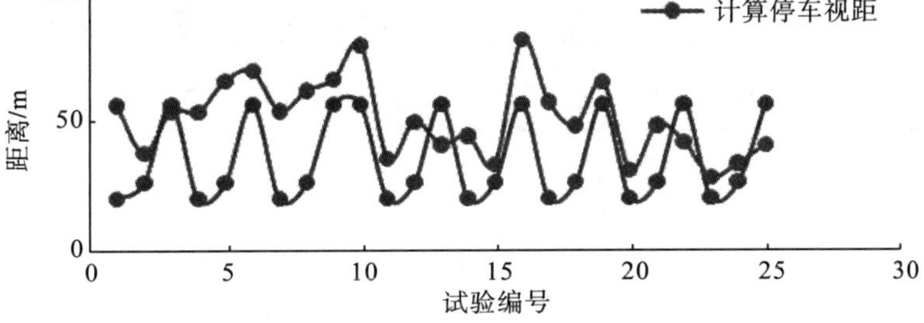

图 7-25　停车视距变化曲线

由图7-25可知，在27组试验中，有两组驾驶员并未发现障碍物，还有4组不能满足行车安全的要求，其余21组满足行车安全的客观要求。进一步分析可以发现，在速度为30～40km/h时，全都能满足安全停车视距要求；在照明全开的9组试验中，有8组能够满足安全停车视距要求；在照明只开1/3的9组试验中，有8组能够满足安全停车视距要求；在照明全关的9组试验中，有7组能够满足安全停车视距要求。

在川西高原低交通量隧道环境中，初步可以证实在《公路隧道照明设计细则》(JTG/T D70/2—01—2014)中规定的是亮度值1/3的照明情况下，能够满足行车安全。

对数据进行进一步分析，将车速为40km/h的各组亮度与停车视距试验数据进行整理分析，得到结果如表7-25所示。

表7-25 试验结果表/(40km/h)

分组 亮度/(cd/m²)	甲	乙	丙	平均值
0	48.08	48.07	33.42	43.19
0.588757	50.2	49.46	33.12	44.26
1.818541	37.66	65.08	61.33	54.69

根据表7-25中的数据，进行拟合得到曲线图，如图7-26所示。

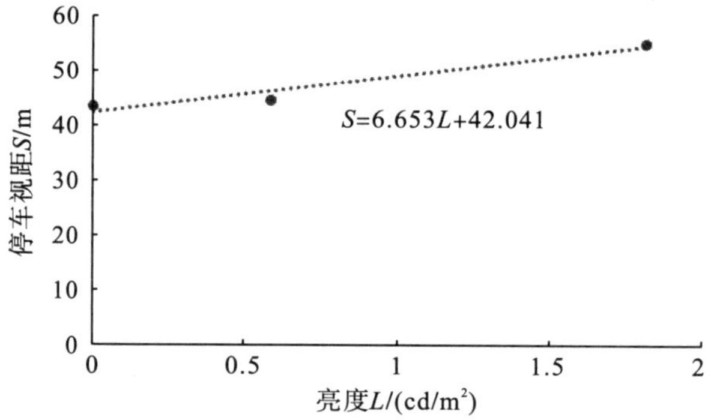

图7-26 试验结果曲线图(40km/h)

在车速为40km/h时，亮度与停车视距可看作线性关系，即

$$S = 6.653L + 42.041 \tag{7-12}$$

式中，S——停车视距(m)；

L——亮度(cd/m²)。

同理，分析车速为30km/h时，亮度与停车视距的试验结果，如表7-26所示。

表7-26 试验结果表/(30km/h)

分组 亮度/(cd/m²)	甲	乙	丙	平均值
0	56.87	30.99	28.21	38.69
0.588757	—	35.48	44.08	39.78
1.818541	55.84	53.4	53.68	54.30667

根据表 7-26 中的数据，拟合得到曲线图，如图 7-27 所示。

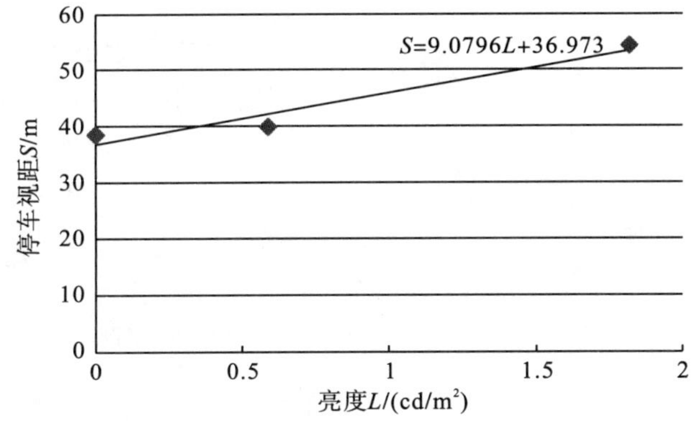

图 7-27　试验结果曲线图(30km/h)

在车速为 30km/h 时，亮度与停车视距可看作线性关系，即

$$S = 9.0796L + 36.973 \tag{7-13}$$

同理，分析车速为 60km/h 时，亮度与停车视距的试验结果，如表 7-27 所示。

表 7-27　试验结果表/(60km/h)

亮度/(cd/m²) \ 分组	甲	乙	丙	平均值
0	64.58	41.64	40.45	48.89
0.588757	78.69	40.79	80.65	66.71
1.818541	53.54	68.84	65.62	62.66667

根据表 7-27 中的数据，拟合得到曲线图，如图 7-28 所示。

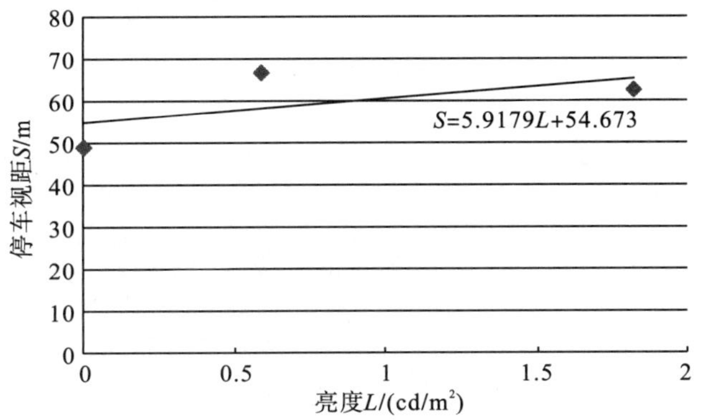

图 7-28　试验结果曲线图(60km/h)

在车速为 60km/h 时，亮度与停车视距可看作线性关系，即

$$S = 5.9179L + 54.673 \tag{7-14}$$

综上所述，不同车速条件下，不同行车环境亮度与停车视距的关系如图 7-29 所示。

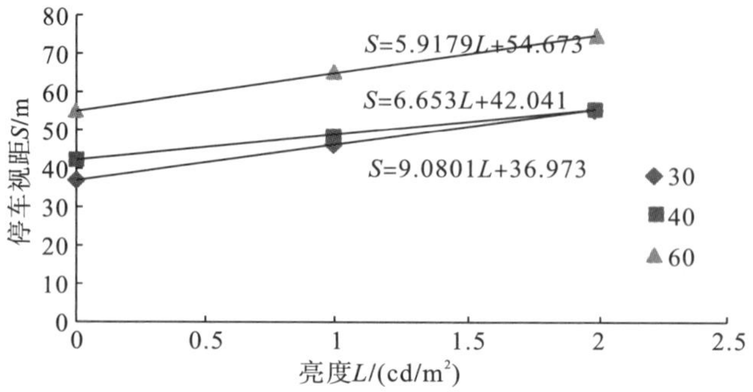

图 7-29 不同车速条件下不同行车环境亮度与停车视距的关系

由图 7-29 可知，当车速一定时，停车视距随着亮度的增加而增加；当亮度一定时，停车视距随着车速的增加而增加。

7.3.3 高海拔隧道中间段照明标准

结合眼动仪实车试验结果，当车速为 40km/h 时，取车灯的亮度为 1.0cd/m^2、1.3cd/m^2、1.9cd/m^2情况下的停车数据结果，对比安全停车数据，得到环境亮度、安全停车距离与停车视距三者的关系如图 7-30 所示。

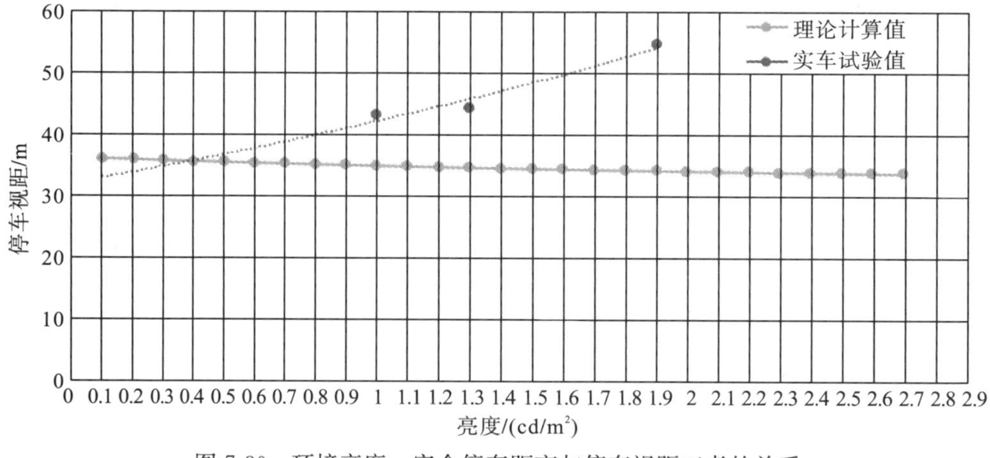

图 7-30 环境亮度、安全停车距离与停车视距三者的关系

由图 7-30 可知，在亮度小于 0.4cd/m^2时，实车试验得到的停车视距小于理论计算值；在亮度大于 0.4cd/m^2时，实车试验得到的停车视距大于理论计算值。

因此，在考虑一定安全储备的情况下，建议高原地区设计时速小于 40km/h 的隧道中间段亮度控制标准为 0.5cd/m^2。

7.4 高海拔隧道照明设计方法

隧道的两侧和顶部是封闭的，构造比较特殊，会产生隧道特有的人眼明适应和暗适应，尤其是白昼的视觉问题。在白昼，驾驶员进入隧道时会产生视觉问题：刚接近长隧道时，驾驶员看到的是一个黑洞，称为“黑洞现象”；如果隧道较短，则会产生“黑框”现象。由于洞外亮度大，进入隧道后，人眼需要适应时间，即产生“适应的滞后现象”；对于长隧道的中间段，汽车废气会形成烟雾，影响驾驶员的可见度；在隧道出口，会产生一个很亮的洞口，形成强烈的眩光，降低驾驶员的可见度，称为“亮洞”现象，这时会使人只看到障碍物的影子，而导致隧道线型、结构、路面状况看不清，距离不能判断等。

1. 黑洞效应和黑框效应

在隧道出入口的外部，白天自然光的照度可达 100000 lx；而在隧道内部，在无照明的情况下，除隧道洞口处有几十勒克斯的自然光照度外，洞内几乎一片漆黑。白天，当汽车接近隧道入口时，洞内外亮度差别极大。如果是看不到隧道出口的长隧道，在洞口处就有黑洞穴一样的感觉，即“黑洞效应”；如果是能看到隧道出口的短隧道，则好似要通过一个黑暗的框子一样，即“黑框效应”。驾驶人员由明亮的外部环境进入隧道内，由于洞内外亮度差异较大，要经过一定时间才能够看清楚隧道内部的情况，这种现象称为“视觉适应滞后”，如图 7-31 所示。

图 7-31　黑洞效应(左)和黑框效应(右)

2. 白洞效应

在白天由于视觉基本适应了洞内的暗环境，短时间又需要适应洞外的亮环境，因此会出现极强的眩光，让驾驶人员感觉十分不舒服，即“白洞效应”，如图 7-32 所示。

图 7-32　白洞效应

综上所述，受隧道出入口的黑白洞效应影响，需重视隧道入口段和过渡段的照明设计以保证其行车安全性。

7.4.1 高海拔隧道进出口加强段长度确定

1. 隧道进出口段长度组成

根据《公路隧道照明设计细则》(JTG/T D70/2－01—2014)，隧道进出口处可以设置照明加强段来缓解黑、白洞效应。一般会在入口段和过渡段进行照明加强，各段长度可以根据下列计算公式得到。

(1)入口段长度。

入口段 th1、th2 长度为

$$D_{th1} = D_{th2} = \frac{1}{2} \times (1.154D_s - \frac{h-1.5}{\tan 10^\circ}) \tag{7-15}$$

式中，D_s——照明停车视距(m)，按照规范选取；

h——隧道净空高度(m)，川西高原典型二级、三级公路隧道取 7.2m。

(2)过渡段长度。

过渡段可分为 tr_1、tr_2、tr_3 3 个照明段。当长度为 $L \leqslant 300$m 的隧道时，可不设置过渡段加强照明；当长度为 $300\text{m} \leqslant L \leqslant 500$m 的隧道且过渡段能完全看到隧道出口时，可不设置 tr_2、tr_3加强照明。测量时应根据各隧道长度来测量相应路段路面照度。

过渡段 tr_1长度为

$$D_{tr1} = \frac{D_{th1} + D_{th2}}{3} + \frac{v_t}{1.8} \tag{7-16}$$

过渡段 tr_2长度为

$$D_{tr2} = \frac{2v_t}{1.8} \tag{7-17}$$

过渡段 tr_3长度为

$$D_{tr3} = \frac{3v_t}{1.8} \tag{7-18}$$

式中，v_t——隧道设计时速(km/h)。

2. 高海拔隧道仅出入口段设加强照明行车安全性

根据《公路隧道照明设计细则》(JTG/T D70/2－01—2014)条文 3.0.9 中的规定，平均亮度与平均照度间的换算系数以实测确定；无实测条件时，黑色沥青路面可取 15lx/(cd/m^2)，水泥混凝土路面可取 10lx/(cd/m^2)。

根据车速，隧道入口段长度如表 7-28 所示。

表 7-28　不同车速下隧道入口段长度

速度/(km/h)	停车视距/m	D_{th1}	D_{th2}
80	103	43.26	43.26
60	57	16.72	16.72
40	27	13	13
30	20	10	10
20	20	10	10

隧道入口段亮度为

$$L_{th1} = k \times L_{20}(S) \tag{7-19}$$

$$L_{th2} = 0.5 \times k \times L_{20}(S) \tag{7-20}$$

根据《公路隧道照明设计细则》(JTG/T D70/2－01—2014)，入口段亮度折减系数 k 按表 7-29 取值。

表 7-29　入口段亮度折减系数 k

设计小时交通量 N/[veh/(h·ln)]		设计速度 v_i/(km/h)				
单向交通	双向交通	120	100	80	60	20～40
>1200	>650	0.070	0.045	0.035	0.022	0.012
<350	<180	0.050	0.035	0.025	0.015	0.010

注：当交通量在其中间值时，按线性内插取值。

公路隧道照明设计的洞外亮度 $L_{20}(S)$ 按表 7-30 取值。

表 7-30　洞外亮度 $L_{20}(S)$/(cd/m²)

天空面积百分比	洞外朝向或洞外环境	设计速度 v_i/(km/h)				
		20～40	60	80	100	120
35%～50%	南洞口	—	—	4000	4500	5000
	北洞口	—	—	5500	6000	6500
25%	南洞口	3000	3500	4000	4500	5000
	北洞口	3500	4000	5000	5500	6000
10%	暗环境	2000	2500	3000	3500	4000
	亮环境	3000	3500	4000	4500	5000
0%	暗环境	1500	2000	2500	3000	3500
	亮环境	2000	2500	3000	3500	4000

根据以上资料，结合试验需要，分别考虑不同车速、不同洞外亮度情况下的人眼适应时间。

(1)隧道不设加强段照明。

根据国内外学者的研究成果，洞外亮度对隧道内的影响长度为隧道入口段 1 的长度，在不设置加强段的情况下，对隧道进出口的黑白洞效应进行模拟，得到不同洞外亮度情况下的人眼反应时间。不设加强照明段光环境分布示意图如图 7-33 所示。

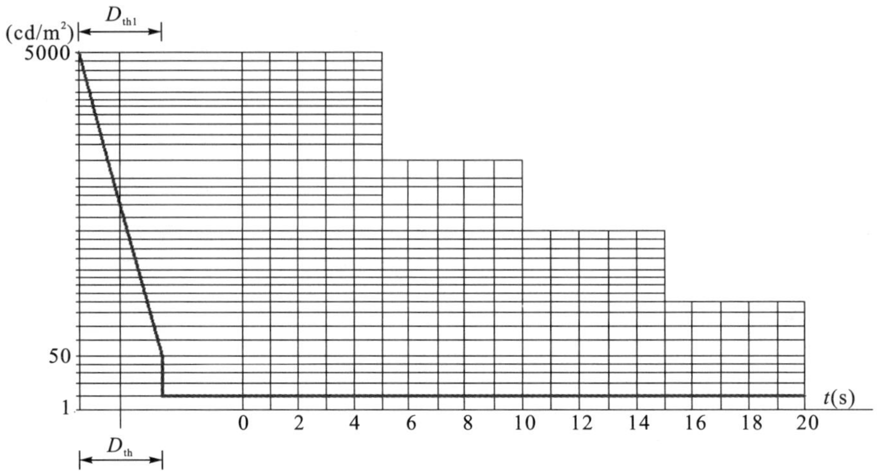

图 7-33　不设加强照明段光环境分布示意图

根据试验测得人眼反应时间，得到不同洞外照明亮度、不同车速下的停车视距，与《公路隧道照明设计细则》（JTG/T D70/2－01—2014）中规定的照明安全距离对比，判断不同工况下的行车安全。不设加强照明段试验结果如表 7-31 所示。

由表 7-31 可知，对于川西高原低交通量低等级公路隧道而言，不设置加强照明段，只能将车速控制在 20km/h 以内。而该类隧道的设计时速为 40km/h，显然不设置加强照明段，不能满足行车安全性要求。

(2)在入口段 1 设置加强照明。

根据规范在入口段 1 设置加强照明，并对隧道进出口的黑白洞效应进行模拟，得到不同洞外亮度情况下的人眼反应时间。设入口段 1 加强照明段光环境分布示意图如图 7-34 所示。

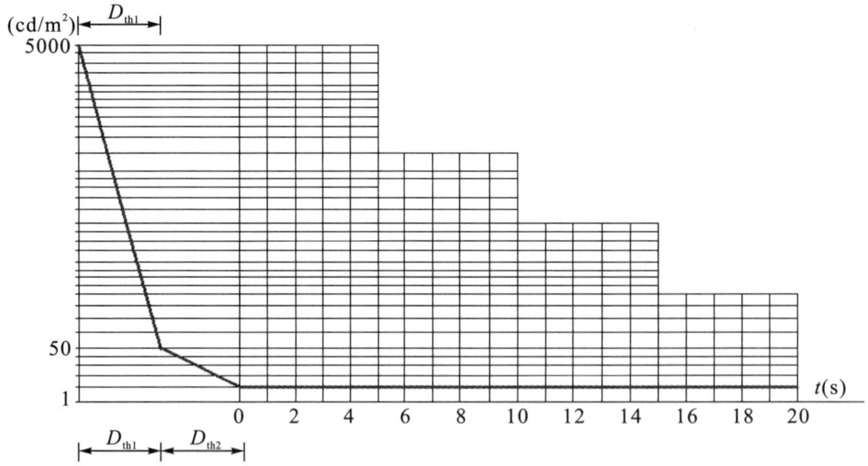

图 7-34　设入口段 1 加强照明段光环境分布示意图

同理，根据试验测得人眼反应时间，得到不同洞外照明亮度、不同车速下的停车视距，与《公路隧道照明设计细则》（JTG/T D70/2－01—2014）中规定的照明安全距离对比，判断不同工况下的行车安全。设入口段 1 加强照明段试验结果如表 7-32 所示。

表 7-31　不设加强照明段试验结果

	车速	$L_{20}(S)$/(cd/m²)	D_{th1}/m	T_{th1}/s	洞内亮度/(cd/m²)	反应时间/s	停车视距/m	安全停车距离/m	是否安全
1	80km/h	6000	43.26	2	1	3.35642	131.29	100	不安全
2		5000	43.26	2	1	3.15684	126.85	100	不安全
3		4000	43.26	2	1	2.76278	118.10	100	不安全
4		3000	43.26	2	1	2.86524	120.37	100	不安全
5		2000	43.26	2	1	2.25896	106.90	100	不安全
6		1000	43.26	2	1	1.97562	100.60	100	不安全
7	60km/h	4000	16.72	1	1	2.56326	80.12	56	不安全
8		3000	16.72	1	1	1.69874	65.71	56	不安全
9		2000	16.72	1	1	1.45689	61.68	56	不安全
10		1000	16.72	1	1	1.26854	58.54	56	不安全
11	40km/h	4000	13	1.2	1	1.23562	35.73	26	不安全
12		3000	13	1.2	1	1.15648	34.85	26	不安全
13		2000	13	1.2	1	1.05647	33.74	26	不安全
14		1000	13	1.2	1	0.96584	32.73	26	不安全
15	20km/h	4000	10	1.8	1	1.15624	17.02	20	安全
16		3000	10	1.8	1	0.96542	15.96	20	安全
17		2000	10	1.8	1	0.86221	15.39	20	安全
18		1000	10	1.8	1	0.815542	15.13	20	安全

表 7-32 设入口段 1 加强照明段试验结果

	车速	$L_{20}(S)$ /(cd/m²)	D_{th1}/m	T_{th1}/s	D_{th2}亮度 /(cd/m²)	D_{th2}/m	T_{th2}/s	洞内亮度 /(cd/m²)	反应时间/s	停车视距/m	安全停车距离/m	是否安全
1	80 km/h	6000	43.26	2	180	43.26	2	1	2.89642	121.06	100	不安全
2		5000	43.26	2	150	43.26	2	1	2.65741	115.75	100	不安全
3		4000	43.26	2	120	43.26	2	1	2.56247	113.64	100	不安全
4		3000	43.26	2	90	43.26	2	1	2.35647	109.07	100	不安全
5		2000	43.26	2	60	43.26	2	1	2.25747	106.87	100	不安全
6		1000	43.26	2	30	43.26	2	1	1.75624	95.73	100	不安全
7	60 km/h	4000	16.72	1	72	16.72	1	1	2.15648	73.34	56	不安全
8		3000	16.72	1	54	16.72	1	1	1.45642	61.67	56	不安全
9		2000	16.72	1	36	16.72	1	1	1.35417	59.97	56	不安全
10		1000	16.72	1	18	16.72	1	1	1.15624	56.67	56	不安全
11	40 km/h	4000	13	1.2	44	13	1.2	1	0.85632	31.51	26	不安全
12		3000	13	1.2	33	13	1.2	1	0.62145	28.91	26	不安全
13		2000	13	1.2	22	13	1.2	1	0.45231	27.03	26	不安全
14		1000	13	1.2	11	13	1.2	1	0.96584	32.73	26	不安全
15	20 km/h	4000	10	1.8	44	10	1.8	1	1.15624	17.02	20	安全
16		3000	10	1.8	33	10	1.8	1	0.96542	15.96	20	安全
17		2000	10	1.8	22	10	1.8	1	0.86221	15.39	20	安全
18		1000	10	1.8	11	10	1.8	1	0.815542	15.13	20	安全

由表 7-33 可知，设置入口段 1 加强照明段，车速控制在 20km/h 以内可以满足行车安全。因此，川西高海拔隧道必须在过渡段设置照明加强段，才能确保行车安全。

3. 高海拔隧道进出口加强照明段长度确定

(1)高海拔隧道进出口适应时间的确定。

为了得到川西高海拔隧道过渡段加强照明段的长度，根据川西高海拔隧道进出口段照明环境特点，设计了基于人眼明暗适应时间的室内试验。

试验测得明适应时间及暗适应时间，如表 7-33 所示。

表 7-33　各样本明、暗适应时间

样本名称	Cai(男)	Yang(男)	Huang(女)	Tang(女)	Li(女)
明适应时间/s	9.900	9.040	10.040	12.24	12.04
暗适应时间/s	10.800	14.600	12.800	12.54	11.42

明、暗适应时间分布图如图 7-35 和图 7-36 所示。

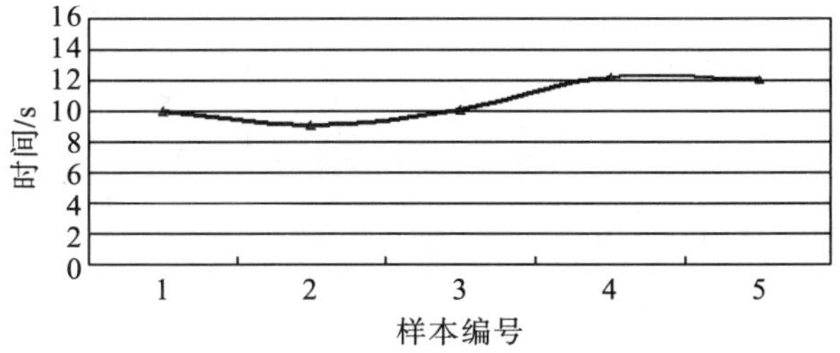

图 7-35　明适应时间分布图

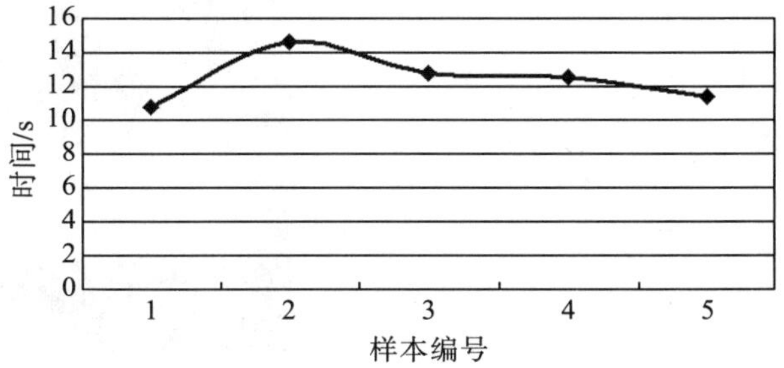

图 7-36　暗适应时间分布图

由图 7-35 和图 7-36 可知，样本明适应时间比暗适应时间短，明适应的平均时间为 10.652s，暗适应的平均时间为 12.432s。虽然个体之间有差异，但可以看出适应时间差别为 2～3s。

(2)高海拔隧道进出口段照明段长度的确定。

在隧道进口段，根据暗适应平均时间为 12.432s 的情况，应该在进口段长 138m 的区段，设置减光设施及加强照明；在隧道出口段，根据明适应平均时间为 10.652s 的情况，应该在出口段长 118m 的区段设置减光设施及加强照明。结合川西高原二级、三级公路隧道的特点，都为单洞双向交通隧道，进口段和出口段的布置形式一致。因此建议在隧道进口段和出口段长 138m 的区段进行加强照明的布置。

7.4.2 高海拔隧道进出口段灯具布置形式及数量

利用 DIALux 软件对川西高原低交通量隧道进出口段照明进行三维仿真计算，得到进出口段灯具布置形式及数量。

1. 模型的建立

将隧道入口段分为入口段 1、入口段 2、过渡段 1、过渡段 2、过渡段 3 共计 5 个照明段，并在模型中建立 5 个评估区，对各区域的照明效果进行分段评估，具体模型如图 7-37所示。

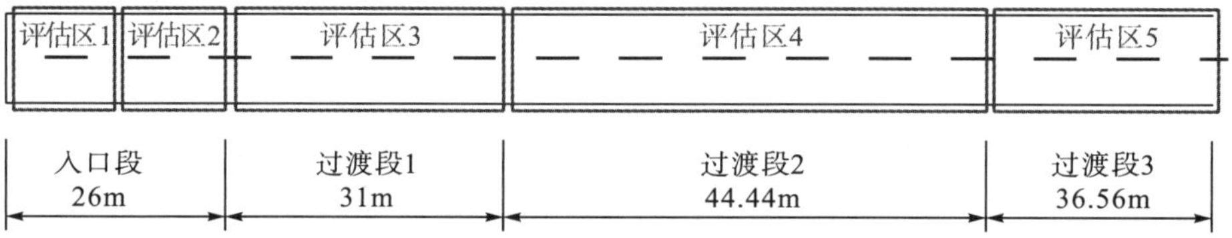

图 7-37 隧道模型平面图

利用 DIALux 软件建立隧道进出口模型，模型长 138m，高 7.2m，路面宽 10.4m。灯具采用的是 DIAL 11 R2600 型 LED 灯(54W，5200lm)，边墙反射系数取 58%(瓷砖)，穹顶反射系数取 10%，路面反射系数取 27%(标准水泥路面)，如图 7-38 所示。

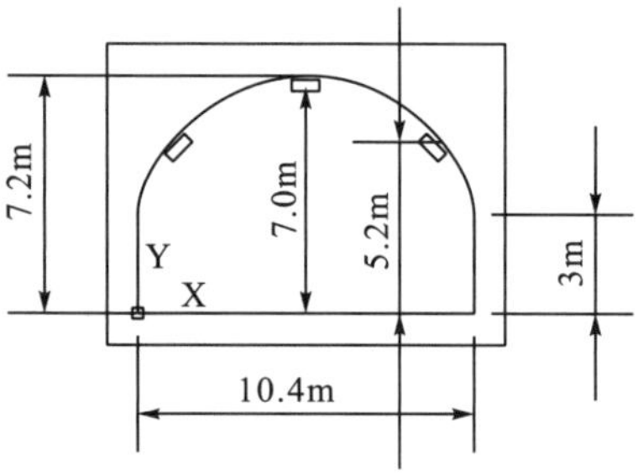

图 7-38 隧道进出口模型示意图

2. 模拟的工况

根据《公路隧道照明设计细则》(JTG/T D70/2－01—2014)，入口段的亮度计算工况表如表 7-34 所示。

表 7-34　入口段的亮度计算工况表

工况编号＼隧道分段	入口段 1	入口段 2	过渡段 1	过渡段 2	过渡段 3
1	两侧布置	两侧布置	两侧布置	两侧布置	两侧布置
2	中间布置	中间布置	中间布置	中间布置	中间布置
3	中间布置	中间布置	两侧布置	两侧布置	两侧布置
4	两侧布置	两侧布置	中间布置	中间布置	中间布置
5	中间布置＋两侧布置	中间布置＋两侧布置	两侧布置	两侧布置	两侧布置
6	中间布置＋两侧布置	中间布置＋两侧布置	中间布置	中间布置	中间布置

各工况情况下各段灯具数量如表 7-35 所示。

表 7-35　各工况情况下各段灯具数量

工况编号＼隧道分段	入口段 1 /套	入口段 2 /套	过渡段 1 /套	过渡段 2 /套	过渡段 3 /套
1	20	10	24	8	2
2	10	5	24	8	2
3	10	5	24	8	2
4	20	10	24	8	2
5	30	15	24	8	2
6	30	15	10	6	1

3. 计算结果

利用 DIALux 软件对川西高海拔隧道进出口段进行三维仿真计算，得到隧道进出口段的灯具布置形式及灯具布置数量，数值模拟计算结果如表 7-36 所示。

表 7-36　数值模拟计算结果

工况编号	隧道分段	平均照度/lx	最大照度/lx	最小照度/lx
1	入口段 1	203	297	125
	入口段 2	116	195	79
	过渡段 1	100	138	64
	过渡段 2	22	41	7.79
	过渡段 3	10	41	0.07
2	入口段 1	129	165	88
	入口段 2	82	112	70
	过渡段 1	128	157	87
	过渡段 2	30	42	22
	过渡段 3	13	29	1.24

续表

工况编号	隧道分段	平均照度/lx	最大照度/lx	最小照度/lx
3	入口段 1	129	165	88
	入口段 2	78	112	60
	过渡段 1	100	138	64
	过渡段 2	22	41	7.79
	过渡段 3	10	41	0.07
4	入口段 1	203	297	125
	入口段 2	120	195	96
	过渡段 1	129	157	87
	过渡段 2	30	42	22
	过渡段 3	13	29	1.24
5	入口段 1	333	461	213
	入口段 2	188	307	119
	过渡段 1	102	139	64
	过渡段 2	22	41	7.79
	过渡段 3	10	41	0.07
6	入口段 1	333	461	213
	入口段 2	185	307	113
	过渡段 1	57	90	36
	过渡段 2	21	27	15
	过渡段 3	7.15	22	0.11

各工况隧道进出口段照明模拟结果云图如图 7-39 所示。

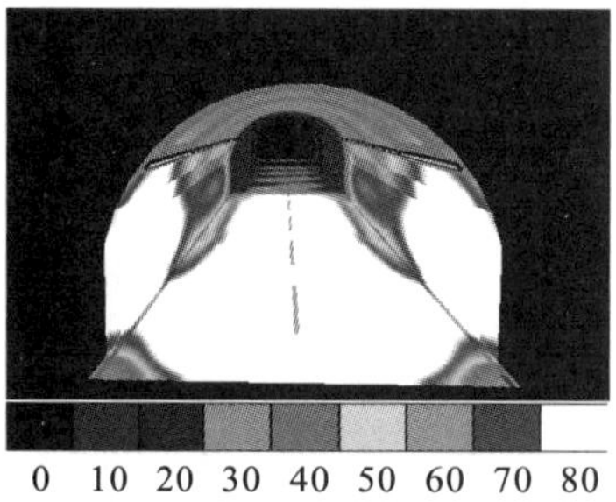

工况 1

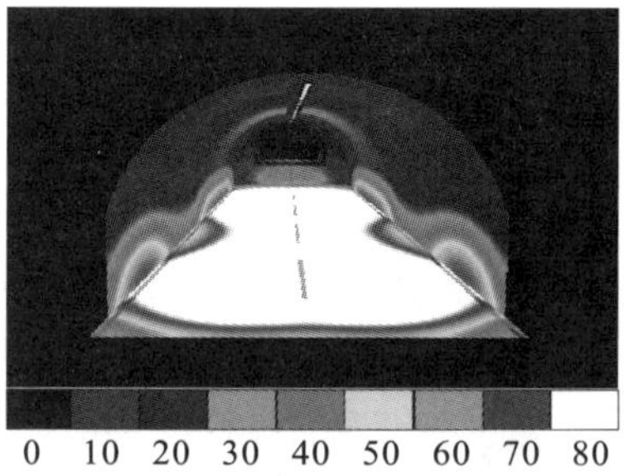

工况 2

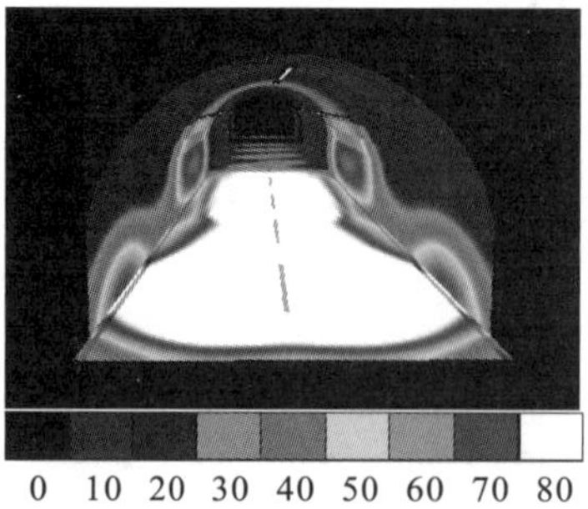

工况 3

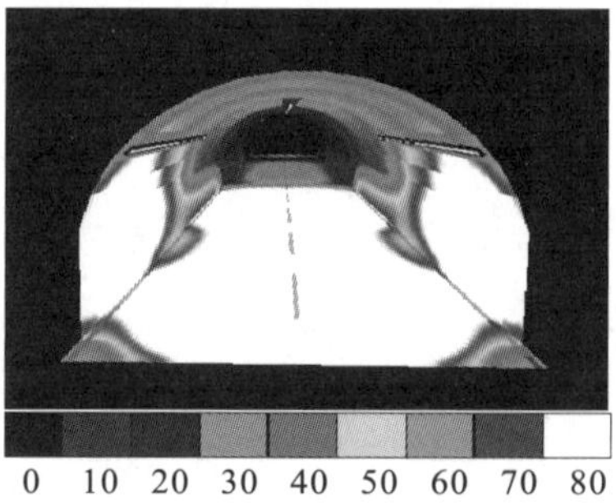

工况 4

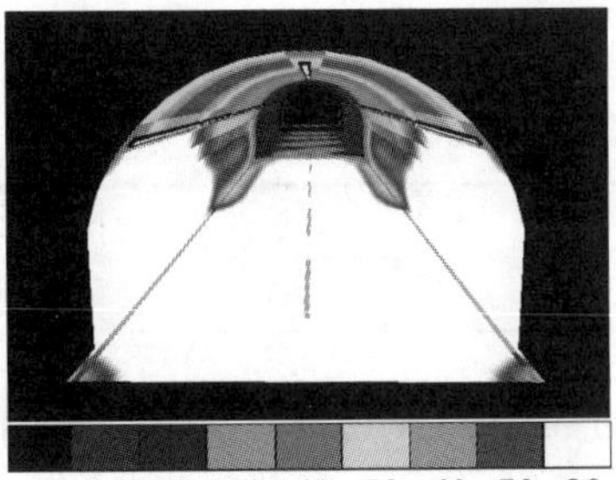

工况 5

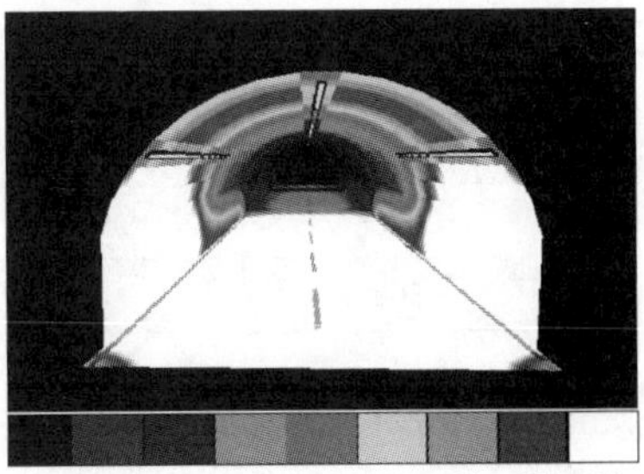

工况 6

图 7-39　各工况隧道进出口段照明模拟结果云图

由表 7-36 和图 7-39 可知，隧道入口段 1 由于直接和洞外光环境相关，因此要求的相对亮度最高，过渡段次之，所以相应的灯具布置也是从入口段到过渡段依次减少。各工况情况下，各段平均照度如表 7-37 所示。

表 7-37　各段平均照度

	工况 1	工况 2	工况 3	工况 4	工况 5	工况 6
入口段 1	203	129	129	203	333	333
入口段 2	116	82	78	120	188	185
过渡段 1	100	128	100	129	102	57
过渡段 2	22	30	22	30	22	21
过渡段 3	10	13	10	13	10	7.15

利用 Excel 工作表格中的绘图功能对表 7-37 中的数据进行处理，得到计算结果如图 7-40 所示。

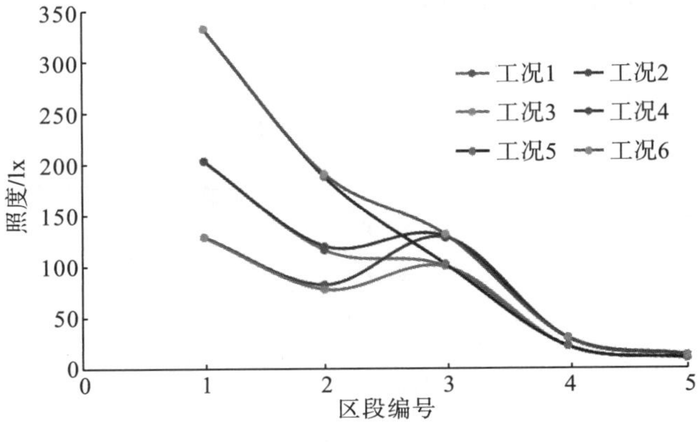

图 7-40　出入口段数值模拟计算结果

由图 7-40 可知，根据《公路隧道照明设计细则》(JTG/T D70/2－01—2014)，川西高原二级、三级公路隧道洞外亮度取 6000cd/m^2，通过调研发现，川西高海拔隧道洞外减光措施多采用遮光棚和路面暗花处理等(如巴朗山隧道、花岩子隧道)。将隧道入口处亮度降低为 3000cd/m^2，根据照明设计细则可知，入口段亮度折减系数 k 取 0.010，则计算得到入口段到过渡段每段照度值如表 7-38 所示。

表 7-38 入口段到过渡段每段照度值

隧道分段	入口段 1	入口段 2	过渡段 1	过渡段 2	过渡段 3
照度值/lx	360	180	54	18	7.2

利用 Excel 工作表格的绘图功能对表 7-38 中的数据进行处理，得到理论计算与模拟结果对比如图 7-41 所示。

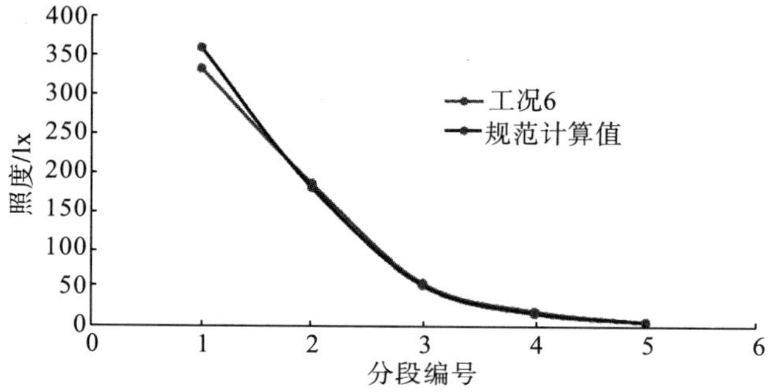

图 7-41 理论计算与模拟结果对比图

由图 7-41 可知，工况 6 在隧道入口段的照度值与规范相近，变化趋势一致，建议在川西高原二级、三级公路隧道入口段和出口段采用工况 6 的布灯形式。

7.4.3 高海拔隧道进出口灯具布置

在隧道进出口采用遮光棚的前提下，根据数值模拟结合理论计算的结果，最后隧道进出口段建议采用的布灯形式及布灯数量如表 7-39 所示。

表 7-39 隧道进出口段采用的布灯形式及布灯数量

隧道分段	入口段 1	入口段 2	过渡段 1	过渡段 2	过渡段 3
布置方式	两侧对称＋中间布置	两侧对称＋中间布置	中间布置	中间布置	中间布置
灯具数量/套	30	15	10	6	1
布灯间距/m	1.3	2.6	3.1	7.4	18.3

隧道入口段和出口段灯具布置图如图 7-42 所示。

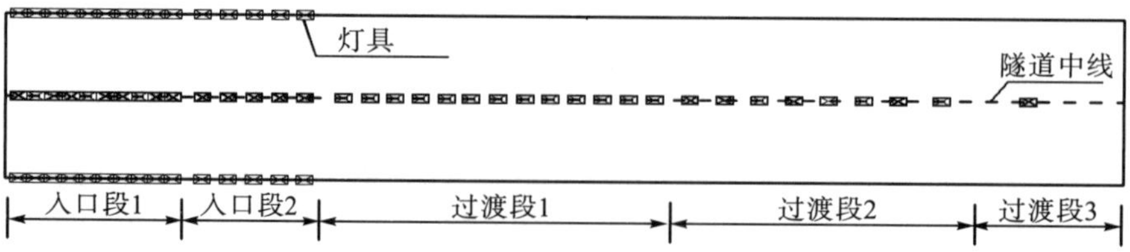

图 7-42 隧道入口段和出口段灯具布置图

7.5　高海拔隧道照明控制技术

7.5.1　公路隧道照明控制技术

我国公路隧道人工照明调控技术包括照明控制方式、照明控制系统、照明调光方式。

1. 照明控制方式

公路隧道人工照明控制方式分为手动控制、自动控制和智能控制。

(1)手动控制方式是隧道管理人员根据隧道入口前一个安全距离的洞外光源特征和交通量状况(如亮度、交通量等参数)，人工选择控制方案，手动控制隧道内人工照明光源特征。手动控制的优先级别最高，但控制效率低。

(2)自动控制方式是照明控制系统根据实时采集的隧道入口前一个安全距离的洞外光源特征和交通量状况(如亮度、交通量等参数)，自动调控隧道内人工照明光源特征。自动控制的优先级别低于手动控制方式，但控制效率高。在自动控制方式下也可实现手动控制，根据隧道实际运营管理，需要隧道管理人员由自动控制方式切换到手动控制方式，实现手动操作。

(3)智能控制方式是在自动控制方式的基础上，采用短时光源特性及交通流特性来预测理论和方法，以实现隧道内人工照明设施动态调光控制，达到安全、舒适、高效、经济和可靠的照明效果，重点突出节能控制的特点，体现绿色照明要求，追求“按需照明”的理想管理目标。

2. 照明控制系统

隧道照明控制系统主要包括集中式照明控制系统、分布式照明控制系统和现场总线照明控制系统。

(1)集中式照明控制系统。

集中式照明控制系统是由中央计算机管理整个照明系统，作为系统的集中处理单元，其优势在于可以充分发挥管理决策的集中性，但一旦中央计算机出现故障，整个照明系统将全部瘫痪，给隧道安全运行及管理带来较大风险。该种控制系统方式应用于短隧道较为合适。由于短隧道控制点数较少，如果配以全套的控制设施较为浪费，因此采用中央控制室对照明系统进行控制和管理，可以减少投资。

(2)分布式照明控制系统。

分布式照明控制系统是以分散的控制适应分散的隧道照明系统控制对象，但又以集中的监视和操作达到掌握全局的目的，使系统具有较高的稳定性、可靠性和可扩展性。分布式控制系统的优势在于各控制部分相对独立，某部分出现故障并不影响其他部分，系统仍然可以运行，这种控制系统可满足分散控制、集中操作、分级管理、配置灵活等需求。

(3)现场总线照明控制系统。

总线控制分为模拟总线与数字总线两种，两种方式各有利弊。模拟调光系统调光的实时性好，精细化程度高，投资相对较低；数字调光系统的监控中心能够了解每盏灯具的工作状态，但投资相对较高。

3. 照明调光方式

公路隧道照明调光控制方式有模拟调光控制方式、数字调光方式及传统的分回路调光方式。这里主要介绍模拟调光控制方式和数字调光控制方式。图 7-43 所示为智能化照明控制系统的分类。

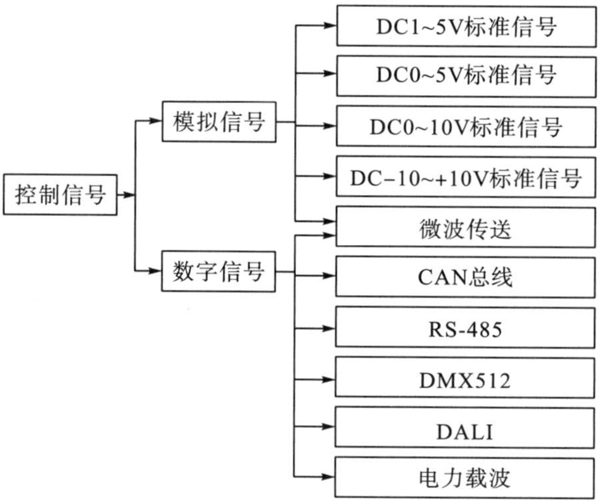

图 7-43 智能化照明控制系统的分类

(1)模拟信号。模拟信号是指用连续变化的物理量表示的信号，其优点是实时性好、精细化程度高、设备投资相对较低；但存在不能进行单灯控制的缺点。

(2)数字信号。数字信号是指自变量是离散的、因变量也是离散的信号，其优点是可以进行单灯控制；缺点是抗干扰能力差、技术要求复杂、设备投资相对较高。

根据川西高原低交通量二级、三级公路隧道的特点，建议引入洞外亮度自动采集系统，利用分布式照明控制系统和数字信号照明调光方式对隧道照明系统进行控制。

7.5.2 高海拔隧道灯具布置方法

计算得到川西高原二级、三级公路隧道各段照明灯具布置，如表 7-40 所示。

表 7-40 隧道各段照明灯具布置表

隧道分段	入口段 1	入口段 2	过渡段 1	过渡段 2	过渡段 3	中间段
布置方式	两侧对称＋中间布置	两侧对称＋中间布置	中间布置	中间布置	中间布置	中间布置
灯具数量/套	30	15	10	6	1	—
布灯间距/m	1.3	2.6	3.1	7.4	18.3	30

川西高原二级、三级公路隧道各段照明灯具布置示意图如图 7-44 所示。

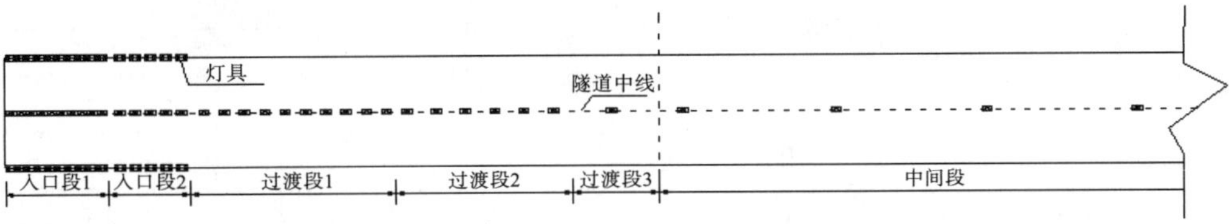

图 7-44　隧道各段照明灯具布置示意图

7.5.3　高海拔隧道照明调控技术

公路隧道人工照明光环境调控技术是保障隧道安全、高效运行的重要技术之一，对人工照明系统进行调节与控制，以保障隧道接近段自然光源与入口段人工照明光源特性、隧道出口段人工照明光源与出口段隧道外自然光源特性等的和谐，不仅是提高隧道运行安全水平的基本需要，也是落实节能减排战略的重要措施依据。照明监控需要充分体现安全、可靠、节能环保、经济实用、技术先进的理念，并合理采用新理论、新技术和新设备。因此，隧道照明控制系统不仅要对照明系统进行有效的监控和管理，还应对其实现节能控制，以及有效保护光源、延长设备使用寿命、降低隧道照明耗能，达到“安全”与“节能”的协调统一。

结合我国公路隧道人工照明光源运行过程，从安全和节能层面通常采取对隧道入口段、过渡段、中间段和出口段进行照明调控，对各照明段的控制方法和过程提出川西高原二级、三级公路隧道各段照明的调控技术如下。

1. 入口段

隧道入口段的加强照明段是为了使驾驶员视觉适应由洞外高亮度环境向洞内低亮度环境的过渡，减小黑洞效应的影响。根据我国现行的《公路隧道照明设计细则》(JTG/T D70/2—01—2014)在不同季节与天气条件下根据隧道外 $L_{20}(S)$亮度和交通量情况，结合川西高海拔隧道二级、三级公路隧道的特点，$L_{20}(S)$根据洞外自然光采集系统进行选取，再按照表 7-41 采用分级调光。

表 7-41　加强照明段分级调光

季节与天气	分级调光	洞外亮度/(cd/m²)	交通量 N/[veh/(h·ln)]
			双向交通
夏季晴天	Ⅰ	$L_{20}(S)$	≤180
	Ⅱ		180<N<650
	Ⅲ		≥650
其他季节晴天/夏季云天	Ⅳ	$0.5L_{20}(S)$	≤180
	Ⅴ		180<N<650
	Ⅵ		≥650

续表

季节与天气	分级调光	洞外亮度/(cd/m²)	交通量 N/[veh/(h·ln)]
			双向交通
其他季节云天/夏季阴天	Ⅶ	$0.25L_{20}(S)$	≤180
	Ⅷ		180<N<650
	Ⅸ		≥650
其他季节阴天/重阴天	Ⅹ	$0.13L_{20}(S)$	≤180
	Ⅺ		180<N<650
	Ⅻ		≥650

白天加强段照明根据不同季节、不同天气分为夏季晴天、其他季节晴天，夏季云天、其他季节云天，夏季阴天、其他季节阴天，重阴天 4 级调光方案。通过判定当时季节与天气，将洞外亮度选一个一天不变的值，再根据规范确定入口段亮度折减系数 k，如表 7-42所示。各加强照明段亮度关系调节依据如表 7-43 所示。

表 7-42　入口段亮度折减系数 k

设计小时交通量 N/[veh/(h·ln)]	设计速度 v_i/(km/h)	
双向交通	60	20～40
>650	0.022	0.012
<180	0.015	0.010

表 7-43　加强照明段亮度

照明段	入口段 th1	入口段 th2	过渡段 tr1	过渡段 tr2	过渡段 tr3
亮度	$L_{th1}=k\,L_{20}(S)$	$L_{th2}=0.5k\,L_{20}(S)$	$L_{tr1}=0.15L_{th1}$	$L_{tr2}=0.05L_{th1}$	$L_{tr3}=0.02L_{th1}$

由于洞外自然光采集系统成本比较昂贵，但因川西高海拔隧道密度大，因此可根据区域，对隧道进行片区的划分，同一区域采用一套洞外自然光采集系统，将系统采集数据发布到各个隧道控制中心对隧道照明系统进行调控，从而降低隧道运营的成本。

2. 中间段

我国公路隧道中间段照明是根据我国现行的《公路隧道照明设计细则》(JTG/T D70/2—01—2014)由车速、交通量和车道数量共同决定的，表 7-44 所示为公路隧道基本照明的取值范围。实际运营时，隧道的设计速度与车道数量已定，中间段亮度主要根据远期设计最大交通量来设定。对应不同交通量的调光通常采用关闭部分灯具的方式进行调光。而在实际运营期间往往无法达到最大交通量值，存在过度照明，并且传统的采用关闭部分灯具的调光方式会造成隧道内亮度不均匀，形成“斑马效应”，很容易使驾驶员视觉产生疲劳，存在安全隐患。

表 7-44　公路隧道基本照明的取值范围

设计时速 v_t /(km/h)	L_{in}/(cd/m^2)		
	双向交通		
	$N \geqslant 650$veh/(h·ln)	180 veh/(h·ln)$< N <$650 veh/(h·ln)	$N \leqslant 180$veh/(h·ln)
20～40	0.50	0.50	0.50

主要参考文献

白国权. 2006. 高海拔严寒地区隧道温度场分布规律及衬砌冻胀力数值模拟研究. 成都：西南交通大学.

蔡增基，龙天瑜. 2009. 流体力学泵与风机. 北京：中国建筑工业出版社.

曹正卯，杨其新，郭春. 2014. 高海拔特长隧道自然风计算方法研究. 公路，59(02)：196－201.

曹正卯，杨其新，郭春. 2014. 高海拔特长铁路隧道定点防灾救援研究. 铁道标准设计，58(10)：83－88.

曹正卯. 2011. 关角隧道运营通风防灾技术研究. 成都：西南交通大学.

车轮飞. 2015. 公路隧道通风系统设计工程实录. 北京：中国建筑工业出版社.

陈汉波. 2014. 巴朗山高海拔单洞对向交通公路隧道火灾疏散救援研究. 成都：西南交通大学.

陈宏伟，任少强，朱永权，等. 2017. 高原寒区隧道建设技术. 北京：中国铁道出版社.

陈寿根，张恒. 2014. 长大隧道施工通风技术研究与实践. 成都：西南交通大学.

邓刚. 2012. 高海拔寒区隧道防冻害设计问题. 成都：西南交通大学.

董旭，申广浩，谢康宁，等. 2017. 高原低压低氧环境对心肺结构与功能的影响研究进展. 环境与健康杂志，34(06)：547－551.

董玉辉. 2014. 高海拔寒区高速铁路隧道施工及抗防冻技术研究. 成都：西南交通大学.

杜彬. 2003. 高海拔高寒隧道综合施工技术. 岩石力学与工程学报，(S1)：2453－2456.

冯国胜，贾素梅，赖涤泉. 2010. 高原隧道工程机械尾气排放现场测试研究. 工程机械，41(11)：26－29，100.

付钢，王成. 2015. 隧道通风与照明. 武汉：武汉大学出版社.

郭春，王明年，李海清，等. 2012. 海拔隧道冬季混凝土施工材料温度确定. 公路隧道，(04)：57－59.

韩建华. 2014. 高海拔寒冷地区公路设计理念与方法及其应用. 西安：长安大学.

韩现民，孙明磊，朱永全. 2016. 隔板与风管联合通风技术在特长高原隧道施工中的应用. 现代隧道技术，53(05)：208－215.

何川，方勇，李祖伟. 2014. 公路隧道前馈式智能通风控制系统. 北京：科学出版社.

何佳银，王明年，周仁强，等. 2016. 高原公路隧道运营空气环境 CO 浓度控制标准的研究. 西南公路，(04)：77－80，109.

何劼，季军，刘瑞芳，等. 2017. 影响飞行人员缺氧耐力的相关因素研究. 人民军医，60(08)：739－741，753.

胡立伟，陈政，张婷. 2018. 基于高原地区高速公路特长隧道路段的跟车特征与安全性研究. 公路交通科技，35(01)：112－120.
胡熠. 2014. 多场耦合条件下高海拔寒区隧道温度场及安全性评价研究. 成都：西南交通大学.
霍卿. 2011. 高海拔特长隧道气动载荷特性分析. 兰州：兰州交通大学.
江亦元. 2005. 高原多年冻土隧道施工技术及工艺试验研究. 长沙：中南大学.
况成明. 2006. 高海拔隧道——青藏铁路风火山隧道施工关键技术. 现代隧道技术，(03)：23－30.
赖金星. 2008. 高海拔复杂围岩公路隧道温度场特征与结构性能研究. 西安：长安大学.
朗嘎卓玛，索朗德吉，索朗平措，等. 2016. 进藏大学生急性高原反应危险因素相关分析. 西藏科技，(10)：46－47，54.
李奋，刘锟，蔡汉成，等. 高原多年冻土区隧道浅埋段热棒群防护工程效果评价. 岩石力学与工程学报，36(S1)：3416－3422.
李丰果. 2009. 高原长大公路隧道通风竖井衬砌及中隔墙施工技术. 隧道建设，29(06)：664－667.
李海飞，李鹏飞. 2015. 高原单线双洞隧道斜井快速施工技术. 铁道建筑技术，(08)：37－42.
李健杰. 2017. 高原环境对急进人群影响效应的集成研究. 重庆：第三军医大学.
李鲁晋. 1992. 工程机械高原环境适应性研究. 环境技术，(03)：1－4.
李明，幸垚，刘农. 2017. 雪山梁高原特长隧道施工通风关键技术三维数值模拟. 公路，62(11)：284－289.
李鹏. 2014. 高原冻土鄂拉山隧道施工变形监测分析. 铁道建筑，(10)：36－38，41.
李岩松. 2015. 高海拔季节性冻土隧道的多场耦合分析研究. 成都：西南交通大学.
李永，张立忠. 2014. 高原特长隧道混合接力通风技术. 中国公路，(19)：127－128.
李永. 2014. 高原特长隧道机电设备选型及配置. 建筑机械，(09)：42－45，4.
李永林，曾艳华，何川. 2005. 高海拔隧道主风机的选型研究. 地下空间与工程学报，(01)：137－139.
李志军. 2017. 高原高寒地区隧道施工抗冻施工措施. 山西交通科技，(02)：28－29，45.
刘春阳. 2012. 高原特长隧道安全快速施工技术研究. 北京：北京交通大学.
刘国玉. 2001. 高海拔高寒隧道施工技术. 中国铁道科学，(04)：50－55.
刘健. 2015. 隧道通风安全与照明. 重庆：重庆大学出版社.
刘玉良. 2004. 高海拔高寒隧道关键施工技术研究. 天津：天津大学.
吕辉. 2017. 高原区特长公路隧道施工通风技术研究. 北京：北京交通大学.
罗燕萍. 2013. 城市轨道交通工程隧道通风系统研究与优化设计. 北京：中国建筑工业出版社.
彭红宇，戚俊松，左可新，等. 2018. 对制定高原供氧系统标准重要性的探讨. 医用气体工程，3(01)：26－27，30.
蒲荣宇. 2013. 高原特长隧道施工通风技术. 铁道建筑技术，(08)：109－112.

蒲玉川. 2013. 高原地区公路隧道施工技术. 青海交通科技，(05)：25－26.
祁贤. 2013. 青藏高原单线特长隧道快速施工技术. 铁道建筑技术，(08)：84－87.
乔春江，舒恒，伍国军. 2013. 高海拔特长公路隧道低碳通风方案研究. 地下空间与工程学报，9(S1)：1717－1721，1776.
任海龙. 2016. 高原缺氧环境对听力健康影响的相关研究. 拉萨：西藏大学.
阮俊勇，申广浩，董旭，等. 2017. 我国高原地区抗缺氧装备研究进展及应用现状. 医用气体工程，2(04)：7－10.
施宝印. 2008. 工程机械在高原低温环境下运行的问题与对策. 科技成果纵横，(06)：70－71.
石爱勤，罗国玺，靳生盛. 2009. 高原环境下工程机械使用技术. 青海大学学报(自然科学版)，27(04)：75－77，91.
宋冶，廖凯，刘玉勇. 2013. 高原冻土隧道冻融圈监测系统. 现代隧道技术，50(06)：14－18，79.
孙崎，张云飞. 2001. 工程机械用柴油机高原运行性能的研究. 内燃机工程，(02)：34－39，42.
孙三祥，张云霞，李国良，等. 2011. 高海拔隧道内燃牵引运营通风标准研究. 铁道工程学报，28(09)：70－74.
孙三祥，张云霞. 2015. 高海拔内燃牵引铁路隧道运营通风技术研究. 北京：中国铁道出版社.
田辰光. 2016. 高原高寒地区隧道施工技术研究. 黑龙江交通科技，39(08)：135－136.
王光福. 2009. 高原寒区对工程机械性能的技术研究与应用. 甘肃科技，25(10)：44－45，71.
王亮. 2018. 高原地区特大断面隧道开挖支护技术研究. 铁道建筑技术，(03)：90－92，97.
王明年，田尚志，郭春，等. 2012. 公路隧道通风节能技术及地下风机房设计. 北京：人民交通出版社.
王平安，谭忠盛，任少强. 2017. 高原严寒地区富水高铁隧道冻害防治技术. 土木工程学报，50(S2)：231－235.
王兴华. 2007. 高原多年冻土隧道工程研究. 北京：中国铁道出版社.
王永福. 2014. 高原地区高地应力隧道岩爆预判方法. 铁道建筑，(10)：22－26.
卫延斌. 2003. 青藏高原铁路机械设备管理与应用. 铁道建筑技术，(S1)：117－120.
蔚艳庆，郑金龙，韦远飞，等. 2013. 高海拔隧道施工制氧供氧方案研究. 公路隧道，(02)：18－22.
魏青，郭俊波. 2016. 高原缺氧环境长隧洞小断面通风排烟技术研究. 中国水利，(20)：62－65.
温建祥，刘海鸥. 2008. 高原荒漠区路面机械及配套设备的改造与选型. 筑路机械与施工机械化，(11)：78－80.
温建祥. 2008. 高原荒漠区路面施工机械选用及其配套设备技术改造. 公路，(10)：

240－243.
谢君泰，余云燕．2013．高海拔隧道工程热害等级划分．铁道工程学报，30(12)：69－73.
谢文强．2015．巴朗山高海拔隧道施工期供氧标准及设计方法研究．成都：西南交通大学.
谢尊贤，朱永全，赖涤泉，等．2011．高原隧道施工工程机械有害气体排放特性．长安大学学报(自然科学版)，31(06)：105－110.
徐晓东．2004．高原寒区对工程机械性能的影响及应对措施．建筑机械，(06)：99－100.
许先亮．2015．关角隧道施工机械配套与通风技术研究．兰州：兰州交通大学.
严涛，王明年，郭春，等．2014．高海拔隧道中考虑CO和烟雾的海拔高度系数．中南大学学报(自然科学版)，45(11)：4012－4017.
严涛，王明年，郭春，等．2015．高海拔特长公路隧道弥散式供氧关键技术研究．现代隧道技术，52(02)：180－185，204.
严涛，王明年，郭春，等．2015．公路隧道考虑多车型的CO海拔高度系数研究．现代隧道技术，52(03)：8－13，54.
阳东，蒋亚强，李乐．2018．隧道通风与火灾排烟理论基础及应用．北京：中国建筑工业出版社.
杨俊东．2013．高海拔垭口山隧道温度场分布研究．铁道建筑技术，(08)：13－16.
杨立新．2012．现代隧道施工通风技术．北京：人民交通出版社.
杨森森．2012．高原特长隧道快速施工及机械配套技术研究．北京：北京交通大学.
尹登峰．2014．高原工况下工程机械用柴油机的性能仿真及优化．长沙：中南大学.
袁树成．2018．黄土高原地区隧道开挖对邻近既有隧道稳定性影响研究．隧道建设(中英文)，37(S2)：60－66.
詹永康．2013．高海拔隧道冬季施工及洞口路面防凝冰技术研究．成都：西南交通大学.
张成斌．2003．青藏高原环境对工程机械性能的影响及对策．科技情报开发与经济，(08)：148－149.
张立忠，张剑英，安婷．2012．高原高寒特长隧道施工人员及机电设备配置．施工技术，41(S2)：86－89.
张连胜．2005．工程机械在高原地区的使用和调整．工程机械，(09)：69－70.
张念，谭忠盛，毛军，等．2011．高海拔铁路隧道火灾燃烧特性试验研究．中国安全科学学报，21(12)：52－57.
张念，谭忠盛．2013．高海拔特长铁路隧道火灾烟气分布特性数值模拟研究．中国安全科学学报，23(06)：52－57.
张念．2012．高海拔特长铁路隧道火灾燃烧特性与安全疏散研究．北京：北京交通大学.
张青侠，黄红．2017．高原环境公路隧道供配电设施的选择研究．中外公路，(S2)：225－227.
张仕杰．2010．高原地区长大隧道施工通风技术．铁道建筑技术，(S2)：76－78.
张仕杰．2010．浅谈高原地区长大隧道施工通风风量计算．铁道标准设计，(S2)：60－62.
张仕杰．2015．高原隧道施工通风量的计算．暖通空调，45(07)：37－39.
张廷彪，张社道．2014．高海拔公路隧道运营通风卫生标准初探．现代隧道技术，51(03)：

23－29，34.

张玉伟，谢永利，赖金星，等. 2016. 压入式通风模式下高原隧道有害气体分布特征研究. 铁道科学与工程学报，13(10)：1994－2000.

张煜. 2015. 高原高寒地区软弱围岩隧道施工探讨. 四川建筑，35(03)：95－96.

张云霞. 2014. 高海拔内燃牵引隧道自然通风界限及活塞风特性研究. 岩石力学与工程学报，33(12)：2592.

张祉道，王联. 2004. 高海拔及严寒地区隧道防冻设计探讨. 现代隧道技术，(03)：1－6.

赵军喜. 2009. 高海拔低气压地区隧道施工通风技术. 隧道建设，29(02)：206－207，231.

赵玉报. 2015. 高原高寒隧道围岩冻胀行为及施工对策研究. 成都：西南交通大学.

中华人民共和国行业标准. 2015. 大体积混凝土施工规范(GB 50496－2009). 北京：中国计划出版社.

中华人民共和国行业标准. 2015. 低温环境混凝土应用技术规范(GB 51081－2015). 北京：中国计划出版社.

周志东，张强. 2009. 高原特长隧道开挖施工技术综述. 水利水电施工，(03)：44－47.

朱玲玲，范明. 2017. 高原缺氧对人认知功能的影响及干预措施. 中国药理学与毒理学杂志，31(11)：1114－1119.

朱琴生. 2017. 高原高寒特长铁路单线隧道机械化施工配套技术应用. 中国设备工程，(10)：147－148.

朱永全，贾晓云，张雪雁. 2006. 高海拔、高寒区、冻土隧道洞内施工环境控制技术. 岩土力学，(12)：2177－2180.

A. Peña-García R，Escribano L M，Gil-Martín，et al. 2012. Computational optimization of semi-transparent tension structures for the use of solar light in road tunnels. Tunnelling and Underground Space Technology，32：127－131.

Adrian W，1982. Investigations on the required luminance in tunnel entrances. Light. Res. Technol. 14，151－159.

Andreussi P，Persen L N，1987. Stratified gas-liquid flow in downwardly inclined pipes. International Journal of Multiphase Flow，13 (4)：565－575.

Auld，Gary，2004. An estimation of fan performance for leaky ventilation ducts. Tunnelling and Underground Space Technology，19 (6)：539－549.

Aydin，Cigdem，Ozerdem，Baris，2006. Air leakage measurement and analysis in duct system. Energy and Buildings 38，207－213.

Bahrke M S，Shukitt-Hale B，1993. Effects of altitude on mood，behaviour and cognitive functioning. A review. Sports Med，16 (2)：97－125.

Blaser P，Dudli H，1993. Tunnel lighting：method of calculating luminance of access zone L20. Light. Res. Technol.，25：25－30.

Bring，Axel，1997. Simulation and measurement of road tunnel ventilation. Tunnelling and Underground Space Technology，12 (3)：417－424.

Chun Guo, Jianfeng Xu, Mingnian Wang, et al. 2016. Study on Oxygen Supply Standard for Physical Health of Construction Personnel of High-Altitude Tunnels. Int. J. Environ. Res. Public Health, 13, 64.

Commission Internationale de l'Éclairage, CIE. 2004. Guide for the Lighting of Road Tunnels and Underpasses. Vienna: CIE Publ. 88.

Feng Q, Jiang B S, Zhang Q, Wang G. 2016. Reliability research on the 5-cm-thick insulation layer used in the Yuximolegai tunnel based on a physical model test. Cold Reg. Sci. Technol, 124: 54—66.

Gao G, Chen Q, Zhang Q, Chen G, 2012. Analytical elasto-plastic solution for stress and plastic zone of surrounding rock in cold region tunnels. Cold Reg. Sci. Technol, 72 (2): 50—57.

Hargreaves D M, Lowndes I S 2007. The computational modeling of the ventilation flows within a rapid development drivage. Tunnelling and Underground Space Technology, 22(2): 150—160.

Kawashima A, Kubo K, Kobayashi T, et al, 1989. Hemodynamic responses to acute hypoxia, hypobaria and exercise in subjects susceptible to high-altitude pulmonary edema. J. Appl. Phys., 67: 1982—1989.

L M Gil-Martín, A Peña-García, E Hernández-Montes, et al, 2011. Tension structures: A way towards sustainable lighting in road tunnels. Tunnelling and Underground Space Technology, 26: 223—227.

Lai Y, Wu H, Wu Z, et al, 2000. Analytical viscoelastic solution for frost force in coldregion tunnels. Cold Reg. Sci. Technol, 31 (3): 227—234.

Lai Y M, Wu Z, Zhu Y, et al, 1999. Nonlinear analysis for the coupled problem of temperature and seepage fields in cold regions tunnels. Cold Reg. Sci. Technol., 29 (1): 89—96.

Lai Y M, Wu Z W, Zhu Y L, et al, 1998. Nonlinear analysis for the coupled problem of temperature, seepage and stress fields in cold-region tunnels. Tunn. Undergr. Space Technol, 13 (4): 435—440.

Lai Yuanming, Songyu L, Ziwang W, Wenbing Y, 2002. Approximate analytical solution for temperature fields in cold regions circular tunnels. Cold Reg. Sci. Technol, 34 (1): 43—49.

Li M, Saiied M A, Wu C, 2016. Numerical simulation of air ventilation in super-large underground developments. Tunnell. Underground Space Technol, 52: 38—43.

Nicolas M, Thullier-Lestienne F, Bouquet C, et al 2000. A study of mood changes and personality during a 31 — day period of chronic hypoxia in a hypobaric chamber (Everest-Comex 97). Psychol. Rep, 86 (1): 119—126.

Nie W, Wei W L, Ma X, et al, 2017a. The effects of ventilation parameters on the migration behaviors of head-on dusts in the heading face. Tunn. Undergr. Sp.

Technol. 70，400－408.

Orakoglu M E，J Liu and E Tutumluer，2016. Frost depth prediction for seasonal freezing area in Eastern Turkey. Cold Reg. Sci. Technol，124：118－126.

Pavlicek V，Schirlo C，Nebel A，et al，2005. Cognitive and emotional processing at high altitude. Aviat Space Environ Med，76 (1)：28－33.

PIARC，2011. Committee on Road Tunnels. Road Tunnels：Operational Strategies for Emergency Ventilation.

PIARC，2012. Committee on Road Tunnels. Road Tunnels：Vehicle Emissons and Air Demand for Ventilation

PIARC，1995. Committee on Road Tunnels. Vehicle Emissons Air Demand Environment Longitudinal Ventilation.

Saroj Kumar Das，Priyanka Dhar，Vijay Kumar Sharma，et al. 2018. High altitude with monotonous environment has significant impact on mood and cognitive performance of acclimatized lowlanders：Possible role of altered serum BDNF and plasma homocysteine level. Journal of Affective Disorders，237：94－103.

Schreuder D A，1971. Tunnel entrance lighting：a comparison of recommended practice. Light. Res. Technol，3：274－278.

Simons R H，Bean A R，2001. Lighting Engineering：Applied Calculations. Oxford：Elsevier.

Tan X，Chen W，Yang D，Dai Y，et al. 2014. Study on the influence of airflow on the temperature of the surrounding rock in a cold region tunnel and its application to insulation layer design. Appl. Therm. Eng，67 (1)：320－334.

Virués-Ortega J，Garrido E，Javierre C，at al，2006. Human behaviour and development under high-altitude conditions. Dev. Sci.，9 (4)：400－410.

Xia Y M，Yang D，Hu C H，et al，2016. Numerical simulation of ventilation and dust suppression system for open-type TBM tunneling work area. Tunnell. Underground Space Technol，56：70－78.

Xiaoling Wang Ziqiang Zhang，Zhengyin Zhou，et al，2011. Numerical simulation of TBM construction ventilation in a long diversion tunnel. Tunnelling and Underground Space Technology，26：560－572.

Xuefu Zhang，Zihan Zhou，Junqi Li，et al，2018. A physical model experiment for investigating into temperature redistribution in surrounding rock of permafrost tunnel. Cold Reg. Sci. Technol，151：47－52.

Yamabe T，Neaupane K，2001. Determination of some thermo-mechanical properties of Sirahama sandstone under subzero temperature condition. Int. J. Rock Mech. Min. Sci，38 (7)：1029－1034.

Yan X，2014. Cognitive impairments at high altitudes and adaptation. High Alt. Med. Biol，15 (2)：141－145.

Yongling Li, Yingshu Liu, 2014. Oxygen enrichment and its application to life support systems for workers in high-altitude areas. International Journal of Occupational and Environmental Health, 20(3), 207－214.

Yun Hua, WenNie, Wenle Wei, et al, 2018. Research on multi-radial swirling flow for optimal control of dust dispersion and pollution at a fully mechanized tunnelling face. Tunnelling and Underground Space Technology, 79: 293－303.

Zhou J, Wei C, Wei H, et al, 2014. Experimental and theoretical characterization of frost heave and ice lenses. Cold Reg. Sci. Technol, 104－105: 76－87.

Álvarez J T, Díez R R, Gutiérrez A C, et al, 2002. A computer program for calculating ventilation in tunneling works based on an explicit method. Tunnelling and Underground Space Technology 17 (3), 227－236.